教育部人文社会科学重点研究基地重大项目
"十四五"国家重点图书出版规划项目
江苏省2022年主题出版重点出版物

马克思主义思想史研究丛书
丛书主编 张一兵

The Pivot of "Two Great Discoveries":
Marx's Concept of "Objectification"

"两个伟大发现"的枢纽：马克思的"对象化"概念

张义修 著

南京大学出版社

总　序

2022年,我完成了《回到马克思》的第二卷[1]。会令读者吃惊的是,在这部接近百万字的第二卷中,我关于马克思历史文本的不少看法,竟然是异质于第一卷的,这直接造成了过去思想史常态中的一种巨大"逻辑矛盾"。同一个作者,对相同历史文本,居然会做出不完全一致的解读。这可能就是**新史学方法论**所依托的全新思想史本体个案。

记得2007年的某天,在上海,在《中国社会科学》杂志社举办的中国哲学家与历史学家对话的研讨会上,我所提出的历史研究建构论[2]遭到了历史学家们的批评。一位历史学教授在现场问我:"我是我爸爸生的是不是被建构的?"这真的很像当年杜林质问恩格斯:"2+2=4是不是绝对真理?"如果打趣式地硬抬杠,我也可以辨识说,在一个根本没有"父亲"的母系社会中,当然没有"你爸爸生你"的社会建构关系。而在次年在台北举行的"两岸三地人文社会科学论坛"[3]上,台湾"中研院"的一位史学前辈在对我的学术报告现场提问时,有些伤感地说:"我不知道大陆的唯心主义已经如此严重。"令人哭笑不得。其实,当狄尔泰和福柯讨论历史文

---

[1] 拙著《回到马克思——社会场境论中的市民社会与劳动异化批判》(第二卷),将由江苏人民出版社出版。
[2] 发言提纲见拙文《历史构境:哲学与历史学的对话》,《历史研究》2008年第1期。
[3] 这是由南京大学、香港中文大学和台湾"中央大学"联合举办的系列学术研讨会议。

献（档案）的"被建构"问题时，他们并非在涉及直接经验中的每个时代当下发生即消逝的生活场境，而是在追问史学研究的**方法论前提**。谁制定了历史记载和书写的规则？实际上，历史记载永远是历代统治者允许我们看到的东西，恐怕，这是更需要史学家明白的**历史现象学**。

我曾经说过，任何一种历史研究对社会定在及其历史过程的绝对客观复现都是**不可能**的。这是因为，我们的历史研究永远都是在以当下社会生活生成的认识构架重构已经不在场的过去，思想重构并不等于曾有的历史在场。更重要的方面还在于，因为社会生活与个人存在之间始终存在一种无法打破的隔膜，所以社会生活情境不等于个体生活的总和，个人生存总有逃离社会的一面，其中，个人生存的处境、积极或消极行动的建构、情境、心境与思境都不是完全透明可见的，虽然人的生活构境有其特定的物性基础，但构境达及的生存体验是各异和隐秘的。我在上课的时候，有时也会以电影故事中内嵌的新史学观为例，比如根据英国作家拜雅特[1]

---

[1] 拜雅特（A. S. Byatt, 1936— ），英国当代著名作家。1936年8月24日出生于英国谢菲尔德，1957年在剑桥大学获学士学位。曾在伦敦大学教授英美文学。1983年，拜雅特辞去高级教师职位，专心致力于文学创作，同年成为英国皇家文学协会会员。主要作品有：长篇小说《太阳的阴影》（1964）、《游戏》（1968）、《庭院少女》（1978）、《平静的生活》（1985）、《隐之书》（1990）、《传记作家的故事》（2000），以及中短篇小说集《夜莺之眼》等。1990年，拜雅特因《隐之书》获得英国小说最高奖布克奖，同年获颁大英帝国司令勋章（CBE）。2010年，74岁的拜雅特又获得了不列颠最古老的文学奖——詹姆斯·泰特·布莱克纪念奖。

的著名小说《隐之书》(*Possession*：*A Romance*，1990)[1]改编的电影《迷梦情缘》(*Possession*，2002)。故事虚构的情节是一个双层时空构境结构：今天(1986年)的阅读者——一位年轻的文学研究助理罗兰，在研究过去19世纪维多利亚时代著名诗人艾许(他也被建构成一个复杂隐喻诗境的"腹语大师")的过程中，偶然发现了夹于一部艾许最后借阅归还的维柯的《新科学》(*New Science*)中的两封写给无名女士的未完成的信件。经过细心的文献研究，他确认收信者竟然是艾许同时代著名的女诗人兰蒙特。由此，揭开了一桩隐匿了百年的秘密史实：有着正常家庭生活的艾许和孤守终生的兰蒙特在1868年发生了一段刻骨铭心的爱情，并且，兰蒙特背着艾许生下了他们的女儿。从小说中作为精彩艺术手段的细节中，我们可以看到，罗兰和兰蒙特的后代莫德小姐竟然通过兰蒙特诗歌中的暗示，在家族庄园中兰蒙特的住所里找到了她百年前隐藏在婴儿车中的秘密书信，甚至找到了诗歌隐喻的两位大诗人的疯狂秘恋之旅和情爱场境。由此，一直以来英国诗歌史中关于两位诗人那些早有定论的作品释义，瞬间化为文学思想史研究中的谬误。"有些事情发生了，却没有留下可以察觉到的痕迹。这些事情没有人说出口，也没有人提笔写下，如果说接下来的事件都与这些事情无关，仿佛从来没有发生过，那样的说法可就大错特错

---

[1] 其实，此书的英文原书名为*Possession*：*A Romance*，直译应该是《占有：一段罗曼史》。但Possession一词也有被感情支配和着魔的意思，所以如果译作"着魔：一段罗曼史"更准确一些。当然，现在的中译名"隐之书"的意译更接近书的内容。拜雅特还有另外一部艺术构境手法相近的小说《传记作家的故事》(*The Biographer's Tale*，2000)，说的是一个研究生菲尼亚斯(Phineas G. Nanson)，决定研究一位非常晦涩的传记作家斯科尔斯(Scholes Destry-Scholes)。在研究的过程中，他并没有了解到很多关于这位作家本身的生平，而是发现了这位作家**未发表的**关于另外三位真实历史人物(Carl Linnaeus, Francis Galton and Henrik Ibsen)的研究。拜雅特在书中将事实与虚构相结合，再现了这三位被隐匿起来的历史人物的生活。

了。"[1]这是此书最后"后记"中开头的一段文字。我觉得,他(她)们不想让人知道的书信是另一种**遮蔽历史在场性性质的秘密文献**,这是一种逃避现实历史关系的另类黑暗历史记载。然而,这种黑暗考古学的发现,却会改变对允许被记载的历史"事实"的全部判断。虽然,这只是艺术虚构,但它从一个侧面直映了这样一种新史学观:正是个人生存中的这种可见和不可见的多样性生活努力,建构出一个社会内含着隐性灰色面的总体生活情境。在每一个历史断面上,总有来自个体生存情境隐秘和社会生活的意识形态遮蔽。这些非物性的生存构境因素和力量,从一开始就是**注定不入史**的。这样,"能够历经沧海桑田,保存下来的那些作为历史印记的文字记载和物性文物,只是一个时代人们愿意呈现和允许记载的部分,永远都不可能等于逝去的社会生活本身。与文本研究中的思想构境一样,这些记载与历史物都不过是某种今天我们在生活中重新建构历史之境的有限启动点"[2]。

摆在读者面前的这一套由南京大学出版社出版的《马克思主义思想史研究丛书》,是近年来这一研究领域中的最新成果。它的作者,主要是南京大学马克思主义哲学专业培养出来的一批青年学者。他们从不同的思想史侧面和角度,研究和思考了马克思主义思想史中发生的一个个深层次的问题。除去少数带有总论性质的文本以外,丛书中的大多数论著都是微观的、田野式的专业研究,比如马克思与费尔巴哈的关系、马克思与19世纪英国社会主义思潮的关系、马克思与尤尔机器研究的关系、马克思方法论的工艺学基础,以及马克思文本中的对象化概念考古等。或多或少,它

---

1 [英]拜雅特:《隐之书》,于冬梅等译,南海出版公司2010年版,第577页。
2 张一兵:《〈资本主义理解史〉丛书总序》,《资本主义理解史》(六卷),江苏人民出版社2009年版。

们都从一个马克思主义思想史的断面,进入我们现代人观察马克思生活的那个远去的历史生活场境。虽然我们无法重现那些无比珍贵的伟大革命实践和思想变革的历史在场性,但多少表达了后人在马克思主义思想史探索中积极而有限的努力。

其实,在最近正在进行的《回到马克思》第二卷的写作中,我再一次认真通读了马克思与恩格斯长达40年的通信。阅读这些历史信件,也使那些灰色的思想文本背后的生活场境浮现在眼前。出身高级律师家庭的马克思和作为贵族女儿的燕妮、有着资本家父亲的恩格斯,没有躺在父辈留下的富裕的生活之中,而是选择了为全世界受苦受难的无产阶级获得解放寻求光明的艰难道路。在那些漫长而黑暗的岁月里,马克思被各国资产阶级政府驱逐,作为德国的思想家却不能返回自己的家乡,这么大的世界却没有一个革命者安静的容身之处。常人真的不能想象,马克思在实现那些我们今天追溯的伟大的思想革命时,每天都处于怎样的生活窘迫之中,在很长一段时间里,马克思写给恩格斯的大量信件都是这样开头的:"请务必寄几个英镑来",因为房租、因为债主逼债、因为孩子生病,甚至因为第二天的面包……这种令人难以想象的生活惨状,一直持续到《资本论》出版后才略有好转。而恩格斯则更惨。我经常在课堂上说一个让人笑不出来的"笑话":"恩格斯自己当资本家养活马克思写《资本论》揭露资本家剥削工人的秘密。"这是令人潸然泪下的悲情故事。当你看到,有一天恩格斯兴奋地写信告诉马克思:"今天我不用去事务所了,终于自由了",你才会体验到,什么叫伟大的牺牲精神。恩格斯自己有太多的事情要做,有无数未完成的写作计划,可是,为了马克思的思想革命和人类解放的事业,他义无反顾地放下了一切。马克思去世之后,为了整理出版《资本论》第二、三卷,自比"第二小提琴手"的恩格斯毫不犹豫地表示:"我有责任为此献出自己的全部时间!"[1]这才是人世间最伟大的友谊。这是我们在学术文本中看不到的历史真实。研究马克思主义思想史,对我们来说,不应该是谋生取利的工具,而是为了采撷那个伟大事业星丛的思想微粒,正是由于这些现实个人的微薄努力,光明才更加耀眼和夺目。

本丛书获得了2022年度国家出版基金的资助,感谢参加评审的各位专家,也感谢南京大学出版社的领导和诸位辛劳的编辑老师。我希望,我们的努力不会让你们和读者们失望。

张一兵
2022年4月5日于南京

---

[1]《马克思恩格斯全集》第36卷,人民出版社1975年版,第92页。

目 录

导 论　　　　　　　　　　　　　　　　　　　　　001
一、重新发现马克思的"对象化"概念　　　　　　002
二、马克思"对象化"概念的研究史境遇　　　　　006
三、本书的研究方法与论述框架　　　　　　　　014

上 篇　"对象化"与马克思哲学道路的开端

第一章　"对象化"的概念史溯源　　　　　　　　　023
第一节　"对象"概念在德国古典哲学中的出场　　023
一、"对象"概念的词源与流变　　　　　　　　024
二、理性主体的建构：康德视域中的"对象"概念　025
三、"对象"背后的"主体"：费希特、谢林的推进　031
第二节　黑格尔哲学中的"对象性"概念　　　　　035
一、"实体即主体"：黑格尔的辩证逻辑　　　　035
二、"对象性"与绝对主体的自我实现　　　　　037
三、"对象性"与现实主体的自我实现　　　　　040
第三节　"对象化"之缘起：费尔巴哈对黑格尔的再阐释　　　　　　　　　　　　　　　　　　　044
一、费尔巴哈"对象化"概念的初始语境　　　　045
二、自我意识哲学的再诠释与"对象化"的双重内涵　047

三、从"对象"到"对象化":德国古典哲学的方法论特质
050

第二章 "对象化"与马克思最初的哲学探索 056
第一节 "自我意识的对象化":马克思的哲学起点 056
一、自我意识哲学视域中的伊壁鸠鲁 057
二、"自我意识的对象化":马克思博士论文的核心范式 062
三、马克思"对象化"概念的初始内涵 066
第二节 "对象化"与青年马克思的初次哲学转向 069
一、费尔巴哈的哲学转向与"对象化"概念的新内涵 070
二、马克思哲学转向的唯物主义维度:"对象化"与"主谓倒置" 077
三、马克思哲学转向的人本学维度:"对象化"与"异化" 085

中 篇 "对象化"与马克思哲学革命的实现

第三章 "对象化"与青年马克思的经济学批判 095
第一节 "对象化劳动":经济学理论的哲学透视 096
一、理解"对象化劳动"的前提之一:《手稿》的复调语境 096
二、理解"对象化劳动"的前提之二:马克思对"劳动"的最初理解 104
三、"对象化劳动"的原初内涵与方法论意义 108
四、"对象化劳动"与"异化劳动"的原初关系 116

第二节 "人的本质的对象化":异化批判理论的
　　　　完整建构　　　　　　　　　　　　　　　*120*
一、异化劳动批判:从"劳动"的对象化到"类生活"的
　　对象化　　　　　　　　　　　　　　　　　*121*
二、异化史观的建构:"人的本质"的对象化与自我
　　确证　　　　　　　　　　　　　　　　　　*126*
三、异化批判理论的完整逻辑:对象化—异化—扬弃
　　异化　　　　　　　　　　　　　　　　　　*131*

第三节　经济学批判的推进与"对象化"之思　　*141*
一、重思"货币":交换关系中"最突出的对象"　　*142*
二、重思"劳动":雇佣与分工视角下的"对象化"　*147*
三、小结:马克思经济学批判的进展及其哲学效应 *154*

第四章　"对象化"与"新世界观"的诞生　　*157*

第一节　作为"对象性活动"的"实践":从人本学走向
　　　　后人本学　　　　　　　　　　　　　　*158*
一、初始建构:人本学视野中的"对象性活动"与"实践"
　　　　　　　　　　　　　　　　　　　　　　159
二、内在冲突:"对象性"的人本学内涵与现实性内涵 *163*
三、革命突破:作为"对象性活动"的"实践"的后人本学
　　内涵　　　　　　　　　　　　　　　　　　*168*

第二节　哲学起点的转变:告别"人的本质的对象化"
　　　　　　　　　　　　　　　　　　　　　　173
一、巴黎时期:"工业"是"人的本质力量的对象化"　*174*
二、《评李斯特》:历史性视角下的"人的本质的
　　对象化"　　　　　　　　　　　　　　　　*181*

三、新出发点的制定：从"工业"到"物质生产" *184*

第三节 批判方法论的转变与"对象化劳动"的偶现 *192*

一、社会关系建构论：一种新的社会批判方法论 *193*

二、"对象化劳动"的偶现与理解的深化 *201*

三、历史性视角下的"分工"与"劳动" *207*

四、小结：马克思哲学革命之际的"对象化"概念 *216*

下 篇 "对象化"与政治经济学批判的生成

第五章 "对象化"与马克思价值理论的哲学基础 *223*

第一节 正视"劳动"与"对象化劳动"的重现 *224*

一、正视"劳动"的开端：对劳动价值论的肯定 *224*

二、正视"劳动"的基础：对经济学批判方法论的阐述 *229*

三、"劳动"的科学定位与"对象化劳动"的重现 *234*

四、小结："对象化劳动"方法论意义的深化 *240*

第二节 "劳动"对象化为"价值"：商品和劳动二重性
理论的哲学基础 *246*

一、"对象化劳动时间"：货币分析中生发出的价值
反思 *247*

二、"对象化劳动"的一分为二：商品二重性思想的
确立 *255*

三、"幽灵对象性"与"抽象劳动对象化"：《资本论》中
的成熟表述 *260*

第三节 "价值"对象化为"货币"：价值形式理论的
哲学基础 *265*

一、从"商品"到"货币"的对象化逻辑：《大纲》中的最初

　　　　思考　　　　　　　　　　　　　　　　　　　　*266*

　　二、价值形式理论的原点:"简单价值形式"中的对象
　　　　化逻辑　　　　　　　　　　　　　　　　　　　*271*

　　三、价值形式理论的深化:对象化逻辑在货币形式中的
　　　　完成　　　　　　　　　　　　　　　　　　　　*278*

第六章　"对象化"与马克思对资本关系的辩证解析　　*284*

　第一节　资本的本质与逻辑:基于"对象化劳动"的
　　　　　透视　　　　　　　　　　　　　　　　　　　*285*

　　一、资本的本质:特定"关系"与"过程"中的"对象化
　　　　劳动"　　　　　　　　　　　　　　　　　　　*285*

　　二、资本的逻辑:劳动力的发现及其双重"对象化"　*292*

　　三、资本与劳动力的交换关系:平等背后的支配　　*298*

　第二节　资本主义生产关系批判:"对象化劳动"与
　　　　　"活劳动"的辩证法　　　　　　　　　　　　*303*

　　一、资本关系的两极:"对象化劳动"与"活劳动"　　*304*

　　二、一般劳动过程:"活劳动"的主动消耗与"对象化
　　　　劳动"的被动重塑　　　　　　　　　　　　　　*311*

　　三、价值增殖过程:"对象化劳动"的主动存续与"活
　　　　劳动"的被动追加　　　　　　　　　　　　　　*316*

　　四、资本关系的异化:"对象化劳动"对"活劳动"的颠倒
　　　　支配　　　　　　　　　　　　　　　　　　　　*324*

参考文献　　　　　　　　　　　　　　　　　　　　　*336*

导　论

在学术研究中，想要改变人们对一个熟悉概念的成见，有时比阐明一个新概念更加困难。"对象化（Vergegenständlichung）"恐怕就是一个例子。在人们的一般印象中，"对象化"只是青年马克思《1844年经济学哲学手稿》中的一个重要概念。实际上，纵览马克思一生的重要文本，从其博士论文到《资本论》，很少有概念像"对象化"这样，用法、含义、性质几经变化，却贯穿马克思哲学探索与经济学批判的全部历程。就概念来源而言，马克思的"对象化"直接来自青年黑格尔派的费尔巴哈，又与康德的"对象（Gegenstand）"概念、黑格尔的"对象性（Gegenständlichkeit）"概念紧密相关，是一个德国哲学语境独有的概念，体现了马克思自德国古典哲学而来的独特思维方式。就概念语境而言，这一概念不仅在青年马克思的文本中频频出现，更在后来的《资本论》及其相关手稿中大量出现，在经济学批判语境中扮演了支撑性的角色。有鉴于此，本书以马克思"对象化"概念的历史演变为切入点，基于德文原初语境，希望为理解马克思的哲学方法论变革，挖掘马克思经济学批判背后的哲学基础，进而融贯地理解二者之间的关系提供一个新的视角。

一、重新发现马克思的"对象化"概念

重新发现马克思的"对象化",不仅是为了澄清概念本身,也是为了基于国内外马克思研究的最新进展,深化对马克思哲学的总体理解。

重新发现"对象化"的起点是概念的澄清。由于历史原因,"对象化"概念在国内学界长期未能得到准确辨识与理解,特别是马克思晚期思想中的"对象化"概念长期被误解为"物化",导致人们在理解这一概念及与之相关的马克思哲学理论问题的过程中,出现了不少误解、模糊和争论。这里举几个例子。第一,由于各种原因,学界对"对象化"概念的来源、内涵和性质还存在一定的模糊推断。很多学者认为,马克思的"对象化"概念来自黑格尔,实际上,黑格尔并未使用过这一概念。这就导致在判断马克思"对象化"概念的基本含义与性质的时候,出现难以避免的失误。第二,在旧的中译本中,"对象化"往往止于《关于费尔巴哈的提纲》和《德意志意识形态》之前,因此,学界自然地在思想逻辑上将青年马克思的"对象化"概念与后来出现的"实践""生产"概念联系起来,认为前者被后者取代了。实际情况是,"对象化"在马克思后来的政治经济学批判中大量重现,并且其用法、含义、性质都发生了重大变化。究竟如何理解"对象化"概念在马克思哲学革命和政治经济学批判中的意义,也就成了有待重新厘清的问题。第三,国内学者在马克思若干文本的旧译本中所读到的大量"物化""物化劳动"概念,其德

文词并不是卢卡奇后来所讨论的"物化",而恰恰是"对象化"。[1]也就是说,"对象化"并不是被忽略了,而是被戏剧性地"误读"了。这又引发了诸如马克思的"物化"与西方马克思主义的"物化"之区别的讨论。这种基于汉译概念所进行的区分无疑存在纰漏。以上均是围绕马克思的"对象化"概念所需要重新加以梳理和澄清的问题。

除了概念的澄清,重新发现"对象化"的努力,也植根于国内乃至国际学界的马克思研究逐渐基于最新文献平台聚焦马克思后期思想的新特征与新趋势。近些年来,国内马克思哲学研究呈现出两个突出特征:一是内容上,研究焦点由青年马克思逐渐转向思想成熟时期的马克思,特别是全球金融危机以来,马克思的物化批判理论、《资本论》及其手稿中的哲学思想等成为学界共同关注的话题;二是方法上,随着新版《马克思恩格斯全集》历史考证版(*Marx-Engels-Gesamtausgabe*,以下简称 MEGA²)以及相关文献学研究成果的引入,探索新的研究平台与研究方法逐渐成为学界共识,基于马克思的德文文本与原初语境,挖掘马克思德文核心概念的思想史背景与深层哲学意义,成为马克思哲学研究的崭新起点。[2] 国内马克思哲学研究的这两个特征,也与国际马克思哲学研究的新发展密切相关:一方面,马克思的资本批判理论再次成为世界性的热门话题;另一方面,MEGA² 的《资本论》及其手稿卷的编辑进展也为这方面的研究提供了全新的学术依凭。在这种大背

---

[1] 笔者在此并没有否定旧译本价值的意思。如果仅就单个文本的具体语境而言,将"对象化""对象化劳动"意译为"物化""物化劳动",其实无可厚非,甚至可以说也是合理的。但若从马克思不同时期文本的关联性来说,或者从严格的概念史考察的角度来说,这样的意译就不足以满足研究的需要了。

[2] 参见张义修:《新世纪以来国内马克思哲学研究的回顾与展望》,《现代哲学》2014年第3期,第29页。

景下，对"对象化"概念的考证与研究也有了以往所不具备的坚实的文献学基础，在此基础上将对"对象化"概念的理解贯彻到马克思后期的资本批判理论之中，将为科学理解马克思的哲学方法论和历史唯物主义的批判向度奠定基础。

重新发现"对象化"的理论落点在于对马克思哲学方法论的重新理解，特别是，马克思后期以资本批判为核心的政治经济学批判背后的哲学方法论还有待进一步阐明。在马克思对政治经济学和资本主义的批判的理论中，最根基、最核心的部分，乃是超越了政治经济学的劳动价值论而形成的自己的价值理论以及剩余价值理论。然而，这一部分往往在哲学研究视域中被当作不够"哲学"的内容，遭到淡化处理。这就导致一个困境：马克思的哲学方法论与经济学批判被割裂开来了，价值理论、剩余价值理论仿佛是马克思通过纯粹的经济学研究取得的成就，而哲学智慧在《资本论》中似乎只闪现于拜物教批判等段落。实际上，即使是马克思的物化批判也同样基于其价值理论和生产关系批判。因此，必须继续思考的问题是：历史唯物主义的哲学方法论革命，究竟在马克思后来具体的经济学批判过程中是否具有方法论的支撑性意义？究竟是怎样具体发挥作用的？这些问题逐渐获得学界的关注，因为人们意识到，它关系到马克思的资本主义批判是否真是"跨学科"的成就，关系到马克思的经济学批判背后的哲学基础，关系到马克思的社会批判理论的内核在今天的合法性。马克思的哲学创见对其后期经济学批判的逻辑牵引作用、内在支撑作用，是一个值得深入研究和阐释的方向，而"对象化"概念正与这一方向紧密联系在一起。阐明"对象化"概念在马克思经济学批判理论形成过程中的含义、作用及其方法论特质，将有助于回应以上问题，为马克思批判理论的当代阐释奠定更为坚实的哲学基础。

就此而言,重新发现马克思的"对象化"概念具有以下几方面的创新性意义。

首先,首次立足德文考证版文献,对马克思一系列相关概念的原初用法进行梳理和辨析。这将有助于更加准确地把握马克思的"对象化"概念以及与之相关的"异化"等重要概念的内涵及其变化,从而更好地理解马克思哲学思考的概念源流,也更为细致地把握不同概念在马克思批判方法论中的内在逻辑关系。本书尽可能地利用新的文献资源,从德文原文入手,探寻马克思一系列重要概念的德文原意、思想史背景及其相互关联,力图体现马克思哲学的特定思想传统和底蕴。希望通过这样一种概念史研究的尝试,深化对马克思哲学基本面貌、基本思维方式的理解。

其次,以"对象化"概念在马克思思想发展全程中的演变为主线,有助于进一步阐明马克思探索形成历史唯物主义的思想进程,提出一些新的看法,澄清以往相关研究中的误解,填补以往研究的相关空白:准确说明马克思"对象化"概念的来源,进而分析马克思在思维方式上与德国古典哲学、青年黑格尔派的传承关系,有助于更好地理解青年马克思异化批判逻辑的复杂来源与完整构架;通过阐明"对象化"概念在青年马克思经济学批判中的复调内涵,有助于理解青年马克思的经济学批判的复调性质、逻辑消长对其后期经济学批判的意义;通过阐释"对象化"概念在《关于费尔巴哈的提纲》和《德意志意识形态》等文本中阶段性消失和在《资本论》及其手稿中大量重现的原因,重新解读马克思经济学批判的逻辑变革;通过对比青年马克思的异化批判和后期对资本关系异化的批判,阐明"对象化"与"异化"在马克思思想发展不同阶段的差异性,凸显马克思后期经济学批判的历史唯物主义特质。

最后,透过经济学话语,挖掘其背后的哲学方法论支撑,从而揭示马克思的政治经济学批判与历史唯物主义之间的内在逻辑关联性，加深对马克思的价值理论、剩余价值理论的哲学基础与意义的理解。马克思的政治经济学批判是以其哲学方法论的创新为支撑的，这突出表现为"对象化"等哲学概念在经济学语境中的创造性转用。通过分析"对象化"在马克思经济学批判中的独特内涵，特别是在后期经济学批判中的多重功能，进一步探寻历史唯物主义方法论和政治经济学批判之间的逻辑关联，推进学界对相关问题的理解，促进对历史唯物主义批判维度的深度把握。

二、马克思"对象化"概念的研究史境遇

就研究史境遇而言，围绕马克思"对象化"概念而展开的学术探讨和思想创新，在国内外呈现出颇为不同的视域，这是由文本基础、研究动机、研究方法等多重差异所导致的。

从国外马克思主义思想界和学界的研究情况来看，对马克思的"对象化"概念的理解和演绎与马克思经济学批判的理论努力密不可分。作为西方马克思主义思潮的开创性人物，卢卡奇率先突破了第二国际对马克思主义的经济决定论理解，也使马克思的"对象化""物化"等概念焕发出新的理论生命力。在《历史与阶级意识》中，"物化"作为一个贯穿全书的中心概念，脱胎于马克思晚期经济学批判，实现了对韦伯合理化思想的逻辑反转，揭示了现代工业社会无产阶级在生产过程中的物化，对后来的物化批判和技术理性批判具有重要启发意义。在《1844年经济学哲学手稿》发表以后，卢卡奇深受震动。在1948年出版的《青年黑格尔：论辩证法与经济学的关联》一书中，卢卡奇指出，1844年的马克思严格区分了"自在的劳动（Arbeit an sich）"中的"对象化"与"劳动的资本主

义形式(kapitalistische Form der Arbeit)"中的"异化",借此批评黑格尔在客观方面将"异化"等同于"对象性",而扬弃"对象性"是黑格尔哲学错误的顶峰。[1] 1967年,卢卡奇在写作《历史与阶级意识》新版序言时,还基于以上阐释,对自己的早期论述做了自我批判,认为该书"跟在黑格尔后面,也将'异化'等同于'对象化'"[2],是一个"根本的和严重的错误"[3]。卢卡奇强调,"异化"与"对象化"是"对立的根本范畴(Entgegengesetzte Grundbegriffe)","对象化"是始终存在、不可扬弃的,而只有在特定的社会中"对象化"才带来"异化"。[4] 卢卡奇之所以要突出"对象化"与"异化"的对立,是要强调青年马克思的唯物主义与黑格尔唯心主义的差别,对后人的研究产生了很大影响。笔者想要特别强调的一点是,卢卡奇本人在概念引述上相当严谨,他在分析黑格尔相关思想的时候,用的是黑格尔使用的"对象性(Gegenständlichkeit)"而非"对象化",而在提到"对象化(Vergegenständlichung)"时又特别注明,这是"用马克思在《1844年经济学哲学手稿》中所使用的术语"[5]。

《1844年经济学哲学手稿》的发表引发了西方学者对异化问题的讨论热潮,其中也有一些文本涉及对马克思"对象化"以及"物化"概念的独特理解。马尔库塞在《历史唯物主义的基础》一文中,

---

1 [匈]卢卡奇:《青年黑格尔(选译)》,王玖兴译,北京:商务印书馆,1963年,第120—121页。Lukacs, Georg. *Werke*, Bd. 8, Darmstadt: Luchterhand, 1967, S. 674.
2 [匈]卢卡奇:《历史与阶级意识》,杜章智等译,北京:商务印书馆,2009年,第19页。
3 [匈]卢卡奇:《历史与阶级意识》,杜章智等译,北京:商务印书馆,2009年,第19页。
4 [匈]卢卡奇:《历史与阶级意识》,杜章智等译,北京:商务印书馆,2009年,第19—20页。Lukacs, Georg. *Werke*, Bd. 2, Darmstadt: Luchterhand, 1977, S. 26 -27.
5 参见[匈]卢卡奇:《历史与阶级意识》,杜章智等译,北京:商务印书馆,2009年,第19页。

详细地解读了《1844年经济学哲学手稿》,提出"物化"和"对象化"存在很大区别,前者是后者的一种特殊的、异化的形式。如果说卢卡奇强调的是"对象化"活动的永恒性,那么马尔库塞更加强调"对象性"是一种人的本质规定,与"感性"密切联系,而"感性"(作为对象化)概念导致了马克思的哲学革命,"人的感性实质上是实践的对象化,并且正因为它是实践的,所以它实质上又是社会的对象化"[1],由此将历史唯物主义解读为一种有人本学色彩的社会批判理论。在《论经济学劳动概念的哲学基础》一文中,马尔库塞同样在人的自我实现和精神自由的意义上理解"对象化"概念。他虽然引用了《资本论》中关于创造使用价值的劳动被对象化的过程,却没有涉及创造价值的抽象劳动的对象化问题,从而又将马克思成熟时期的"对象化"概念拉回了人本学之中。[2] 此外,在概念考辨方面,民主德国学者施蒂勒(Gottfried Stiehler)强调"对象化"和"外化"适用于对"人类活动一般(menschlichen Tätigkeit überhaupt)"的描述,而"异化"则建立在资本与劳动对立的基础上,反对库莱拉(Alfred Kurella)将三个概念等同起来。[3] 心理学家凯勒(Peter Keiler)梳理了费尔巴哈和马克思"对象化"的用法演变,强调后者对前者的继承关系,但没有明确地区分马克思不同时期"对象化"的不同内涵和性质。[4]

如果说卢卡奇揭示了发达工业社会的科学管理与技术控制对

---

[1] 《西方学者论〈一八四四年经济学—哲学手稿〉》,复旦大学哲学系现代西方哲学研究室编译,上海:复旦大学出版社,1983年,第113页。

[2] 《现代文明与人的困境——马尔库塞文集》,李小兵等译,上海:三联书店上海分店,1989年,第240—243页。

[3] Stiehler, Gottfried. *Die Dialektik in Hegels "Phänomenologie des Geistes"*, Berlin: Akademie, 1964, S. 280.

[4] *Beiträge zur Marx-Engels Forschung Neue Folge* 1996, Hamburg: Argument, 1996, S. 111-133.

主体的物化宰制过程,那么以霍克海默、阿多诺的《启蒙辩证法》为标志,法兰克福学派继承了这一批判理路,进而将批判的矛头直接指向现代文明的源头,将马克思的资本主义生产关系批判发展为启蒙理性和科学技术批判。虽然《启蒙辩证法》并未专题性地讨论"对象化",但也十多次在理性强制的意义上使用这一概念。[1] 在法兰克福学派中,阿多诺对卢卡奇物化概念的态度可谓具有代表性。基于更为深入的经济学研究,阿多诺拒绝像卢卡奇那样"把辩证法还原为物化",他尖锐地写道:"人类遭受了什么(Worunter die Menschen leiden),这在关于物化的哀歌中,与其说是得到了谴责,不如说是被略过了。"[2] 换言之,物化理论的批判层面是非根本性的。在阿多诺看来,必须深入商品交换关系中,通过颠覆商品世界中的同一性原则,进而颠覆现代社会的同一性思维。在《否定的辩证法》中,阿多诺还二十多次使用"对象化"概念,在同一性批判的层面批判人"对自然的对象化统治"以及理性对人自身的控制。[3] 这种"对象化"概念的阐发显然源于马克思也超出了马克思。

在地球的另一端,马克思的"对象化"概念也得到了日本学者的深入研究。日本国民文库版《1844年经济学哲学手稿》译者藤野涉对卢卡奇关于"对象化"与"异化"的区分提出了不同意见。他认为,马克思对黑格尔的批评,并非集中于"对象化"与"异化"的等

---

[1] Horkheimer, Max und Theodor W. Adorno. *Dialektik der Aufklärung: Philosophische Fragmente*, Frankfurt am Main: Suhrkamp, 2003.
[2] [德]阿多尔诺:《否定的辩证法》,张峰译,重庆:重庆出版社,1993年,第188页。(阿多尔诺,本书译为阿多诺)Adorno, Theodor W. *Negative Dialektik. Jargon der Eigentlichkeit*, Frankfurt: Suhrkamp, 2003, S. 191.
[3] Adorno, Theodor W. *Negative Dialektik. Jargon der Eigentlichkeit*, Frankfurt: Suhrkamp, 2003.

同,而是集中于其唯心主义。马克思跟黑格尔一样看到了异化也有积极的方面,没有只从消极角度来理解。藤野涉以及三浦和男、城冢登还详细讨论了马克思"非对象化(Entgegenständlichung)"概念的翻译问题。[1] 显然,焦点文本仍然停留在青年马克思的思想阶段。而藤野涉关于"对象化""异化"概念的讨论也得到了广松涉的支持。但广松涉主要侧重强调的是,青年马克思大体上在同义的层面使用"异化""外化""对象化"等一系列概念。这些概念都表明,青年马克思的思维方式仍然停留于传统哲学的主客二分模式之中。他针对性地提出"物象化论"的解释,即将马克思的思想革命概括为从人本主义的"异化论"向关系主义的"物象化论"的变迁过程,而"物象化"概念则标志着马克思超越主客二分,走向科学的关系存在论。[2] 他认为,关系是第一性的,而无论主体还是客体,都是在日常生活情境中被误认的"物象",马克思的拜物教思想正是揭示了日常物象背后的关系实质。[3] 广松涉突出了马克思主义对传统思维方式的超越,突出了历史唯物主义的实践关系性本质,而"对象化"概念则显然被当作人本学阶段的一个过时概念。

国内学界对马克思"对象化"概念的研究主要与"劳动"和"实践"两个概念联系在一起,并呈现为政治经济学与哲学两个领域、两种话语。政治经济学角度的研究往往将"对象化"概念与马克思晚期的"劳动"概念联系在一起,以加深对马克思主义经济理论的

---

[1] 韩立新:《对象化与异化是否同一——"对黑格尔的辩证法和整个哲学的批判"的重新解读》,《吉林大学社会科学学报》2010年第1期,第52—54页。
[2] [日]广松涉:《唯物史观的原像》,邓习议译,南京:南京大学出版社,2009年,第35页。
[3] [日]广松涉:《物象化论的构图》,彭曦、庄倩译,南京:南京大学出版社,2002年,第71、82—86页。

理解,例如董书城的《价值的源泉:对象化劳动》[1]、孙宗伟的《物化劳动与价值创造:当代国内学者关于马克思劳动价值论争论研究》[2]。一些学者试图在马克思劳动价值理论的基础上进一步做出创新阐释,提出只有对象化劳动才是价值创造的源泉,而物质形态的非劳动生产要素也能创造价值。但也不难看出,不少学者并没有意识到,他们所讨论的物化劳动就是对象化劳动。侧重于哲学角度的研究往往将"对象化"概念与《1844年经济学哲学手稿》中的"劳动"概念和《关于费尔巴哈的提纲》中的"实践"概念联系在一起,从马克思的人学思想、马克思哲学的生存论变革、马克思实践概念对主客二分模式的超越等层面加以理解,包括张立达的专著《对象化和人的生存矛盾》[3]、邹诗鹏的《对象化与人的本质活动》[4]、张曙光的《人的存在的历史性及其现代境遇》[5]、王永昌的《论实践对象化的基本内容和过程》[6]等学术论文。其中,张立达的《对象化和人的生存矛盾》是目前唯一一部以"对象化"概念为题的研究著作,该书围绕《1844年经济学哲学手稿》中人类学意义上的"对象化"概念,对相关思想史以及以对象化为特征的人类存在方式及其矛盾进行了梳理和阐释。但作者并未覆盖马克思在思想发展的全过程中对"对象化"概念的实际使用情况,也基本没有分析晚期马克思大量使用的"对象化"概念的内涵。如果说,20世纪八九十年代对"对象化"概念的哲学阐发与人本主义讨论热潮以及

---

[1] 董书城:《价值的源泉:对象化劳动》,北京:中国经济出版社,2000年。
[2] 孙宗伟:《物化劳动与价值创造:当代国内学者关于马克思劳动价值论争论研究》,北京:中国广播电视出版社,2007年。
[3] 张立达:《对象化和人的生存矛盾》,上海:上海三联书店,2011年。
[4] 邹诗鹏:《对象化与人的本质活动》,《河北学刊》1996年第6期。
[5] 张曙光:《人的存在的历史性及其现代境遇》,《学术研究》2005年第1、2期。
[6] 王永昌:《论实践对象化的基本内容和过程》,《中国社会科学》1992年第2期。

反思传统教科书模式密切相关,近年来,随着生态问题研究的升温,也有一些学术成果开始挖掘马克思主义的生态批判维度,其中对"对象化"负面意义的批判性阐发倒与阿多诺的相关论述在思想逻辑上有所接近了。[1] 另外值得一提的是,侯才的《费尔巴哈"对象化"概念探析》较早地从德文原初语境出发,基于对费尔巴哈的文献检索提出:在费尔巴哈那里,"对象化"和"异化"是通用的关系。[2]

实际上,如果脱离了马克思的政治经济学研究与资本主义批判,抽象发挥马克思的哲学话语,始终不可能揭示马克思哲学的历史原像。"对象化"作为马克思文本中一个典型的"跨学科"概念,对它的研究就更是如此。从这一角度来说,国内一些学者已经在探索马克思政治经济学批判与哲学发展的内在关联方面,对"对象化"概念做出了重要的阐发。孙伯鍨教授在《探索者道路的探索》中提出,《1844年经济学哲学手稿》中的对象化劳动和异化劳动是现实劳动的正反两个方面,代表马克思已经通过经济学研究触及劳动的二重性问题。青年马克思集中阐发的异化劳动仍是人本主义的,而对象化劳动则是作为人类生存永恒基础的一般生产劳动,涉及生产力的层面。要解决劳动二重性的矛盾,马克思必须放弃人本主义的出发点,首先研究对象化劳动的意义,从而使自己的资本批判真正立足于科学的基础之上。也就是说,对象化劳动的提出代表了隐含在手稿中的强调物质生产的决定作用的历史唯物主义思路。[3] 张一兵教授在《回到马克思——经济学语境中的哲

---

[1] 王熙恩:《对象化的内在悖反及其生态维度——关于〈1844年经济学哲学手稿〉对象化理论的深层解读》,《学术交流》2005年第11期。
[2] 侯才:《费尔巴哈"对象化"概念探析》,《长白学刊》1992年第1期。
[3] 孙伯鍨:《探索者道路的探索》,南京:南京大学出版社,2002年,第168—170页。

学话语》中确证了青年马克思思想中存在的两条逻辑:作为权力话语的人本学异化批判逻辑,以及随着经济学研究的深入而生发出的从客观现实出发的新的科学逻辑。[1] 他认为,马克思跟着费尔巴哈肯定对象化而否定异化,由此既改写了黑格尔的总体对象化和异化观,也超越了赫斯单纯停留于交换异化层面的经济学批判。[2] 但他不认为新的科学逻辑是从"对象化"概念导引出来的,他认为对象化劳动与异化劳动同属人本学逻辑。姚顺良教授则强调,客观的对象化劳动恰恰是理想性的,而被批判的异化劳动是现实存在的,"对象化"本身就带有人本学的意味。[3] 也就是说,许多学者从《1844年经济学哲学手稿》中马克思的哲学逻辑的角度来考察"对象化"概念,张亮的《对象化"反对"异化——评〈1844年经济学哲学手稿〉中的一个潜在矛盾悖结》[4]、杨建平的《从异化到对象化:抽象劳动概念的语境转换》[5]、韩立新的《对象化与异化是否同一——"对黑格尔的辩证法和整个哲学的批判"的重新解读》[6]、翁寒冰的《马克思对象化劳动概念的思想渊源及理论地位辨析》[7]等先后对此做出过讨论。

---

[1] 张一兵:《回到马克思——经济学语境中的哲学话语》,南京:江苏人民出版社,2009年,第8—9页。
[2] 张一兵:《回到马克思——经济学语境中的哲学话语》,南京:江苏人民出版社,2009年,第233—234页。
[3] 张一兵主编:《马克思哲学的历史原像》,北京:人民出版社,2009年,第526、533、543页。
[4] 张亮:《对象化"反对"异化——评〈1844年经济学哲学手稿〉中的一个潜在矛盾悖结》,《南京社会科学》1997年第4期。
[5] 杨建平:《从异化到对象化:抽象劳动概念的语境转换》,《南京大学学报》1998年第1期。
[6] 韩立新:《对象化与异化是否同一——"对黑格尔的辩证法和整个哲学的批判"的重新解读》,《吉林大学社会科学学报》2010年第1期。
[7] 翁寒冰:《马克思对象化劳动概念的思想渊源及理论地位辨析》,《马克思主义与现实》2014年第6期。

另外，由于传统研究往往没有区分实为"对象化"的"物化"和真实的"物化"概念，许多对"对象化"概念的研究是以"物化"的名义进行的。潘于旭[1]、仰海峰[2]等学者先后对马克思成熟时期的"对象化"概念做出了跨学科的哲学理解尝试。还有一些学者结合马克思晚期的"对象化"概念和拜物教批判理论等内容，对马克思的物化批判思想做出了阐发。[3] 在国际同行的推动下，国内学界对马克思历史唯物主义视野下的物化概念及思想做出了新的理论思考，代表性成果包括刘森林的《物与无：物化逻辑与虚无主义》[4]、张一兵的《再论马克思的历史现象学批判——客观的"事物化"颠倒与主观的"物化"错认》[5]、周嘉昕的《"物象化""物化"还是"对象化"？——从思想史和马克思文本出发的理论选择》[6]等。这些研究表明，概念与思想的误解正在逐渐被澄清，马克思成熟时期的"对象化"概念与其物化批判思想的关系、"对象化"与历史唯物主义的哲学批判方法论等问题，将成为新的理论热点。

三、本书的研究方法与论述框架

为了全面准确地理解马克思"对象化"概念的用法、含义、性质

---

1 潘于旭:《唯物史观、"物化劳动"与马克思主义哲学价值论基础》,《中国人民大学学报》1995年第2期。
2 仰海峰:《经济哲学意义上的物化时间与现代同质性》,《学术月刊》1999年第9期。
3 李志:《面临多重物化的个人——晚期马克思人本主义思想探析》,《哲学研究》2008年第11期；马俊领、刘卓红:《论物化批判的三种模式》,《广西社会科学》2008年第12期。
4 刘森林:《物与无：物化逻辑与虚无主义》,南京：江苏人民出版社,2013年。
5 张一兵:《再论马克思的历史现象学批判——客观的"事物化"颠倒与主观的"物化"错认》,《哲学研究》2014年第7期。
6 周嘉昕:《"物象化""物化"还是"对象化"？——从思想史和马克思文本出发的理论选择》,《哲学研究》2014年第12期。

转变，进一步把握马克思在哲学变革的基础上形成自己的经济学批判的逻辑进程，本书在坚持哲学思想史研究的一般原则的同时，特别采用了文本深层思想逻辑的历史性解读方法和概念史的研究方法，并以文本词频统计作为重要的研究辅助手段。

对文本深层思想逻辑加以历史性解读，是国内学界在哲学文本研究方面取得的重要方法论成果。它特别强调哲学家思想逻辑、哲学文本和读者理解视域之间的客观间距性，强调不同时期甚至同一时期文本背后哲学家在深层思想逻辑层面的差异性、复调性，强调历史性地把握哲学家思想发展中的质性变化，反对非历史的、同质性的文本解读。这种文本解读方法贯彻了历史唯物主义的方法论原则，取得了"马克思哲学思想发展中的两次转变""青年马克思经济学批判中的两条逻辑"等重要研究成果，也构成了本书最重要的方法论支撑。

本书所说的"概念史"即德文的"Begriffsgeschichte"，该词出自黑格尔的《历史哲学讲演录》，指基于一般概念而进行的历史研究，这种研究是由"反思的(reflektierenden)历史"通向"**哲学的**(*philosophische*)历史"的过渡环节。[1] 在 20 世纪后半叶，"概念史"在德语世界成为一种显要的哲学研究方法，进而扩展为一种历史学研究方法，十三卷本的《哲学历史词典》(*Historisches Wörterbuch der Philosophie*)[2] 即为其标志性成果。本书显然不是在历史学层面运用概念史方法，而是将其作为一种哲学研究方法，运用于马克思的思想形成史研究之中。一方面，本书拒绝一般

1　Hegel, G. W. F. *Vorlesungen über die Philosophie der Geschichte*, Frankfurt am Main: Suhrkamp, 1986, S. 19.
2　Hrsg. Ritter, Joachim, *Historisches Wörterbuch der Philosophie*, Basel: Schwabe, 1971-2007.

性地概括马克思的哲学观点,而是具体地对"对象化"及相关概念进行细致的考证、梳理、辨别,以概念发现、运用、改换的历史作为思想理论研究的支撑;另一方面,本书强调历史性地看待概念的语境、含义与性质,实事求是地具体揭示出同一概念在不同思想阶段的差异性、同一概念在同一思想阶段内的多义性、不同概念在同一思想阶段的相似性,从而推进深层思想逻辑的文本学解读方法,更加深入地理解马克思的思想历程。而这种概念史研究,将直接建立在马克思的德语原文基础上,从而也就规避了许多汉译语境中的误解。[1]

本书还采用了"学术文本词频统计"的研究新视角,这是《回到马克思——经济学语境中的哲学话语》第三版所开启的一种新的研究方式。"这是指统计一个思想家在其经典文本母语原文中居权力话语结构中的支配性概念或范畴出现的频率,并将其与不同时期发生重要思想变异的文本的词频统计结果进行历时性比较研究,并且在二维词频图上以直观的曲线图标识出来,以实现对已有文本学分析的数据支持。"[2] 显然,和概念史研究的要求相一致的是,这是一项只有基于母语文本才有效的工作。而且,词频统计也不是纯粹客观的,它必须以研究者对研究对象经典文本及关键概念的深入把握为基础,统计结果在文本深度研究的过程中具有辅助性和参照性。这一视角的意义在于:其一,进一步用实证事实说

---

[1] 为了更直观地体现原文中的概念使用情况及概念之间的关联,本书依据原文,对若干译文进行了一定调整,调整的基本原则是尽量采用有区分度的直译,但在通顺度等方面可能不及原译文。这种出于学术研究的特定主题而进行的改译,绝不意味着笔者否定原译文的准确度和价值。对于存在改译之处,笔者尽量将原文照录,以利于读者查询比照。

[2] 张一兵:《学术文本词频统计:马克思哲学思想史研究中的一个新视角——从〈回到马克思〉第三版修订谈起》,《马克思主义研究》2012年第9期,第88页。

话，避免脱离原文结构甚至背离文本语境的寻章摘句和过度发挥；其二，跨学科地引入文献计量学的成果，提高思想史研究的现代化水平；其三，以生动直观的方式，揭开传统研究中无法获知的文本秘密，有助于澄清学界长期积累下来的一些"成见"与纷争，推动学界在全新的平台上开展研究，凝聚共识。

本书将概念史的方法和词频统计的研究手段贯穿研究的全过程，包括三个层面的运用：第一，对目前问世的全部马克思文本中的"对象化"概念进行"地毯式"的全面搜索，梳理马克思对这一概念的总体使用情况和每一种代表性用法，提炼出其中最主要的内涵和性质；第二，对康德、费希特、黑格尔、费尔巴哈等与马克思有密切联系的思想家的代表性文集进行词频统计，不仅甄定"对象化"概念的历史出处和基本用法，而且梳理出从德国古典哲学到马克思的"对象化"背后的哲学思维方式特征和哲学史线索；第三，对研究中涉及的其他重要概念，如青年马克思大量使用的"异化"、马克思成熟的经济学批判中的"活劳动"等予以必要的考证和辨析，澄清相关概念之间的关系，从而恰当把握马克思的哲学思考之路。

笔者利用南京大学马克思主义社会理论研究中心数据库的统计工具，对已出版的 $MEGA^2$ 各卷次中的"对象化"（包括动词及其分词、名词化形式）进行了词频统计，排除其中不符合统计范围的情况（如恩格斯文本中对马克思的引用），对 $MEGA^2$ 尚未出版的《神圣家族》等文本，又基于《马克思恩格斯全集》德文版（*Max-Engels-Werke*，以下简称 MEW）进行了补充检索，从而第一次实现了对马克思各类文本中"对象化"概念使用情况的总体把握。[1]

---

[1] 由于目前马克思的全部文本尚未完全出版，加上版本来源的不统一性，以及统计工具可能存在的误差，这一结果只能是基于当前文献条件下的总体性结果，很可能并不是最终的准确数字。

为了直观体现出其历史变化过程,笔者按照文本写作的时间顺序,制作示意图如下:

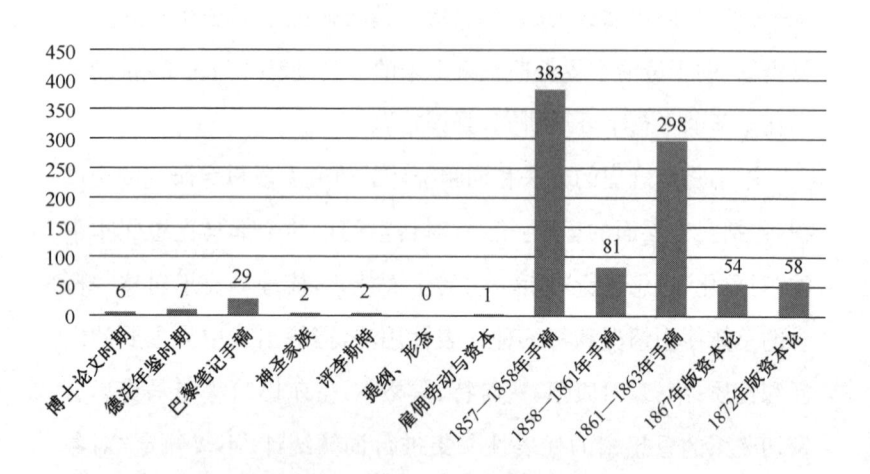

文本阶段	频次
博士论文时期	6
德法年鉴时期	7
巴黎笔记手稿	29
神圣家族	2
评李斯特	2
提纲、形态	0
雇佣劳动与资本	1
1857—1858年手稿	383
1858—1861年手稿	81
1861—1863年手稿	298
1867年版资本论	54
1872年版资本论	58

图 0.1　马克思文本"对象化"词频变化示意图

由统计结果清晰可见:第一,从总体上看,"对象化"确实是贯穿马克思整个思想历程的一个关键概念,对它的理解必须以坚实的文本解读为基础;第二,从主题上看,马克思的"对象化"概念突出地集中在其政治经济学的批判性研究笔记、手稿与著作中,换句话说,这个概念虽然原本是个纯粹的哲学概念,却被马克思大量用于经济学语境之中,这是十分耐人寻味的;第三,从历史变化上看,在马克思思想发展的不同阶段,"对象化"概念的使用情况存在明显的起伏,这为我们准确理解马克思的哲学革命提供了概念依据,也提示我们,对于不同阶段"对象化"概念的含义、性质与功能,需要做出不同的定位;第四,从频次分布上看,与学界以往对"对象化"的一般印象相当不同的是,"对象化"概念海量地出现在马克思后期比较成熟的政治经济学批判文本之中,也就是说,如果想要完整、准确地理解马克思"对象化"概念的演变,重点应当放在后期,而不应停留在马克思前期并不成熟的文本中。

基于此,我们可以为马克思"对象化"概念的理论意义做一个定位:在马克思从青年黑格尔派走向历史唯物主义,最终实现科学的政治经济学批判的思想历程中,"对象化"概念先是集中出现,继而暂时消失,后又大量出现,成为折射马克思哲学思想转折与发展的一个标志性概念。"对象化"概念的发展伴随着马克思经济学批判的不断深入,突出体现了马克思在经济学语境中的哲学思考。也就是说,理解"对象化"概念,无论是对于理解马克思哲学变革的过程,还是理解马克思政治经济学批判背后的哲学思想,都具有重要的意义。

本书共分为三篇、六章。上篇聚焦"对象化"概念与马克思哲学道路的开端,其中第一章梳理了马克思"对象化"概念的思想史来源,第二章讨论了青年马克思在撰写博士论文阶段和转向人本学唯物主义过程中对这一概念的运用;中篇聚焦"对象化"概念与马克思哲学革命的实现(其"第一个伟大发现"),其中第三章围绕马克思的初次经济学批判,分析了"对象化"概念在其中的复调内涵与性质,第四章探讨了马克思在确立新世界观的过程中对"对象化"概念的使用情况;下篇则聚焦"对象化"与马克思政治经济学批判的形成(其"第二个伟大发现"),第五、六章分别分析了"对象化"概念在马克思的商品-货币分析(价值理论)和资本逻辑分析(剩余价值理论)中的内涵、性质和地位。

从哲学逻辑的转变来说,马克思一生的哲学变革分为两个环节:一是从青年黑格尔派的自我意识哲学、思辨唯心主义向费尔巴哈式的人本学唯物主义的转变,这种转变的成果集中体现在马克思的第一次经济学批判当中,代表性文本是《1844年经济学哲学手稿》;二是从人本学唯物主义向历史唯物主义的转变,这种转变在马克思的初次经济学批判中已经潜藏着思想端倪,而后在《关于费尔巴哈的提纲》和《德意志意识形态》中正式确立起来。在完成哲学变革之后,在具体的政治经济学批判过程中,新的哲学方法论得到了新的发展和体现。就此而言,第一章介绍了马克思"对象化"概念的前史;第二章反映了马克思从思辨唯心主义向人本学唯物主义的转变,"对象化"概念也相应地由一个唯心主义概念转变为一个人本学唯物主义概念;第三章既是马克思人本学唯物主义的集中展现,也包含了超越这一逻辑的新的思想动向,"对象化"概念呈现出人本学和经济哲学的复调内涵;第四章到第六章则展现了历史唯物主义从正式确立到在经济学批判中成熟的过程,其中,"对象化"概念在不同主题的讨论中不断得到进一步的发展。

从经济学批判的角度来说,马克思一生的经济学批判可以分为两个范式:一是以人本学唯物主义为基础的青年马克思的经济学异化批判,二是以历史唯物主义为基础的马克思思想成熟时期的政治经济学批判。不同性质的"对象化"概念分别构成这两种批判的哲学方法论支点。就此而言,本书的前三章探讨了第一种批判范式的哲学基础与具体体现,第四章和后续的第五、六章则分别探讨了第二种批判范式的哲学基础和具体体现。在第一种批判范式中,"对象化"概念主要服务于人本学的异化批判逻辑,偶尔展现出经济哲学的独特内涵;在第二种批判范式中,"对象化"彻底褪去了人本学色彩,在马克思构思和阐释自己的价值理论、剩余价值理论的过程中起到了思想支撑的作用。

上 篇
"对象化"与马克思哲学道路的开端

第一章 "对象化"的概念史溯源

在第一章中,我们首先要弄清楚"对象化"这一概念的来源,并对其在哲学史线索中的初始意义做一个基本的梳理。这项工作涉及德国古典哲学以及黑格尔之后的青年黑格尔派,主要的人物是康德、黑格尔和费尔巴哈。在此基础上,我们才能比较准确地理解青年马克思"对象化"的概念史背景。对于本章而言,尤为重要的是理解从"对象"到"对象化"这一概念群所折射出的德国古典哲学的独特的思维方式,这一点对马克思一生的哲学思考都具有奠基性意义。

第一节
"对象"概念在德国古典哲学中的出场

在今天的哲学语境甚至一般的人文学科话语中,"对象"是个再常用不过的概念。然而,当人们用作为能指的"对象"去表述那些各式各样的、作为所指的"对象"的时候,往往已经不再追问,"对象"本身的意义究竟是什么。当人们将目光聚焦在各种"对象"之上,却往往已经不再追问,当我们将其作为"对象"来思考的时候,这种思考已经蕴含了什么样的意味。人们往往不大清楚,今天我们所理解的"对象"概念是如何走到今天的,也往往不大清楚,特定的思想史背景赋予"对象"怎样的独特性质。然而,这又是一个不可能仅在中文语境中被解答的课题。作为一个汉译概念,"对象"来自一个德文词——"Gegenstand"。我们必须回到德文语境中去,回到德国古典哲学的思想史中去,探寻"对象"概念的历史意蕴,进而走向对"对象性"和"对象化"概念的理解。

一、"对象"概念的词源与流变

从词源上说,"Gegenstand"这个德文的名词,可以拆解成前缀"gegen-"和名词"Stand"两个部分加以理解。前缀"gegen-"是"相对""反对"的意思,名词"Stand"则可以追溯到古高地德语(althochdeutsch)和中古高地德语(mittelhochdeutsch)中的"stantan""stant""standen"等形态,它来自动词"stehen",即"站立",进而引申出表示某种现存之"状态""情况""位置"的意思。如果我们将二者结合起来,那么顾名思义,"Gegenstand"就是指相对地、对立地存在着的某种状态、某种境况、某个东西。这样说来,"Gegenstand"一词的含义似乎是一目了然的。

不过,根据德语语文学的词源考证,"Gegenstand"并非一开始就被理解为今人所说的"对象",或者说,并不是一开始就被理解为以上两部分的结合。在可考的德语文献中,至少到了16世纪,"Gegenstand"还是被理解为"Gegensatz(相反、对比)""Widerstand(反对、抵抗)"的近义词,表示"相反的情况""对立的事物"。也有文献表明,这个词在17世纪时还被理解为"das Entgegenstehende",即来自动词"entgegenstehen(对抗、阻碍)",意指"对抗性、阻碍性的东西"。转变发生在17世纪末至18世纪,在这一时期,德语世界的哲学家开始用这个概念来翻译拉丁文的"obiectum(客体)"概念——我们知道,"obiectum"其实还有一个更加准确、直接的德语形式的表达,即"Objekt"。从这时开始,"Gegenstand"才开始被理解为今人所说的"对象"。

既然德国哲学语境中的"Gegenstand"源自对拉丁文"客体"概念的翻译,是不是意味着,我们将"Gegenstand"直接等同于来自拉丁文的"客体"(无论是其拉丁文形式"obiectum"、德文形式"Objekt"或者英文形式"object")就可以了呢?恐怕不行。在哲学史中,翻译的间隙往往凸显着不同语言传统、思维模式的碰撞,进而擦出全新的思想火花。当德国哲学家不满足于直接性地转述"客体(Objekt)",而是试图用德文语境中的"对象(Gegenstand)"对其加以"翻译"的时候,恰恰也就是新的"阐释"开始的时候。也许,第一个用"Gegenstand"来翻译"obiectum"的德国人不会想到,不久之后,"对象(Gegenstand)"将会脱颖而出,成为不同于传统语境中的"客体"的一个全新的哲学概念,成为一个属于德国哲学的概念。而真正开启这一概念史传统的哲学家,正是德国古典哲学的第一人,生于18世纪初的康德。

二、理性主体的建构:康德视域中的"对象"概念

在康德的哲学著作中,"对象"的出现频次是极高的。仅以《纯粹理性批判》为例,康德使用"对象"频次为800次左右,远远高于"客体"概念,甚至高于"直观""表象"等概念。然而,在这几百次的频繁使用中,康德并没有就"对象"本身的含义进行明确的梳理和界定。也就是说,康德常常用"对象"来说明其他概念,而"对象"本

身反倒是有待被说明的了。据此,我们可以得出两个初步结论:第一,在康德的哲学言说中,"对象"概念占有不可或缺的、不可替代的重要地位,并且不能被简单地等同于"客体";第二,对康德而言,"对象"是一个被使用的概念,是一个服务于阐释工作的"工具",而不是一个被阐释的概念,不是一个占据理论体系中某个特定位置的"构件"。因此,理解康德的"对象"的前提,就是回归其工具性,回归其使用语境,放弃一种单一化的、无语境的定义,且看康德究竟是如何"使用"这一概念的。与其说,康德的"对象"具有某几层含义,毋宁说,康德的"对象"具有某几种用法,适用于某几层语境。这种在语境中理解概念的方法,对于我们后面理解"对象性""对象化"等概念,也都是前提性的。

在培根、笛卡尔等思想家所共筑的近代哲学的地平线上,人与自然的关系被重新理解,主体的自觉被提升到新的高度,主体与客体的关系以认识论或者说知识问题的形式,呈现为众人所瞩目的焦点。而康德的贡献在于,更加彻底地树立起理性存在者的主体性,宣告了知性对自然的立法,扬起了"哥白尼式革命"的旗帜。人们对这样一场革命的基本内涵并不陌生:康德将知识的有效性与客观性完全归结于主体,不再让认知主体去符合外界的"客体"经验,而是反过来,将"客体"拆解为认知主体的产物,在主体性维度中探寻认知一切"对象"的各种先验条件。康德是这么说的:"迄今为止,人们假定,我们的一切知识(Erkenntnis)都必须遵照对象(Gegenständen);但是,关于对象先天地通过概念来澄清某种东西以扩展我们的知识的一切尝试,在这一预设下都归于失败了。因此,人们可以尝试一下,如果我们假定对象必须遵照我们的认识

(Erkenntnis),我们在形而上学的任务中是否会有更好的进展。"[1]德文的 Erkenntnis,在侧重描述其过程时,可以译为"认识",而在侧重描述其结果时,则可以译为"知识",但这个"知识"是泛指一切认识之结果,而不是中文语境中通常所理解的知识。在康德看来,以往一切认识论的偏误之所在,恰恰是将主体所建构的认知对象,或者说认知之中的"物",当作认知主体之外的"自在之物"。实际上,主体的感官之所及、思域之所及,只有相"对"于主体的认知之"象",而没有真正外在于主体的"客"观之"体"。可见,"对象"一词恰恰绝佳地反映了康德独特的主体建构性的认识论立场,从而与传统上对"客体"的言说划清了界限。只要理解了康德的"哥白尼式革命"的要旨,也就非常容易理解康德为什么会空前频繁地使用"对象"了。反过来说,只有领会了康德大量使用"对象"而不是"客体"的原因,才会更好地区分二者,从而更加体会到康德的用词之精准、阐释之匠心。

其实,康德的革命性思路是在创作《未来形而上学导论》和《纯粹理性批判》第二版的过程中才逐渐形成的。在这一过程中,康德摆脱了此前尚存的关于认识的客观依据问题的犹疑态度,将知识的客观性问题归属于先验逻辑问题,同时也删除了此前所使用的并不准确的"先验对象"概念,而将"对象"的用法锁定在主体的建构范围之内。[2] 具体而言,康德对"对象"究竟有怎样的阐释呢?

首先,康德所谈的"对象"主要是相对于主体的认知而言的,即如前所述,是 Erkenntnis 的对象,既是认识过程所要面对和处理

---

[1] [德]康德:《纯粹理性批判》(第2版),李秋零译,见李秋零主编:《康德著作全集》,第3卷,北京:中国人民大学出版社,2004年,第10—11页。Kant, Immanuel. *Kritik der reinen Vernunft*, Darmstadt: Wiss. Buchges., 1998, S. 25.
[2] 陈嘉明:《建构与范导——康德哲学的方法论》,北京:社会科学文献出版社,1992年,第101—102页。

的对象,也是认识结果所反映的对象,但绝不是与主体完全无关的自在之物,不是指隔绝在主体之外的纯然客体。这是一个总体上的定位。

其次,康德的 Erkenntnis 是广义的知识,包含了理性主体的全部认知行为,因此,这个意义上的"知识"与"对象"以两种方式发生关系:要么以理论(theoretische)的方式,只对"对象"及其概念加以规定;要么以实践知识(praktische Erkenntnis)的方式,将"对象"现实地创造出来。[1] 换言之,"对象"本质上是一种关系性的存在,不过,无论是理论关系,还是实践关系,它都始终被统摄在理性的能力之下。

再次,康德不仅对理论知识和实践知识做了区分,而且在理论知识的部分,又清晰区分了感性、知性和理性三个层面。就感性层面而言,感官的客体(Objekt der Sinne)之所以能够成为感性认识的对象,不是因为认识遵照了对象的本性(Beschaffenheit der Gegenstände),而是恰恰相反,是对象遵照了主体的直观能力(Anschauungsvermögen)的本性(Beschaffenheit)。[2] 通过直观能力,感性将对象把握为一种显象(Erscheinung);就知性层面而言,对象不能仅仅凭借感性而被认知,还必须依靠知性的作用,将对象规定为一种表象(Vorstellung)。在这一过程中,同样不是用来形成表象的知性层面的概念(Begriffe)去遵照对象,而是对象去遵照这些概念。也就是说,感性和知性共同建构了我们所能够认知到

---

[1] [德]康德:《纯粹理性批判》(第2版),李秋零译,见李秋零主编:《康德著作全集》,第3卷,北京:中国人民大学出版社,2004年,第7页。Kant, Immanuel. *Kritik der reinen Vernunft*, Darmstadt: Wiss. Buchges., 1998, S. 21.

[2] [德]康德:《纯粹理性批判》(第2版),李秋零译,见李秋零主编:《康德著作全集》,第3卷,北京:中国人民大学出版社,2004年,第11页。Kant, Immanuel. *Kritik der reinen Vernunft*, Darmstadt: Wiss. Buchges., 1998, S. 25.

的经验对象,这个对象就其本质而言是主体性的"显象"或者"表象"。康德多次表达了这样的意思。他说:"一个对象的知识惟有在两个条件下才是可能的:首先是直观,对象通过直观被给予,但只是作为显象;其次是概念,一个与该直观相应的对象通过概念被思维。"[1]有时他也会倒过来,先说概念的作用,再说直观的作用:"属于认识的有两种东西:首先是概念,通过它一般来说一个对象被思维(范畴),其次是直观,通过它该对象被给予……通过一个纯粹知性概念对一个对象的思维,在我们这里只有当这概念与感官的对象发生关系时才成为知识。"[2]"不通过范畴,我们就不能思维任何对象;不通过与那些概念相适应的直观,我们就不能认识任何被思维的对象。……除了关于可能经验的对象的知识之外,我们不可能有任何先天知识。"[3]这样的表述更加强调,作为认知结果的"对象"不仅是感性直观的结果,而且有赖于知性范畴的先验建构作用,前者为"对象"提供了质料,后者则赋予其形式。[4]

在这里,康德一方面揭示了人得以认知经验世界的先天能力,将对知识的探索限定在了经验的疆域之内,强调认识的基础是经验对象的被给予;另一方面,他又为理性"超越经验和一切显象之界限"[5]提供了新的可能。康德说,与总是指向经验的感性和知性不同,理性的要求是无条件者(Unbedingte),这种"无条件者必然

---

1 [德]康德:《纯粹理性批判》(第2版),李秋零译,见李秋零主编:《康德著作全集》,第3卷,北京:中国人民大学出版社,2004年,第99页。
2 [德]康德:《纯粹理性批判》(第2版),李秋零译,见李秋零主编:《康德著作全集》,第3卷,北京:中国人民大学出版社,2004年,第111页。
3 [德]康德:《纯粹理性批判》(第2版),李秋零译,见李秋零主编:《康德著作全集》,第3卷,北京:中国人民大学出版社,2004年,第122页。
4 张志伟:《〈纯粹理性批判〉中的"对象之谜"——从现象学的视角看》,《世界哲学》2013年第4期,第15页。
5 [德]康德:《纯粹理性批判》(第2版),李秋零译,见李秋零主编:《康德著作全集》,第3卷,北京:中国人民大学出版社,2004年,第13页。

不是在我们认识的物(Dingen)(它们被给予我们)那里找到的,但却是在我们不认识的、作为自在的事物自身(Sachen an sich selbst)的物那里找到的"[1]。也就是说,思辨理性不可能在"超感性物的领域(Felde des Übersinnlichen)"[2]取得进展。实际上,对无条件者的追求不是一个理论理性的问题,而是一个实践理性的问题,换言之,关于意志自由、灵魂不朽或者上帝存在的问题,不是理论理性问题,而是实践理性问题。而在关于实践的知识中,占据首要位置的不是外在的经验对象,而是内在的自由行动,这种行动不是出于关于对象的思考,而是出于意志的先天法则:"是实践知识的一个对象本身,这只不过意味着意志与使这对象或者它的对立面成为现实所借助的那个行动的关系"[3],"在这里,并非对象,而是意志的法则才是这行动的规定根据"[4]。

可见,康德的"对象"主要还是一个认知领域的概念,这与他在理论与实践之间的主动划界联系在一起。康德更多地强调主体内在的绝对的道德律令的作用,而较少谈论实践领域中的主体与对象的关系问题。在德国古典哲学后来的发展中,康德的这种理论与实践的划界受到了费希特、谢林和黑格尔的改造,"对象"不仅仅在理论知识的范围内被讨论,在后来的哲学家们看来,主体对"对象"的建构不仅仅是一个理论问题,更是一个从理论走向实践的问题。

---

[1] [德]康德:《纯粹理性批判》(第2版),李秋零译,见李秋零主编:《康德著作全集》,第3卷,北京:中国人民大学出版社,2004年,第13页。Kant, Immanuel. *Kritik der reinen Vernunft*, Darmstadt: Wiss. Buchges. , 1998, S. 27.

[2] [德]康德:《纯粹理性批判》(第2版),李秋零译,见李秋零主编:《康德著作全集》,第3卷,北京:中国人民大学出版社,2004年,第13页。Kant, Immanuel. *Kritik der reinen Vernunft*, Darmstadt: Wiss. Buchges. , 1998, S. 28.

[3] [德]康德:《实践理性批判》,李秋零译,见李秋零主编:《康德著作全集》,第5卷,北京:中国人民大学出版社,2007年,第61页。

[4] [德]康德:《实践理性批判》,李秋零译,见李秋零主编:《康德著作全集》,第5卷,北京:中国人民大学出版社,2007年,第62页。

三、"对象"背后的"主体"：费希特、谢林的推进

在康德之后，进一步在概念层面赋予"对象"以新的内涵的哲学家是黑格尔。不过，在分析黑格尔的思想之前，不能不提到他所继承的费希特和谢林的相关思想资源。前述分析已经表明，对"对象"的理解离不开对"主体"本身的理解。费希特和谢林虽然没有对康德的"对象"概念做专题性的分析，但他们关于"主体"的新理解对黑格尔具有直接影响，他们关于"客体"的表述也为黑格尔的"对象"和"对象性"概念的出场奠定了基础。因此，为了顺利理解黑格尔的对象性概念的多层次内涵，有必要先对费希特和谢林的相关思想予以分析。

康德的"对象"概念一方面强调主体特别是认知主体的建构作用，另一方面则坚持自在之物自身的先在性。然而在费希特看来，后一方面却是不必要的。在1794年首次出版的《全部知识学的基础》中，费希特首先从"A＝A"的公式中，提出了"自我（Ich）"的自我设定是知识学的第一原理[1]，继而，从"－A≠A"的命题中，提出了自我总是要设定一个不同于自身的"非我（Nicht-Ich）"[2]，"在这个作为反思对象的 A 的对面，由一种绝对的行动对设起来一个－A"[3]，这恰恰是自我展现自身的必然方式。正是在"自我"和"非

1　[德]费希特：《全部知识学的基础》，王玖兴译，北京：商务印书馆，1986年，第14页。
2　[德]费希特：《全部知识学的基础》，王玖兴译，北京：商务印书馆，1986年，第21页。
3　[德]费希特：《全部知识学的基础》，王玖兴译，北京：商务印书馆，1986年，第19页。

我"的分割与统一中,才有了理论和实践层面上的知识学。[1] 可见,费希特虽然没有集中对康德的"对象"概念发表什么意见,却表明了这样的逻辑:先在的不是自在之物,而是作为第一原则的"自我"本身。"对象"不是自在之物在主体中的表现,而只是主体自身的设定和产物。"对象"之所以出现,正是出于自我设定非我、在对象中实现自身的需要。

费希特的这种理解,是否意味着"对象"完全脱离了外部经验世界的前提性,成为经验主体自身的创造物?如果这样理解,我们就把费希特误解为一个朴素的唯心主义者了。其实,如果说康德将理性从经验主体中独立出来,提升为一种普遍框架,实现了对"理性"自身的批判性考察,那么,费希特则进一步将这种"理性"改造为超越经验主体的"自我"概念,也就是说,这个作为全部知识学第一原则的"自我",已经不同于现实世界中的"自我"了。换言之,不是现实中的经验主体建构了经验的客体,也不是康德式的先验主体建构了客体,而是一个本原性的、大写的、"绝对的自我"统一了现实中的一切主体和客体。"**批判的**哲学的本质,就在于它建立了一个绝对无条件的和不能由任何更高的东西规定的绝对自我;而如果这种哲学从这条原理出发,始终如一地进行推论,那它就成为知识学了。"[2]

早期的谢林非常认同并且积极推进费希特从"自我"出发的知识学尝试,并且更加明确地区分了两种"自我",即"绝对的自我(absolute Ich)"与"经验的自我(empirische Ich)"。可以说,谢林

---

1 [德]费希特:《全部知识学的基础》,王玖兴译,北京:商务印书馆,1986年,第41页。
2 [德]费希特:《全部知识学的基础》,王玖兴译,北京:商务印书馆,1986年,第37页。

把费希特关于"主体"的双重理解进一步凸显了出来。谢林沿着费希特的思路进一步提出,有限的、个体的经验自我并不是没有意义的,它是趋向于无限的绝对自我的现实表现,经验自我的自由只有通过与绝对自我的同一才能得到理解,而且只能通过将自身转变为客体形式才能实现。[1] 在这里,虽然谢林用的概念是"客体(Objekt)",但这个"客体"显然不是纯然外在于主体的,而恰恰是自我的"对象"———一方面,它是"经验的自我"在现实层面中所遭遇的对象;另一方面,它也是"绝对的自我"假手于经验自我而实现自身的对象。这一点后来在黑格尔的辩证法中呈现为现象与本质、实体与主体的内在关联。

1800年,经过一段时间的自然哲学研究的谢林出版了《先验唯心论体系》,宣告了他对费希特唯我论体系的告别。(也是从同一年起,黑格尔开始了自己的体系哲学的探索)谢林提出,从主观出发的先验哲学和从客观出发的自然哲学同样重要,而凌驾于二者之上的"绝对的同一性"才是它们共同的根据。[2] 在这种绝对同一的哲学体系中,必须确立一个首要的立足点,它既是主体性的又是客体性的,这种主客同一性恰恰体现在"自我意识"之中,它是级次最高的同一性,是最深的一种知识。[3] 换言之,通过"自我意识"的中介,哲学实现了主体与客体的贯通:一方面,主体性"自我"的确立来自对客体的为我化认知:"当我通过自我意识(Selbstbewußtsein)变成自己的客体(Objekt)时,我这里就出现了

---

[1] Schelling, F. W. J. *Ausgewählte Schriften*, Band 1, Frankfurt am Main: Suhrkamp, 1995, S. 125-127.

[2] [德]谢林:《先验唯心论体系》,梁志学、石泉译,北京:商务印书馆,1983年,第250页。

[3] [德]谢林:《先验唯心论体系》,梁志学、石泉译,北京:商务印书馆,1983年,第21—22页。

自我(Ich)的概念,反过来说,自我的概念只是自身客体化(Selbstobjektwerdens)的概念。"[1]另一方面,客体性知识的本质不过是主体自身的创造。例如,哲学的"理智直观(intellektuelle Anschauung)"的客体不在这种直观之外,而正是由这种直观本身创造出来的。[2] 换言之,在理智直观中,"自我不外是将其自身变成客体的创造"[3]。可以说,如果将谢林这里所用的"客体"改为黑格尔的"对象",意思甚至更加精准一些。

总而言之,在费希特和谢林这里,尽管他们的知识学体系出发点不同,但从对黑格尔的影响来看,他们都在康德的理性主体的基础上更进一步,将作为哲学出发点的绝对性主体和现实中的经验性主体区分开来,前者才是真正具有哲学意味和贯通作用的大写的"主体"。只不过,费希特将这种"主体"设定为"自我",而后来的谢林拒绝称之为"主体"。为了从这种绝对主体出发来把握一切现实客体(自然哲学的对象)与现实主体(精神哲学的对象),"自我意识"的意义也凸显出来——自我意识不是对于现实主体的直接意识,而是基于对"对象"的意识。在这一意识过程中,现实的主体转而认识自身,而绝对的主体也通过这一过程实现自身。相对而言,绝对主体的自我实现,恰恰是现实主体意识背后的真理。这种对绝对主体和现实中一切实体(包括现实主体)的区分和对现实主体

---

1 [德]谢林:《先验唯心论体系》,梁志学、石泉译,北京:商务印书馆,1983年,第31页。Schelling, F. W. J. *Ausgewählte Schriften*, Bd. 1, Frankfurt am Main: Suhrkamp, 1995, S. 434. 汉译本将"Objekt"和"Selbstobjektwerdens"分别译成了"对象"和"自身对象化"。

2 [德]谢林:《先验唯心论体系》,梁志学、石泉译,北京:商务印书馆,1983年,第34页。Schelling, F. W. J. *Ausgewählte Schriften*, Bd. 1, Frankfurt am Main: Suhrkamp, 1995, S. 437.

3 [德]谢林:《先验唯心论体系》,梁志学、石泉译,北京:商务印书馆,1983年,第35—36页。Schelling, F. W. J. *Ausgewählte Schriften*, Bd. 1, Frankfurt am Main: Suhrkamp, 1995, S. 438.

的意识过程的双重理解,为我们理解黑格尔的哲学逻辑和"对象""对象性"奠定了基础。

第二节
黑格尔哲学中的"对象性"概念

基于康德对"对象"的主体性理解,以及费希特、谢林对"主体"本身的进一步区分,黑格尔语境中的"对象"以及他所提出的"对象性(形容词:gegenständlich,名词:Gegenständlichkeit)"展现出全新的内涵,而这种内涵首先是基于黑格尔对精神主体的理解及其独特的辩证逻辑体系。

一、"实体即主体":黑格尔的辩证逻辑

黑格尔不认同康德把思维完全归为主体性的、此岸的东西,而将自在之物推向了不可知的彼岸,这种二分恰恰割断了主体性与客体性的内在联系。黑格尔认为,思维不是纯粹主体的东西,而是具有客观性——思想不仅是人的思想,同时也是"物(Dinge)和对象性一般(Gegenständlichen überhaupt)的**自在体**(*Ansich*)"[1]。这就是说,康德体系中的那些纯粹理念不是僵死不动、与世隔绝的,理念不永远独立于外物而存在,相反,理念恰恰在对象性的自

---

[1] [德]黑格尔:《小逻辑》,贺麟译,上海:上海人民出版社,2009年,第127页。Hegel, G. W. F. *Enzyklopädie der philosophischen Wissenschaften im Grundrisse. Teil 3. Die Philosophie des Geistes*, Frankfurt am Main: Suhrkamp, 2003, S. 116.

在事物中展现自身。因此,哲学不仅是对主体性的思维的考察,更是对事物的"**思维着的考察**"[1]。基于此,逻辑学就不再只是对主体性的思维的研究,更是研究一切事物存在的纯粹根据。不难发现,黑格尔语境中的"思维"显然已经不是经验主体意义上的"思维",而是与"理念""精神"等概念同处于高于经验主体的绝对主体层面,这种绝对主体观念直接受益于费希特和谢林的启发。也是在这一层面上,我们才能正确理解黑格尔所谓"不仅把真实的东西(Wahre)理解和表述为**实体**(Substanz),而且同样也理解和表述为**主体**(Subjekt)"[2]的意义。

基于这种绝对主体的理解,现实的自然与人文世界被理解为绝对主体的自我展开的过程,这就有了黑格尔的总体辩证逻辑。尽管逻辑学就已经是理念认识自身的过程,在逻辑学的最后阶段即"绝对理念"中,理念对其自身而言已经成为"对象性的(gegenständlich)"[3],但是这里的"对象性"还不同于前述的自在的对象性,或者说,理念在逻辑学中还没有获得现实性。因此,理念必须表现为一种异在的、外化的形态,这就从逻辑学走向了自然哲学。在此基础上,理念又从这种异在状态返回其自身,走向自在自为的发展,这就是自然哲学向精神哲学的过渡。在精神哲学中,现实的经验主体——人,经过自我意识等环节的精神历险,最终实现了绝对精神。总而言之,绝对性的精神主体为了实现自身,首先转

1　[德]黑格尔:《小逻辑》,贺麟译,上海:上海人民出版社,2009年,第56页。
2　[德]黑格尔:《精神现象学》,先刚译,北京:人民出版社,2013年,第11页。Hegel, G. W. F. *Phänomenologie des Geistes*, Frankfurt am Main: Suhrkamp, 1986, S. 22-23.
3　[德]黑格尔:《小逻辑》,贺麟译,上海:上海人民出版社,2009年,第381页。Hegel, G. W. F. *Enzyklopädie der philosophischen Wissenschaften im Grundrisse. Teil 3. Die Philosophie des Geistes*, Frankfurt am Main: Suhrkamp, 2003, S. 388.

化成"对象性"形态,进而由对象复归其自身,这也就是黑格尔的总体性的外化逻辑。

现在,我们可以理解黑格尔"对象"概念的本质内涵了,即从逻辑学到自然哲学再到精神哲学,表面上,黑格尔所讨论的"对象"不断变换,实际上,不同的"对象"背后有一个共同的绝对的主体:从根据上说,它就是"理念";从归宿上说,它就是"精神"。如果说,费希特的整个体系都是绝对的、大写的"自我"设定自己、展开自己的历程,那么,黑格尔的整个体系都是绝对精神逐渐认识自己、实现自己的历程。换言之,现实的"我们"在哲学考察中遭遇的一切具体环节中的"对象",归根结底都是精神本身的"对象"。借用谢林的术语来说,在"经验的自我"之上,总是同时有一个"绝对的自我"。这样,黑格尔对"对象"的理解就在费希特和谢林的基础上超越了康德:"对象"的根基被归为了绝对的精神主体,这个主体全然不同于现实的经验主体,而表现为一切现实的实体(包括现实主体)。简单地说,在"对象"背后的不再是外在于主体的自在之物,而恰恰是精神自身。一切对象,归根结底不过是精神的自我创造和自我实现。

二、"对象性"与绝对主体的自我实现

基于以上分析,"对象性"概念在黑格尔哲学语境中的出场便是水到渠成的了:在这种辩证体系中,"对象"不再是坚固不变的东西,因为在精神自我实现的历程中,"对象"不是一种固有的、固定的存在,而只是精神在特定阶段的一种表现方式、存在状态。换言之,对黑格尔来说,作为名词的"对象"其实并不真的存在,更贴切的表述,只能是作为形容词的"对象性"。因此,对黑格尔来说,启

用"对象性"概念是十分自然也十分恰切的。

在黑格尔哲学发展的历程中,有许多具体的段落可以作为上述阐释的证明。在 1805—1806 年关于自然哲学和精神哲学的讲座中,黑格尔不仅首次提出了"对象性",还同时提出了"非对象性"。在"自然哲学"部分,黑格尔首先分析的是空间和时间概念。显然,这是针对康德的先天直观形式而来的。通过空间,我们直观到某物,空间是对存在之物的最基本的规定。可是,空间本身的特征究竟是什么呢?是空无(nichts),是无规定的规定性。黑格尔说,在这里,这种非对象性自身(Ungegenständlichkeit selbst)成了对象性的(gegenständlich)。[1] 换言之,空间,是自然哲学所要考察的第一个对象,而其本身的特征恰恰是非对象性的。同时我们也就立即发现,在黑格尔的视域中,所谓"对象"其实是随着视角的转换而变化的,非对象性的东西(空间、时间)也可以成为对象性的。

而在精神哲学方面,这一点就更加明显了。在"精神哲学"部分,黑格尔开篇第一句话,便提到了"对象(Gegenstand)"与"精神(Geist)"的关系:"对象的持存(Bestehen),它的空间(Raum),是在精神中的存在(Sein);它是持存的抽象的纯粹的概念(abstrakte reine Begriff)。"[2] 也就是说,即便是对事物存在的最初的、直观的认知,也已经蕴藏着精神的作用。"精神的持存是确乎一般的(allgemein);它包含着特殊之物(das Besondere)自身。"[3] 换句话

---

[1] Hegel, G. W. F. *Jenaer Systementwürfe III. Naturphilosophie und Philosophie des Geistes*, Hg. R. P. Horstmann, Hamburg: Meiner, 1987, S. 4.

[2] Hegel, G. W. F. *Jenaer Systementwürfe III. Naturphilosophie und Philosophie des Geistes*, Hg. R. P. Horstmann, Hamburg: Meiner, 1987, S. 171.

[3] Hegel, G. W. F. *Jenaer Systementwürfe III. Naturphilosophie und Philosophie des Geistes*, Hg. R. P. Horstmann, Hamburg: Meiner, 1987, S. 171.

说,直观就是精神将特殊的存在者(Seiende)提升为一般(Allgemeinen)。¹ 可见,直观不是对纯然的外在之物的反映,而恰恰是精神树立起自身的最初环节。黑格尔提出,精神(Geist)"是与其自身相对立的自主体(Selbst)。精神自身起初是直观(Anschauen);它设定这个自主体(Selbst)与自己相对立——不是对象(Gegenstand),而是它的直观对精神而言成了对象,也就是说,知觉(Wahrnehmung)的内容成了精神的内容"²。可见,黑格尔以康德对"对象"概念的非客体性理解为基础,进而提出,对象恰恰是精神的自我设定的外在形态,直观和知觉所能把握的对象终究是精神自身。精神的自由提升(freien Erhebung)恰恰以其转化为对象(Gegenstände)为开端。³

在1807年首次出版的《精神现象学》(*Phänomenologie des Geistes*)的序言中,黑格尔再次表明精神转变为对象继而扬弃自身的辩证逻辑:"精神转变为一个对象,因为它就是这样一种运动:**自己**(sich)转变为一个**他者**(Anderes),也就是说,转变为**精神的自主体的一个对象**(Gegenstand seines Selbsts),同时又扬弃这个他者的存在。"⁴ 而在后文分析"认识(Erkennen)"的段落,黑格尔更是留下了一句很难汉译清楚的话:"认识就是对象性的东西(das Gegenständliche)在其对象性(seiner Gegenständlichkeit)之中,作

1　Hegel, G. W. F. *Jenaer Systementwürfe Ⅲ. Naturphilosophie und Philosophie des Geistes*, Hg. R. P. Horstmann, Hamburg: Meiner, 1987, S. 171.

2　Hegel, G. W. F. *Jenaer Systementwürfe Ⅲ. Naturphilosophie und Philosophie des Geistes*, Hg. R. P. Horstmann, Hamburg: Meiner, 1987, S. 171-172.

3　Hegel, G. W. F. *Jenaer Systementwürfe Ⅲ. Naturphilosophie und Philosophie des Geistes*, Hg. R. P. Horstmann, Hamburg: Meiner, 1987, S. 179.

4　[德]黑格尔:《精神现象学》,先刚译,北京:人民出版社,2013年,第23页。Hegel, G. W. F. *Phänomenologie des Geistes*, Frankfurt am Main: Suhrkamp, 1986, S. 38.

为自主体的知识（Selbst Wissen）、作为成了概念的内容（begriffener Inhalt）、作为本身是对象的概念。"[1]对此，或许可以参照后来《哲学史讲演录》中他对一切认识和科学的意义的说明："一切认识（Erkennen）、学问（Lernen）、科学（Wissenschaft）甚至于行为（Handeln）所要做的，不外是把内在的（innerlich）、自在的（an sich）东西从中提炼出来（aus sich herauszuziehen），使之成为对象性的（gegenständlich）。"[2]可见，黑格尔始终强调，"对象"不过是精神的"对象性"存在，"对象性"是绝对的精神主体自我实现的必然方式，也是一切科学认识得以实现的必然方式。

三、"对象性"与现实主体的自我实现

以上，我们立足黑格尔逻辑学—自然哲学—精神哲学的总体逻辑，分析了"对象性"作为精神的自我实现方式的意义。在这个总体逻辑之中，应该特别注意精神哲学部分的"对象"和"对象性"。这不仅是因为，这一部分论述事关绝对的精神主体的复归和实现，更是因为，这一部分直接触及了现实的主体——人的意识过程，并且发展了费希特和谢林对自我意识的分析。或者说，这一部分在精神主体的统摄逻辑下，直接讨论了现实经验主体与"对象"的关系。在这里，不仅绝对精神（"绝对的自我"）要通过"对象性"的方式自我认识、自我实现，现实的人类主体（"经验的自我"）也要通过

---

[1] Hegel, G. W. F. *Jenaer Systementwürfe Ⅲ. Naturphilosophie und Philosophie des Geistes*, Hg. R. P. Horstmann, Hamburg: Meiner, 1987, S. 192-193.

[2] ［德］黑格尔：《哲学史讲演录》，第一卷，贺麟、王太庆译，北京：商务印书馆，1959年，第27页。Hegel, G. W. F. *Vorlesungen über die Geschichte der Philosophie Ⅰ*, Frankfurt am Main: Suhrkamp, 2003, S. 40. 在中译本中，这个"对象性"被译为"客体化"。

"对象"及"对象性"的方式来自我认识、自我实现。下面集中对后一层面予以分析。

在《精神现象学》的最初部分,黑格尔将"意识(Bewußtsein)"的发展区分为三个阶段,即"感性确定性(sinnliche Gewißheit)""知觉(Wahrnehmung)"与"知性(Verstand)"。这也是"对象"与现实"自我"的关系推进的三个阶段。后来在《哲学全书》第三部分即精神哲学部分,这一区分得到了保留和更清楚的说明。在感性确定性的阶段,意识还没有把握对象的具体规定性,而只是关于"这一个"的抽象的意识。"因为它还没有从对象(Gegenstande)身上取走任何东西,而是让对象完整无缺地(ganzen Vollständigkeit)摆在我们面前。"[1] 就此而言,对象还没有与"自我"形成具体的关联,尚只是一个外在的"客体":"首先客体(Objekt)是一个完全**直接的东西**(*unmittelbares*)、**存在着的东西**(*seiendes*);在**感性**意识(*sinnlichen* Bewußtsein)看来客体好像就是这样。"[2] 而当意识开始了解对象的具体特征时,这些特征同时也就超出了"这一个"的特殊性,而开始上升为一种普遍性,这样,意识就进入了"知觉"的阶段。"如果物的**本质**(*Wesen der Dinge*)成为意识的对象(Gegenstand),那么这个意识就不再是**感性的**,而是**知觉的**

---

[1] [德]黑格尔:《精神现象学》,先刚译,北京:人民出版社,2013年,第61页。Hegel, G. W. F. *Phänomenologie des Geistes*, Frankfurt am Main: Suhrkamp, 1986, S. 82.

[2] [德]黑格尔:《精神哲学——哲学全书·第三部分》,杨祖陶译,北京:人民出版社,2006年,第212页。Hegel, G. W. F. *Enzyklopädie der philosophischen Wissenschaften im Grundrisse. Teil 3. Die Philosophie des Geistes*, Frankfurt am Main: Suhrkamp, 2003, S. 206.

(wahrnehmendes)意识。"[1]在此基础上,意识进一步区分了对象的本质与现象,提炼出了新的认识范畴,进入了"知性"阶段。这时,"对象(Gegenstand)被降低或提升为一个**自在地存在着的**(*für sich seienden*)**内在东西**(*Inneren*)的**现象**(*Erscheinung*)。这样的现象就是**有生命的东西**(*Lebendige*)"[2]。当"对象"从自在的"客体"变成了有生命的自为存在,意识也就发现,关于"对象"的意识不过是关于自身的意识。"借助于对有生命东西的考察**自我意识**(*Selbstbewußtsein*)就点燃了自己;因为在有生命东西里面**客体**(*Objekt*)转变为**主观东西**(*Subjektive*),在这里意识发现自己本身是对象的**本质性东西**(*Wesentliche des Gegenstandes*),使自己离开对象而映现(reflektiert)到自己本身中,使自己本身成为对象性的(gegenständlich)。"[3]到这里,黑格尔明确地说:"关于他者(Anderen)的意识,或者说一般意义上的对象(Gegenstandes)意识,本身就必然是一种**自我意识**(*Selbstbewußtsein*),一种自身反映(Reflektiertsein),一种借助于他者而获得的自我意识。……自我意识不仅仅是关于物的意识(Bewußtsein vom Dinge)的可能条件,甚至不妨说,唯有自我意识才是这些意识的形态(Gestalten)

1　[德]黑格尔:《精神哲学——哲学全书·第三部分》,杨祖陶译,北京:人民出版社,2006年,第212页。Hegel, G. W. F. *Enzyklopädie der philosophischen Wissenschaften im Grundrisse. Teil 3. Die Philosophie des Geistes*, Frankfurt am Main: Suhrkamp, 2003, S. 206.

2　[德]黑格尔:《精神哲学——哲学全书·第三部分》,杨祖陶译,北京:人民出版社,2006年,第212页。Hegel, G. W. F. *Enzyklopädie der philosophischen Wissenschaften im Grundrisse. Teil 3. Die Philosophie des Geistes*, Frankfurt am Main: Suhrkamp, 2003, S. 207.

3　[德]黑格尔:《精神哲学——哲学全书·第三部分》,杨祖陶译,北京:人民出版社,2006年,第212—213页。Hegel, G. W. F. *Enzyklopädie der philosophischen Wissenschaften im Grundrisse. Teil 3. Die Philosophie des Geistes*, Frankfurt am Main: Suhrkamp, 2003, S. 207.

的真理(Wahrheit)。"[1]这样,"意识"就从关于对象的意识走向了"自我意识",现实的"自我(Ich)"被确立起来。由此,黑格尔打通了康德的现象与自在之物之间的隔阂,从理论理性走向实践理性。

就此而言,黑格尔进一步强化了"对象"与现实主体意识发展之间的关联,将对象性的存在作为意识活动的必然方式。其中尤其关键的是"对象意识"向"自我意识(Selbstbewußtsein)"的转变,这也是后来的青年黑格尔派和马克思特别看重的地方。"在黑格尔那里,意识是对一个对象的意识,也就是对意识与对象之间的区别的意识;反之,自我意识则是把对象看作自身,也就是在意识到这一区别的同时还意识到自身与对象之间没有区别。"[2]"自我意识"意味着这样一种觉醒:对象是主体自己外化活动的产物,意识通过认识对象,进而认识自身。这不是从孤立的主体本身理解主体,也不是从客体简单地还原到主体,而是将对象本身理解为主体,而且,不是理解为经验自我的主体,而是理解为大写的精神性主体。[3] 这样,人的认识活动就同时成为一种具有精神性高度的认识。通过这种认识,"**自在体**(*Ansichs*)转变为**自为体**(*Fürsich*)、**实体**(*Substanz*)转变为**主体**(*Subjekt*)、**意识**的对象转变为**自我意识**的对象"[4]。在这里,自我意识已经不仅仅是现实主体的自我意识,同时更是精神的自我意识;在这里,精神不再沉沦

---

1 [德]黑格尔:《精神现象学》,先刚译,北京:人民出版社,2013年,第106页。Hegel, G. W. F. *Phänomenologie des Geistes*, Frankfurt am Main: Suhrkamp, 1986, S. 135.
2 邓晓芒:《黑格尔〈精神现象学〉中的自我意识溯源》,《哲学研究》2011年第8期,第70页。
3 [德]黑格尔:《精神现象学》,先刚译,北京:人民出版社,2013年,第489—490页。
4 [德]黑格尔:《精神现象学》,先刚译,北京:人民出版社,2013年,第498页。Hegel, G. W. F. *Phänomenologie des Geistes*, Frankfurt am Main: Suhrkamp, 1986, S. 585.

于此前外化的、对象性的实体状态，重新表现为主体，最终成为扬弃了一切对象性的、自由的绝对精神。[1]

通过对黑格尔哲学的以上分析，不难发现，"对象性"概念的提出与黑格尔的外化-复归的辩证逻辑是内在契合的，甚至可以说，黑格尔哲学已经蕴含着这样的理论意味："对象"从名词走向形容词，进而变为一个过程、一个动词。这就为"对象化"的出场奠定了基础。不过，必须指出一个也许令人愕然的事实：根据笔者对苏尔坎普版《黑格尔全集》的检索，黑格尔本人实际上没有使用过"对象化"，而只使用过"对象性"。只是后来，费尔巴哈和青年马克思在批判黑格尔时用"对象化"来形容黑格尔的辩证法。遗憾的是，我们往往没有注意到这一点，而直接将"对象化"当作黑格尔本人的概念。

第三节
"对象化"之缘起：费尔巴哈对黑格尔的再阐释

学界早已注意到"对象化"概念之于马克思的重要意义，然而，对于这一概念的思想缘起，却始终缺乏清晰的判断——究竟是谁第一个使用了"对象化"？马克思又是从何时开始使用"对象化"的？笔者通过对若干思想家德文著作的检索发现，与过去认为"对象化"来自黑格尔的一般印象不同，第一个大量使用"对象化"概念的思想家是费尔巴哈。而费尔巴哈对"对象化"的使用，直接影响了刚刚走上哲学之路的马克思。

---

[1] ［德］黑格尔：《精神现象学》，先刚译，北京：人民出版社，2013年，第500页。

一、费尔巴哈"对象化"概念的初始语境

提到费尔巴哈的"对象化",人们首先想到的是他在人本学的意义上批判基督教神学和黑格尔思辨哲学的一系列著作。实际上,早在费尔巴哈哲学生涯伊始,"对象化"便已常常出现在他的哲学论述中了。那时,他还并不是一个人本学的哲学家,也没有批判黑格尔,"对象化"恰恰是他用来阐释黑格尔思想的一个关键概念。马克思在其博士论文中引用了费尔巴哈 1833 年首次出版的《从培根到斯宾诺莎的近代哲学史》,而在这本书中,费尔巴哈曾大量使用"对象""对象性"和"对象化"概念。因此,想要理解"对象化"概念之缘起,先要回到费尔巴哈的早期思想阶段。这同时也是回到马克思接触"对象化"概念的初始语境。

费尔巴哈出生于 1804 年,先后在海德堡、柏林和爱尔兰根求学并获得博士学位。他在柏林听过黑格尔的课,此后便深受其影响。[1] 1829 年起,费尔巴哈在爱尔兰根任教。在他任教的第一个学年,这位作为黑格尔学生的年轻哲学家"以黑格尔的精神,然而并不以黑格尔的话语"[2]讲授了一门关于逻辑学和形而上学的导论课程。在讲解"精神(Geist)"与"思想(Gedanken)"之间关系的过程中,费尔巴哈用了一个黑格尔没有用过的概念——"对象化(Vergegenständlichung)"。黑格尔曾使用过的是形容词"对象性(gegenständlich)",用来表明主体、意识、精神相对于对象的先在

1　[英]戴维·麦克莱伦:《青年黑格尔派与马克思》,夏威仪等译,北京:商务印书馆,1982 年,第 88—89 页。
2　Feuerbach, L. *Gesammelte Werke*, Bd. 10, Hg. W. Schuffenhauer, Berlin: Akademie, 1982, S. 158.

性与建构性。沿着这一思路,费尔巴哈提出,思想不过是精神的产物,是精神自我观察和思考所形成的作品。他说:"什么是艺术家的作品(Werke)？不过是艺术家的艺术自我(künstlerischen Selbstes)的对象化(Vergegenständlichung)……思想(Gedanken)、理念(Ideen)也是精神(Geistes)作为精神在它的及一般的形式中的对象化(Vergegenständlichungen),在这种思想和理念中,精神将自身现实化(verwirklicht)了,进而得以思考和直观自身。"[1]也就是说,作为人们直观对象的艺术作品,其实是艺术自我的一种对象性的呈现;而作为意识对象的思想与理念,其实是精神本身转变成了对象性的现实形式。简而言之,"对象化"意味着"以对象的形式实现"。不难看出,费尔巴哈和黑格尔一样,强调精神相对于对象的先在性与建构性。

1830年,费尔巴哈匿名发表了他的第一部著作《论死亡与不朽》(Gedanken über Tod und Unsterblichkeit)。他在书中提出,死亡是一种内在性矛盾的外在化表现,是人与其自身本质的区分,"内在的区别变成了外在的、自然的分离,对象化的内在行为(innere Thun des Vergegenständlichens)必须表现为自然中的对象存在(Gegenstandsein),因而死亡只是来自精神,来自自由"[2]。可见,费尔巴哈将"对象化"解释为生命的内在性矛盾外化为对象的过程。在他的笔下,不仅死亡是一种内在原则的对象化,而且,个人的生命(Leben,也可理解为"生活")本身也是一种"对象化":"个人的规定性(Bestimmung des Individuums)成为现实性

---

[1] Feuerbach, L. *Einleitung in die Logik und Metaphysik*. Hg. C. Ascheri u. E. Thies, Darmstadt: Wissenschaftlciche Buchgesellschaft, 1975, S. 38 ff.
[2] Feuerbach, L. *Gesammelte Werke*, Bd. 1, Hg. W. Schuffenhauer, Berlin: Akademie, 1981, S. 70.

(Wirklichkeit),它作为客体(Object),脱离了个人而进入了现实世界,这样,个人的灵魂(Seele)、生命原则(Princip seines Lebens)也就对象化了(vergegenständlicht)。"[1]这是费尔巴哈沿着黑格尔哲学的思路,对"对象化"的言说语境的初步扩展。费尔巴哈的这部著作在当时并未引起很大反响,但其中讨论的灵魂不朽的问题,却在1833年即黑格尔逝世两年后,成为黑格尔的信徒之间争论的焦点。[2]

从以上费尔巴哈对"对象化"概念的最初使用来看,这是一个为了阐释黑格尔的哲学而提出的概念,其内涵并未超出黑格尔哲学中主体自我实现的辩证逻辑。如果按照前文区分的绝对的主体(理念、精神)与经验的主体(人)这两个视角来观察,相对而言,黑格尔更加强调前者在对象性逻辑中的进展,而费尔巴哈的"对象化"更倾向于表述后者的自我实现。就此而言,这种语境的拓展和侧重的变化,已经透露出费尔巴哈人本学思想的最初萌芽。

二、自我意识哲学的再诠释与"对象化"的双重内涵

以往关于费尔巴哈和马克思思想关系的研究,往往是从费尔巴哈的《黑格尔哲学批判》《基督教的本质》等开始的,而费尔巴哈在19世纪30年代的文本对马克思的影响则鲜有提及。在马克思大学时期读过的费尔巴哈1833年出版的《从培根到斯宾诺莎的近代哲学史》中,费尔巴哈大量使用了"对象""对象性"和"对象化"概

---

[1] Feuerbach, L. *Gesammelte Werke*, Bd. 1, Hg. W. Schuffenhauer, Berlin: Akademie, 1981, S. 79.
[2] [波]兹维·罗森:《布鲁诺·鲍威尔和卡尔·马克思:鲍威尔对马克思思想的影响》,王谨等译,北京:中国人民大学出版社,1984年,第32页。

念,这为我们分析马克思对于"对象化"的最初理解提供了直接的文本依据。在这一文本中,费尔巴哈关于人的"对象化"的分析,实现了对黑格尔自我意识哲学的再诠释,这一点也直接影响了马克思。

在该书的导论部分,费尔巴哈强调,人如果想要获得对其自身的认知,首先要依靠对于他人的对象性的认知。他说,人对自身的直观是从对一个他人的直观开始的,"人首先只是在一个他者的(andern)、对他来说是对象性(gegenständlichen)的人身上直观和认识人、他的本质和他自身"[1]。费尔巴哈在这里第一次提出了人的本质的问题,不过并没有用专题加以深入论述。在此基础上,费尔巴哈提出了精神的两种规定,即"内在的(immanenten)和对象性的(gegenständlichen)规定"[2],前者是后者的基础,后者是前者的实现。简而言之,人对自我的认知是以对他人的对象性认知为前提的。这基本上是对黑格尔的自我意识哲学的一种改写:在黑格尔那里,意识首先意识到"对象",进而通过"对象意识"而意识到"意识"自身,从而实现了"自我意识"。费尔巴哈则在他的哲学史著作中将"意识"改写为"人",讲述了人通过对象而意识到人自身的故事。不难看出,人本学的思想在这里已经初现端倪。但这种改写尚未构成对黑格尔哲学逻辑的颠覆,因而仍旧只是对黑格尔哲学的一种阐释。

在这样的语境下,费尔巴哈多次直接使用"对象化",进一步丰富了这一概念的内涵。例如,在讨论波墨所使用的形容神圣力量的

---

[1] Feuerbach, L. *Geschichte der neuern Philosophie von Bacon von Verulam bis Benedikt Spinoza*, Hg. Joachim Höppner, Leipzig: Reclam, 1976, S. 21.

[2] Feuerbach, L. *Geschichte der neuern Philosophie von Bacon von Verulam bis Benedikt Spinoza*, Hg. Joachim Höppner, Leipzig: Reclam, 1976, S. 130.

拉丁文概念"ens penetrabile（可贯通之物）"时，费尔巴哈指出，它"不过是想象力（Einbildungskraft）的对象化本质（vergegenständlichte Wesen）"，它既非物质性的，也不是纯然精神性的。[1] 在讨论上帝与自然的关系时，上帝作为自然的中心和原则，意味着"永恒的自然不断生产（produziert）和对象化（vergegenständlicht）自身，成为时间性的、感性的自然"[2]。而在分析人的认识原则时，费尔巴哈也用了"对象化"概念："确定无疑的是，当我们想要思考某个特殊的事物时，我们先是会看一眼所有的物，然后才将我们想要思考的那个客体（Objekt）在我们面前对象化（vergegenständlichen）。"[3] 结合费尔巴哈的这些论述，我们可以梳理出"对象化"概念蕴含的双重内涵：其一，"对象化"意味着"以对象的形式呈现"，即原本不是对象的"主体"（精神、意识）变成了"对象"；其二，"对象化"还意味着"以对象的形式加以把握"，即"主体"将原本外在于主体的东西理解、把握为主体的"对象"。前者是主体从无形到有形、从潜在到实存的过程，是主体在对象层次上的自我实现；后者是主体从主客二分走向对客体的对象性把握，走向主体对自身的自我意识，是主体在更高层次上的自我实现。

简而言之，马克思在大学时期最初了解的费尔巴哈，是一个黑格尔哲学的积极阐释者。他当时文本中的"对象化"是用来阐释黑格尔哲学的一个关键概念。此时，"对象化"还不完全从属于人本学的逻辑构架，而是指内在性的精神、主体呈现为外在的对象形

---

[1] Feuerbach, L. *Geschichte der neuern Philosophie von Bacon von Verulam bis Benedikt Spinoza*, Hg. Joachim Höppner, Leipzig: Reclam, 1976, S. 147.

[2] Feuerbach, L. *Geschichte der neuern Philosophie von Bacon von Verulam bis Benedikt Spinoza*, Hg. Joachim Höppner, Leipzig: Reclam, 1976, S. 167.

[3] Feuerbach, L. *Geschichte der neuern Philosophie von Bacon von Verulam bis Benedikt Spinoza*, Hg. Joachim Höppner, Leipzig: Reclam, 1976, S. 262.

式,进而推动精神、主体的自我意识。就此而言,费尔巴哈虽然不属于柏林的"博士俱乐部",但他的"对象化"概念实现了对黑格尔自我意识辩证法的再阐释,与青年马克思关于自我意识的思考相契合。理解了这一点,也就不难理解,马克思后来为什么会在对自我意识哲学的思考中启用费尔巴哈首创的这个"对象化"概念了。

三、从"对象"到"对象化":德国古典哲学的方法论特质

从康德的"对象"到黑格尔的"对象性"再到费尔巴哈的"对象化",概念所折射出的是德国古典哲学传统一脉相承的一种思维方式。换句话说,我们可以从哲学方法论的角度来理解"对象""对象性""对象化"这一概念群的性质与内涵。这对于我们理解马克思的哲学思想具有奠基性的意义。

其一,从"客体(Objekt)""客体性/客观性(Objektivität)"到"对象(Gegenstand)""对象性(Gegenständlichkeit)"的概念转换,标志着建构性的主体被树立了起来。在康德那里,传统认识论的视角被颠覆了,"对象"无论是作为"显象(Erscheinung)"还是作为"表象(Vorstellung)",都绝不同于"自在之物(Ding an sich)"自身。后者为认识提供了基础,经验为认识提供了"质料(Materie)",但我们真正所能够认识到的,永远不可能是纯然的"客体",而只能是由我们主体性的"形式(Form)"所建构出来的"对象"。这种对于理性自身功能性与局限性的确切认识,不应被简单地概括为"不可知论"。在康德之后,"自在之物"被逐渐消解,取而代之的是对主体的进一步强调。到了黑格尔这里,站在认识之"我"背后的是大写的精神之"我","对象意识"在辩证的历程中被觉解为一种"自我意识",理论与实践的疆界由此被打通。这样一来,"对象性"以至"对

象化"概念便展示出一种内在的张力:当我们谈论"对象"的时候,我们谈论的其实恰恰是主体性本身。借由"自我意识"的辩证法,"对象化"既是"主体"走向"对象"、"主体"变身为"对象"的过程,又是"主体"拥抱"对象"、"对象"复归于"主体"的过程。对这一点,青年马克思可谓服膺于心。甚至直到《关于费尔巴哈的提纲》,马克思仍然肯定唯心主义哲学在张扬主体性方面的积极意义,并多次提到"**对象性的**(gegenständliche)**活动**""**对象性的真理**(gegenständliche Wahrheit)"[1]。如果脱离了主体建构维度,将其单纯理解为"客体性活动""客观性真理",无疑是一个巨大的误解。因此,"对象性""对象化"的分析话语反映的不是一种客观主义的思维方式,而是一种坚持主体性自觉的、建构主义的思维方式。

其二,"对象""对象性"和"对象化"的表述突破了实体性的理解视角,走向一种关系性的分析方式,以透视关系性的存在方式。一般而言,一个概念总是要指称一个东西,或者说,一个对象。然而,耐人寻味的是,"对象"这个概念本身,却绝不仅仅是指称一个东西,而总是超出某物本身,指向一种关系。在康德那里,一方面,纯粹的物理世界没有"对象",单靠物理世界对感官的刺激也产生不出"对象";另一方面,主体单凭自身也不能建构出"对象",即使知性误用自身的能力,想要思考脱离经验的"对象",也只能造成不被承认的"先验幻相"。即使到了黑格尔,也不得不承认意识活动、"对象"之形成的经验前提:"意识所认知和所理解的东西,全部包含在它的经验之内,而包含在经验之内的东西,仅仅是一个精神性的实体,这个东西同时也是实体的自主性的**对象**(Gegenstand)。"[2]因

---

[1] 《马克思恩格斯文集》,第1卷,北京:人民出版社,2009年,第499—500页。*Marx-Engels-Gesamtausgabe*, Bd. Ⅳ/3, Berlin: Akademie, 1998, S. 19-20.
[2] [德]黑格尔:《精神现象学》,先刚译,北京:人民出版社,2013年,第23页。

此,"对象"固然不是纯粹客体,但也不是纯粹的主体创造物,不是假象,而总是主体和经验世界的互动关系。将某物认识为"对象",不是说要将某物作为对立于主体的、脱离了经验的东西来理解,而恰恰相反,是要将某物作为与主体相关的、基于经验的东西来理解。因此,在德国古典哲学的语境当中,"对象性""对象化"折射出的不是脱离了关系的实体主义思维方式,而恰恰是一种关系性的思维方式——这里的"关系"既包含主体与对象的关系,也包含对象与其经验环境的关系。

其三,在关于"对象""对象性"和"对象化"的分析中,始终包含着双重观察视角,即主体视角与超主体视角的交互与对照。前者也可以理解为日常生活中的当事人视角,后者则是独属于哲学观察和理论反思的第三方视角。举例来说,当一个人(A)看到一张桌子(B)的时候,在他的个人意识中,他所看到的就是一张桌子(B),他绝不会有意识地感觉到:在我面前的,并不是一张自在的桌子(B)本身,而是我的意识所建构出来的"桌子(B')";他更不知道,这个意识中的桌子(B')究其本质而言,是相对于主体 A 的一个"对象(G)",进而是以"对象(G)"形式被呈现和被把握的"主体(A')"。一方面,就 A 所切身经验的认识过程而言,B 就是 B,而且只有把 B 认识为 B,认识才能实现,这也就是所谓主体视角的意义;另一方面,唯有跳出这一过程,在哲学反思的角度观察,才有可能发现,A 所认识的 B 从来不是 B 本身,而只是 B',究其本质,它是一个与主体 A 关联的对象 G,而从自我意识层面看,从中可以确证主体 A 作为认知主体 A' 而存在,这一方面是依靠超主体的第三方视角而获得的认识。由此可见,关于"对象(G)"的见解包含着丰富的内涵,这不仅不是反映论的、主客观相符合的简单结果,而且单凭认识过程中的当事人是无法觉察的,只能透过与一种第三方的观察视角的交互对照才能获得。从主体层面来说,前者是基于认知中的主体自身的视角,后者则是超出具体的主体视角之外的哲学观察视角,二者同时存在。

在康德的前批判阶段的文章中,已经可以看到他对这种双重视角的自省式指认:"我一向都是仅仅从我的立场(Standpunkte des meinigen)出发考察一般的人类的知性(allgemeinen menschlichen Verstand),而现在,我将自己置于一种外人的(fremden)、外部的(äußeren)理性的位置(Stelle)上,从他者的视角(Gesichtspunkte anderer)出发来考察我的判断以及其最隐秘的动因。两种考察的比较虽然给出了强烈的视差(Parallaxe),但它却也是唯一的手段,来防止视觉上的欺骗,并将概念置于它们就人类本性(menschlichen Natur)的认识能力而言所处的真正的位置(wahre Stellen)上。"[1] 如何理解这里的"他者视角"?它不仅意味着从"我的"第一人称视角中跳出来,而且并不是简单地考察另一个"我"的认知,不是简单地"换位思考",而是从一切具体的认知主体的认知过程中抽离出来,检视这一过程中普遍适用于所有个体的作用机制。换言之,作为哲学家的康德,自觉地选择了一种不同于日常生活中处于认识过程中的当事人的观察视角,同时,这种观察又离不开对无数当事人的视角的反复观察、比对和提炼,所以才会有"两种考察的比较"以及"强烈的视差"。换言之,这便是"入乎其内"之后的"出乎其外"。

这种主体与超主体的双重视角不仅体现在康德哲学中,也体现在整个德国古典哲学中。当费希特直接将一切"非我"归结为

---

[1] 李秋零主编:《康德著作全集》,第2卷,北京:中国人民大学出版社,2003年,第352页。Kant, Immanuel. *Vorkritische Schriften bis 1768*, Darmstadt: Wiss. Buchges., 1998, S. 960.

"自我"时,我们绝不能将其等同于笛卡尔的那种从"我思"出发的致思路径——后者的思维方式基于唯一真实的视角,即哲学家之"我"的反思,而任何"我思"之外的反思性视角都是可疑的、非根本性的。在后来的现象学中,这种第一人称视角被进一步发扬。相比之下,费希特对"自我"与"非我"的三段论式的探讨,则主要是旁观性的,谈论着"自我"之运动的费希特的视角显然是外在于他所谈论的"自我"本身的。在黑格尔的辩证法中,这种双重视角也得到了继承:绝对精神固然是一个大写的主体,现实主体的意识发展过程不过是其延展,但黑格尔没有只从现实的"我"的视角出发来考察一切——不然就无法理解精神现象学以外的哲学——而是站在自然、社会与历史之外,去阐释种种"对象性"背后的精神性内涵。从"对象意识"到"自我意识",不是日常生活中的主体所能有意识地实现的认识转变,而是只有在哲学考察的层面才能理解的超越现实主体的精神运动的秘密。可见,"对象性""对象化"的分析话语所表达的不是一种单从主体自身出发的唯我主义的思维方式,而是一种包含着主体视角与超主体视角的对照关系的思考,这种思维方式要求在日常生活当事人视角之外开出一个不同的哲学观察视角,但并不用后者的深刻性来取代前者的现实有效性。

其四,从"对象"到"对象化"的叙事还与德国古典哲学中绝对主体和现实主体的区分息息相关,两种主体所面对的"对象"、所发生的"对象化"具有不同的内涵。在康德哲学中还不存在这个问题,因为在康德那里,"对象"主要针对认知,而哲学视角中的认知主体和日常视角中的认知主体原本同为一个主体,换言之,两种视角本就是同一个"我"所采取的不同视角,只有所谓"视差",而没有两种主体。然而经由费希特、谢林对主体的进一步思考,在黑格尔那里,双重视角的问题展现出一种新的特征:现实的个体性与绝对的总体性之间的差异。对黑格尔来说，现实个体的自觉意识和绝对精神的自我实现之间已经呈现出了难以弥合的间距，这不仅是因为哲学家的理论反思无法被当事人的经验视角所理解，而且是因为在黑格尔的哲学逻辑中，本就存在两种不同的主体，小写的经验现实之"我"和大写的绝对之"我"本就不是同一个"我"。绝对主体的"对象化"是总体性的，而经验现实主体的"对象化"是个体性的，二者既有统一，也有差异。本书后续的分析将表明，这种个体性与总体性之间的差异，在马克思后来的思考中得到了进一步的发展。[1]

一言以蔽之，德国古典哲学关于"对象""对象性"和"对象化"的分析，不仅张扬了主体的建构性，以关系性的"对象"取代了实体性的"客体"，而且超越了单一的主体视角，或者说，坚持了一种超越一切现实个体主体的总体性视角。但必须强调，这种思维方式始终是基于"主体"这一出发点的，也就是说，关系是主体所建构出来的关系，总体是主体自我实现的总体。这是我们初识"对象化"概念、理解其原初思维方式特质的重要前提。

---

[1] 关于马克思哲学视角的双重性，柄谷行人侧重于康德和黑格尔之间的差异，进而提出马克思的"事前"与"事后"的双重视角。（［日］柄谷行人：《跨越性批判——康德与马克思》，赵京华译，北京：中央编译出版社，2010年，第150—157页。）广松涉则将其概括为"面向他们（für es，对于当事意识来说）与面向我们（für uns，对于学识来说）"的基本机制（Grundverfassung），强调马克思对黑格尔的思维方式的推进。（［日］广松涉：《物象化论的构图》，彭曦、庄倩译，南京：南京大学出版社，2002年，第48、111页。）

第二章 "对象化"与马克思最初的哲学探索

马克思对"对象化"概念的使用是与其哲学思考的开端联系在一起的,也就是说,在他刚刚踏上哲学之路的时候,"对象化"就已经出现在他的思想视域之中了。在柏林大学时期,马克思在研究伊壁鸠鲁、阐发自我意识哲学的过程中开始使用"对象化"概念。后来,经过《莱茵报》的实践历练和克罗伊茨纳赫的理论研究,马克思在哲学立场上发生了第一次转变。在此过程中,"对象化"概念也发展出了新的内涵,一方面服务于"主谓倒置"的唯物主义指认,另一方面服务于人本学的异化批判。因此,透过"对象化"概念,我们可以更加深入完整地把握马克思最初的哲学探索的内在方法论及其转变。

第一节
"自我意识的对象化":马克思的哲学起点

在柏林大学修读法学的马克思起初尝试建构一个康德-费希特式的"法的形而上学"体系,但备受挫折。此后,他"从头到尾读了黑格尔的著作,也读了他大部分弟子的著作"[1],进而从法学转向哲学,从康德、费希特转向黑格尔。[2] 1838 年,马克思决定攻读哲学博士,并将研究首先聚焦在古希腊哲学家伊壁鸠鲁身上。对于这一选择,最关键的影响来自黑格尔的《哲学史讲演录》。此书认为,亚里士多德之后的斯多葛学派、伊壁鸠鲁哲学、新学园派哲学和怀疑论者的哲学共有一种"**自我意识的普遍立场**(*allgemeine Standpunkt des Selbstbewußtseins*)",即"通过思维(Denken)获得自我意识的自由(Freiheit des Selbstbewußtseins)"[3]。与此同时,马克思深受青年黑格尔派,特别是柏林"博士俱乐部"成员的影响,后者致力于伸张个体层面的主体性,为现实的政治主张奠定哲学基础。他们也特别强调"自我意识",但他们所理解的"自我意识"已经不再像黑格尔那样以绝对精神为根据,而是意味着对客观现实的超越。在鲍威尔、科本等人的启发之下[4],马克思希望"借古喻今",以对伊壁鸠鲁哲学的研究来张扬自我意识哲学的超越性意义。因此,"自我意识"在马克思最初的哲学思考中居于核心位置。那么,"对象化"概念又在其中扮演着什么样的角色呢?

一、自我意识哲学视域中的伊壁鸠鲁

马克思开展哲学研究不久,"对象化"概念就在其摘录笔记中

---

[1] 《马克思恩格斯全集》,中文 2 版,第 47 卷,北京:人民出版社,2004 年,第 15 页。
[2] 鲁路:《马克思博士论文研究》,北京:中央编译出版社,2007 年,第 6 页。
[3] [德]黑格尔:《哲学史讲演录》,第三卷,贺麟、王太庆译,北京:商务印书馆,1959 年,第 146 页。Hegel, G. W. F. *Vorlesungen über die Geschichte der Philosophie Ⅱ*, Frankfurt am Main: Suhrkamp, 2003, S. 401.
[4] 《马克思恩格斯全集》,中文 2 版,第 1 卷,北京:人民出版社,1995 年,第 11、1003 页。*Marx-Engels-Gesamtausgabe*, Bd. Ⅳ/1, Apparat, Berlin: Dietz, 1976, S. 564.

出现了。从 1839 年初开始，马克思对古希腊哲学特别是伊壁鸠鲁哲学进行了集中研究，一年内完成了七本《关于伊壁鸠鲁哲学的笔记》。[1] 1840 年，马克思一方面将研究对象进一步扩展到亚里士多德及其前后的希腊哲学家，包括德谟克利特、斯多葛学派，可能还有赫拉克利特。[2] 另一方面，他决定将其博士论文的选题进一步聚焦于德谟克利特和伊壁鸠鲁的比较，并大约于下半年开始了论文创作。可惜的是，与博士论文直接相关的准备性笔记和草稿并未保存下来。[3] 在构思博士论文的过程中，马克思重新翻阅之前所作的《关于伊壁鸠鲁哲学的笔记》，并做了一些新的补充，MEGA² 首次以"伊壁鸠鲁研究片段（Fragmente von Epikur-Studien）"为题将其独立出版。[4] 在以上两部分笔记中，马克思都使用了"对象化"这一概念。只是在汉译语境中，这一源头过去有所遮蔽。

在黑格尔和青年黑格尔派的鲍威尔等人的影响下，相较于费尔巴哈对"对象化"概念的使用，马克思更加明确地赋予"对象化"概念以自我意识哲学的内涵。具体来说，马克思的运思经历了以下几个过程。

首先，马克思沿袭黑格尔的哲学史的基本观点，强调了伊壁鸠鲁哲学中的自我意识色彩。在《关于伊壁鸠鲁哲学的笔记》中，马克思对伊壁鸠鲁的最初定位是"表象哲学家（Philosoph der

---

[1] *Marx-Engels-Gesamtausgabe*, Bd. Ⅳ/1, Apparat, Berlin: Dietz, 1976, S. 563.
[2] *Marx-Engels-Gesamtausgabe*, Bd. Ⅳ/1, Berlin: Dietz, 1976, S. 20*.
[3] 《马克思恩格斯全集》，中文 2 版，第 1 卷，北京：人民出版社，1995 年，第 1001—1002 页。
[4] *Marx-Engels-Gesamtausgabe*, Bd. Ⅳ/1, Apparat, Berlin: Dietz, 1976, S. 723.

Vorstellung)"[1]。这个"表象"是黑格尔哲学的概念,指较低层级的观念活动,包含直观、感觉、意见等。黑格尔在《哲学史讲演录》中指出,伊壁鸠鲁将感觉、预想与意见都归结为主观性的表象,认为人根据表象而产生判断与喜好。在黑格尔看来,这种观点虽然正确,却也是肤浅的。而在介绍伊壁鸠鲁的原子论时,黑格尔认为,伊壁鸠鲁的学说并未超过德谟克利特的范围,但他同时也提到了伊壁鸠鲁关于原子偏斜的观点,认为这体现了伊壁鸠鲁否认普遍本质,强调偶然性。[2] 马克思对以上观点都有所推进,他指出,伊壁鸠鲁将表象理解为自由的观念性,认为思想和世界都不具有必然性,只有可能性,"这种可能性在自然界的表现是原子,它在精神上的表现则为偶然和任意"[3]。这样,马克思就把伊壁鸠鲁的关于观念自由的思想和他的原子论紧密地联系在了一起,不过此时他还并未做出更加深入的评价。这样的联系,也为马克思从自我意识角度来理解伊壁鸠鲁的自然哲学奠定了基础。

其次,马克思在分析伊壁鸠鲁的天象理论的过程中,明确提出"意识的对象化",这也被他理解为自我意识的实现机制。在第二笔记本中,马克思将研究重点转移到了天象问题上。马克思发现,和古希腊的大多数哲学家不同,伊壁鸠鲁拒绝对天体持一种永恒性的假设和仰视的态度,而是主张精神的绝对自由。[4] 马克思提出,伊壁鸠鲁试图将对神的理解与"肯定自我意识的自由"[5]相协

---

[1] 《马克思恩格斯全集》,中文 1 版,第 40 卷,北京:人民出版社,1982 年,第 35 页。 *Marx-Engels-Gesamtausgabe*, Bd. Ⅳ/1, Berlin: Dietz, 1976, S. 17.

[2] [德]黑格尔:《哲学史讲演录》,第三卷,贺麟、王太庆译,北京:商务印书馆,1959 年,第 53—64 页。

[3] 《马克思恩格斯全集》,中文 1 版,第 40 卷,北京:人民出版社,1982 年,第 41 页。

[4] 《马克思恩格斯全集》,中文 1 版,第 40 卷,北京:人民出版社,1982 年,第 46 页。

[5] 《马克思恩格斯全集》,中文 1 版,第 40 卷,北京:人民出版社,1982 年,第 45 页。

调。由于肯定意识的自由,"对于伊壁鸠鲁的整个表象方式(Vorstellungsweise)来说,重要的是,天体对于感觉犹如某种彼岸的东西,不能达到和其余的道德世界和感性世界同等的明显性(Evidenz)"[1]。这就是说,对于意识来说,对天体的意识不同于对一般感性世界的意识,这种意识不是固定的、明显的,而是偶然的、抽象的。为什么会如此呢?马克思解释说,对天体的意识在本质上只是体现出意识本身的"**形式**(*Form*)"[2],这就是"哲思着的意识(philosophirende Bewußtsein)"[3]的体现。"在这里,**被表象的原则**(*vorgestellte Prinzip*)**及其运用,就将其自身对象化**(*vergegenständlicht*)**成了单一的东西**(*eins*)。"[4]当意识本身的"形式"成为意识中的"对象",也就可以说,意识的形式(被表象出来的原则)将其自身"对象化"了。既然意识的对象就是意识自身,这种意识也就是"自我意识"了。在对天体的认识中,"意识就认识到自己的活动,它直观到自己的作为,以便从预存于(präexistiren)意识中的表象(Vorstellungen)中获得理解,并把它们当作自己的所有物"[5]。这样,马克思就用"对象化"阐明了从"对象意识"到"自我意识"的过程。

再次,马克思借由对伊壁鸠鲁天象理论的研究,表达了更具有青年黑格尔派色彩的自我意识哲学观,相比于黑格尔,他更青睐个

---

[1] 《马克思恩格斯全集》,中文1版,第40卷,北京:人民出版社,1982年,第47页。*Marx-Engels-Gesamtausgabe*, Bd. IV/1, Berlin: Dietz, 1976, S. 26.

[2] 《马克思恩格斯全集》,中文1版,第40卷,北京:人民出版社,1982年,第47页。*Marx-Engels-Gesamtausgabe*, Bd. IV/1, Berlin: Dietz, 1976, S. 26.

[3] 《马克思恩格斯全集》,中文1版,第40卷,北京:人民出版社,1982年,第47页。*Marx-Engels-Gesamtausgabe*, Bd. IV/1, Berlin: Dietz, 1976, S. 26.

[4] 《马克思恩格斯全集》,中文1版,第40卷,北京:人民出版社,1982年,第47页。*Marx-Engels-Gesamtausgabe*, Bd. IV/1, Berlin: Dietz, 1976, S. 26.

[5] 《马克思恩格斯全集》,中文1版,第40卷,北京:人民出版社,1982年,第48页。*Marx-Engels-Gesamtausgabe*, Bd. IV/1, Berlin: Dietz, 1976, S. 26–27.

体自由对客观现实的超越。马克思提出,人的意识是主体性、偶然性的,却又总是试图获得某种客体性、对象性的姿态。于是,天体便承担了后者的角色,它在意识面前表现出"对象性的独立性(gegenständlicher Unabhängigkeit)"[1]。但是,由于意识本身并不是固定的、唯一的,对天体的解释也并不是唯一的、神圣的,反而是多样性的。"如何解释天体,对意识来说是无关紧要的;它断定可能不只有一种解释,而是多种解释,也就是说,任何一种解释都能使意识得到满足。"[2] 马克思说,从整个希腊哲学来看,这正是伊壁鸠鲁的一个功绩。他还发现,伊壁鸠鲁"在宣称自然是自由的时候,他重视的只是意识的自由"[3]。在此时马克思的眼中,伊壁鸠鲁并不醉心于对自然的实证性研究,而是强调哲学思考本身的自由。不难看出,一种从自我意识哲学角度重新评估伊壁鸠鲁哲学的思路已经初具雏形了。

最后,马克思在回顾第一笔记本时,即在《伊壁鸠鲁研究片段》中,再次使用"对象化",并赋予原子偏斜这一观点以自我意识哲学的内涵。马克思在第一笔记本的结尾补充了一小段关于伊壁鸠鲁原子论的重要评述。在这段评述中,他通过卢克莱修的《物性论》,注意到了伊壁鸠鲁关于原子的偏斜与排斥的观点。马克思提出,伊壁鸠鲁探讨原子偏斜的意义在于倡导一种反决定论的自由。"从排斥的发展(Entwicklung der Repulsion)所得出的是,原子作为概念的直接形式,只在直接的无概念性(Begriffslosigkeit)中将其自身对象化了(vergegenständlicht),这也适用于哲学意识,对哲

---

[1] 《马克思恩格斯全集》,中文1版,第40卷,北京:人民出版社,1982年,第48页。Marx-Engels-Gesamtausgabe, Bd. Ⅳ/1, Berlin: Dietz, 1976, S. 27.
[2] 《马克思恩格斯全集》,中文1版,第40卷,北京:人民出版社,1982年,第48页。
[3] 《马克思恩格斯全集》,中文1版,第40卷,北京:人民出版社,1982年,第49页。

学意识来说,这个原则就是其本质。"[1]这段话的意思是说,原子本来只是原子,是一个非中介的、缺乏规定性的东西。由于偏斜规律,原子彼此排斥,也就是与其自身相排斥,这样,原子就将自身对象化了,进而表现为"打破命运束缚的运动"[2]。偏斜本身没有固定的内在本质,毋宁说它是一种直接的无概念性,而这种直接的无概念性,恰恰构成了原子的形式规定性。换言之,偏斜绝不是某种决定论式的东西,而是真正偶然的,因而是真正个体性的、自由的。在这里,马克思找到了原子偏斜与"哲学意识"的相通之处:哲学意识也应该是个体性的、自由的,而非实证性的、决定论的。这就为马克思在博士论文中用"自我意识"来全面解读伊壁鸠鲁的原子论哲学做好了准备。

二、"自我意识的对象化":马克思博士论文的核心范式

1840年下半年,马克思开始写作博士论文。他在1841年初完成了博士论文,并于4月初将论文寄往耶拿大学。目前留存下来的马克思博士论文的手稿,不是他寄往耶拿的版本,而是同一时期誊抄的一份付印稿。在这份手稿中,马克思多次使用"对象化"概念,而且更重要的是,"自我意识的对象化"构成了马克思理解伊壁鸠鲁哲学的核心分析范式。

如果说,马克思在此前的研究中特别注意到了伊壁鸠鲁关于原子的偏斜与排斥的观点,那么在博士论文中,马克思进一步将原子偏斜的规律诠释为贯穿伊壁鸠鲁哲学的内在原则:"**原子脱离直**

---

1 《马克思恩格斯全集》,中文1版,第40卷,北京:人民出版社,1982年,第43页。Marx-Engels-Gesamtausgabe, Bd. IV/1, Berlin: Dietz, 1976, S. 147.

2 《马克思恩格斯全集》,中文1版,第40卷,北京:人民出版社,1982年,第43页。

线而偏斜不是特殊的、偶然出现在伊壁鸠鲁物理学中的规定。相反,偏斜所表现的规律贯穿于整个伊壁鸠鲁哲学。"[1]这是马克思的一个创见。与此同时,马克思又将整个伊壁鸠鲁的哲学指认为一种张扬个别性、独立性的自我意识的哲学[2]。在此时马克思的眼中,偏斜的原子因为脱离直线而相互碰撞、排斥,这恰恰象征着个人对自己的原初定在的否定与自我意识的最初实现。"**排斥是自我意识的最初形式**;因此,它适于那种把自己看作直接存在者(Unmittelbar-Seiendes)、抽象个别者(Abstract-Einzeles)的自我意识。"[3]显而易见,柏林时期的马克思所致力于张扬的自我意识的自由,恰恰就是这种个体性的自由。在这一语境中,马克思多次用"对象化"来阐释他所理解的自我意识哲学。

其一,马克思沿袭了费尔巴哈"对象化"概念的用法,用"对象化"表达了"以对象的方式呈现"和"以对象的方式加以把握"的双重内涵,从而阐明了贯穿于伊壁鸠鲁哲学中的自我意识。马克思提出,伊壁鸠鲁赋予原子以"偏斜"的形式规定性,也就区分了原子的两种意义:一是作为物质基础、作为"元素"的原子;二是作为运动原则、作为"本原"的原子。马克思说,原子既是抽象的自由的个别性,又是在定在中失掉自身性质的物质,伊壁鸠鲁的贡献在于"在这种矛盾极端尖锐的情况下把握了这一矛盾(Widerspruch)并使之对象化了(vergegenständlicht)……而德谟克利特则仅仅将其

---

1 《马克思恩格斯全集》,中文2版,第1卷,北京:人民出版社,1995年,第35页。
2 《马克思恩格斯全集》,中文2版,第1卷,北京:人民出版社,1995年,第35—37页。
3 《马克思恩格斯全集》,中文2版,第1卷,北京:人民出版社,1995年,第37页。Marx-Engels-Gesamtausgabe, Bd. I/1, Berlin: Dietz, 1975, S. 39.

中的一个环节(eine Moment)对象化了(vergegenständlicht)"[1]。马克思此处的意思是说,德谟克利特只是将原子视为物质性的元素,而伊壁鸠鲁抓住了原子的自由与定在间的矛盾,使这一矛盾以对象的方式呈现出来,并加以把握。通过前文对费尔巴哈"对象化"概念的分析,我们对这种用法已经不再陌生。如果说这里"对象化"的自我意识哲学语境还比较模糊的话,后文就更加清晰了。在关于时间的讨论中,马克思提出,伊壁鸠鲁强调"时间"在感知层面的主观性,进而将自然理解为面向感性的存在,将感性理解为现象世界的自身反映。[2]"**正如原子不外是抽象的、个别的自我意识的自然形式**(*Naturform*)**一样,感性的自然**(*sinnliche Natur*)**也只是对象化了的**(*vergegenständlichte*)、**经验的、个别的自我意识,而这就是感性的**(*sinnliche*)**自我意识。**"[3]这一段被马克思突出强调的文字非常重要,因为在这里,马克思清楚地道出了伊壁鸠鲁的物理学背后的原则——马克思不是在类比的意义上谈论原子的偏斜和自我意识的关系,而是将原子直接指认为"自我意识的自然形式"。在此基础上,自然指认为"自我意识的对象化"。这样,马克思就正式地将伊壁鸠鲁的自然哲学解读为自我意识哲学,从而公开地从伊壁鸠鲁走向了青年黑格尔派。就此而言,"自我意识的对象化"也就构成了马克思分析伊壁鸠鲁自然哲学的核心范式:自然只不过是以对象的方式呈现在人们面前的自我意识。

其二,马克思在博士论文中进一步突出了"自我意识"作为一种"自由意识"的内涵,使"自我意识的对象化"反映出突破宗教与

---

[1] 《马克思恩格斯全集》,中文2版,第1卷,北京:人民出版社,1995年,第50页。*Marx-Engels-Gesamtausgabe*, Bd. I/1, Berlin: Dietz, 1975, S. 47–48.

[2] 《马克思恩格斯全集》,中文2版,第1卷,北京:人民出版社,1995年,第54页。

[3] 《马克思恩格斯全集》,中文2版,第1卷,北京:人民出版社,1995年,第54页。*Marx-Engels-Gesamtausgabe*, Bd. I/1, Berlin: Dietz, 1975, S. 51.

政治专制、张扬个体自由的现实诉求。马克思在博士论文的最后一章再次讨论了伊壁鸠鲁的天象理论。相较于当初的笔记,此时他的思考更为成熟。马克思指出,伊壁鸠鲁之所以不承认天象的永恒性,正是因为"自我意识把天象看作它的死敌","凡是消灭个别的自我意识的心灵的宁静的东西,都不是永恒的"[1]。在这里,"自我意识"已经不再仅仅意味着从对象中获得对自身的意识,而是意味着挣脱物性束缚、争取个性自由的抗争,意味着在物性的对象中坚持个体自由的形式规定,"在原子世界里,就像在现象(Erscheinung)世界里一样,形式同质料(Materie)进行斗争:一个规定取消另一个规定,正是**在这种矛盾中,抽象的、个别的自我意识将它的本性**(Natur)**对象化了**(vergegenständlicht)。那在质料形态下同抽象质料(abstracten Materie)做斗争的抽象形式(abstracte Form),就是**自我意识本身**"[2]。在马克思眼中,伊壁鸠鲁对天象理论的反对并不是出于机械的、实证的唯物主义,而是出于捍卫"自我意识的绝对性和自由"[3]。因此,当我们读到马克思博士论文序言中那句普罗米修斯的自白——"我痛恨所有的神"的时候,一定要紧扣马克思紧随其后的阐释:"人的自我意识是最高神性……不应该有任何神同人的自我意识并列。"[4] 简而言之,如果说马克思在此时已经提出了无神论的主张,那么,他不是基于唯物主义,而是基于青年黑格尔派的批判立场。由于这里的自我意识意味着人的自由,"自我意识的对象化"也就不单是一个从意识到现实的呈现过程,而是一个突破现实、实现自由的抗争过程。因

---

1 《马克思恩格斯全集》,中文2版,第1卷,北京:人民出版社,1995年,第62页。
2 《马克思恩格斯全集》,中文2版,第1卷,北京:人民出版社,1995年,第61页。Marx-Engels-Gesamtausgabe, Bd. I/1, Berlin: Dietz, 1975, S. 56.
3 《马克思恩格斯全集》,中文2版,第1卷,北京:人民出版社,1995年,第63页。
4 《马克思恩格斯全集》,中文2版,第1卷,北京:人民出版社,1995年,第12页。

此,"自我意识的对象化"这一表述也反映出马克思博士论文的精神实质。

三、马克思"对象化"概念的初始内涵

从费尔巴哈的早期文本到马克思的博士论文,可以看到:一方面,"对象化"不是偶然地出现,而是频繁地出现在不同的语境之中,这表明了这一概念在费尔巴哈和马克思思想中具有值得注意的地位;另一方面,与康德对"对象"、黑格尔对"对象性"的使用方式相似的是,费尔巴哈和马克思的"对象化"是一个方法论概念,它并不直接指代某种事物,而是承担着一种思维工具、分析工具的职能,无论费尔巴哈还是马克思,都没有对这一概念本身的内涵和性质做出明确的规定。不过,通过本书的梳理和分析,可以发现此时的"对象化"概念已经展现出以下几层基本内涵。

第一,就其字面意思而言,"对象化"意味着某种本来不是"对象"的东西转变成了"对象",或者说,某种不具有"对象性"的东西具有了"对象性"。为了让此后的讨论更加清晰,这里有必要预先强调的是:由"对象化"的这一基本内涵可以发现,这种"本来不是'对象'的东西""不具有'对象性'的东西"究竟是什么,是有待被规定的,是与具体的分析情境和理论逻辑有关的——它可以是绝对主体意义上的理念、精神,也可以是现实的经验主体的意识、思考;可以是人的生命的原则,也可以是"人的本质"或者其他东西。可见,作为一个功能性、工具性的概念,"对象化"本身的性质是不确定的,它并不天然地、固定地独属于某种性质的哲学,不能单凭"对象化"这一概念就去判定其背后的理论逻辑的性质,而必须结合具体的"主词"、语境来加以研判。在我们面对马克思不同时期、不同

语境中的"对象化"时，必须留心这一点。

第二，作为一种分析范式，此时的"对象化"与黑格尔的"外化（Entäusserung）"具有逻辑相近性，主要是形容这样一个过程：某种内在性的、精神性的、主体性的东西，转变成了外在性、现实性的、客体性的东西。黑格尔的"外化"表述的是精神以实存的方式表现出来的过程，这一过程是对原本自主性的实体的本质状态的否定，然而，这种否定却又是实体成为现实的实体的方式。[1] 费尔巴哈和马克思此时的"对象化"描述的也是这个过程。因此，费尔巴哈乃至后来的马克思有时也把"对象化"同"现实化（verwirklichen）""客体化（verobjektivieren）"并置起来。当然，就具体比照而言，精神"成为对象""成为现实"与"成为客体"的内涵并不完全等同，而是各有侧重："现实化"主要是说，精神本身具有一种实现出来的潜能和要求，这种潜能和要求得到了满足；"客体化"主要是说，就结果而言，精神表现为"客体"，具有了"客体"的外观；"对象化"则更多地强调，就过程而言，直观可见的、思维所面对的"客体"，不过是主体的"对象"，而且，它本来并不是"对象"。

第三，在马克思的自我意识哲学的语境中，"对象化"不仅是主体成为对象、成为现实的过程，同时也是主体借由对象而意识到自身，达至"自我意识"的过程。这一点原本正是黑格尔关于自我意识的基本观点，只不过费尔巴哈借助"对象化"概念，把这个"自我意识"更加直接地指认为人的意识。虽然黑格尔本人并没有提到"对象化"概念，但这一概念恰恰以清晰明了（或许也有简单化之嫌）的方式，把黑格尔哲学中的一个关键环节——自我意识的形成——阐释了出来，进而赋予自我意识哲学以更具革命意味的可

---

[1] ［德］黑格尔：《精神现象学》，先刚译，北京：人民出版社，2013年，第299—300页。

能性。马克思在其博士论文中,更加明确地从黑格尔的绝对主体返回到了现实的、能动的个人主体,把"自我意识"而非"绝对精神"作为对象化逻辑的根本依据。更加可贵的是,在马克思的论述中,"自我意识的对象化"不仅意味着意识以对象的方式呈现其自身,而且意味着意识以对象的方式把握其自身,后者不是单纯的认知过程和理论活动,而是意识在物性世界中通过抗争夺取自由的现实过程。这样,马克思就将"对象化"引导到了一个具有革命性和现实性的新境界。

围绕"自我意识哲学"这一主题,刚刚走上哲学之路的马克思将"对象化"阐释为一个必然的、积极的过程。一方面,马克思眼中的"自我意识"也不是外在于对象意识的另外一种意识,而是关于对象的意识,只不过,意识将对象理解为意识自身,而且,只有通过对象,意识才能意识到其自身。因此,"对象化"是自我意识的必然前提,是意识走向自觉的积极过程。另一方面,马克思眼中的"哲学"不是孑然独立的,意识也不是外在于对象的,只有经过对象化,意识才能成为现实的存在,哲学的世界化才成为可能,正所谓"世界的哲学化同时也就是哲学的世界化,哲学的实现同时也就是它的丧失"[1]。马克思对哲学的现实性具有强烈的要求,在后来关于莱茵议会辩论的讨论中,马克思还提出,议会应当成为"公共精神的对象化(eine Vergegenständlichung des öffentlichen Geistes)"[2]。而且,马克思深刻认识到,"对象化"固然是自我意识的积极实现,这种实现过程却是包含着矛盾和抗争的。自由的自我意识既要对象化,又要在对象性存在中克服物性束缚,张扬自己的本性,这并

---

1 《马克思恩格斯全集》,中文2版,第1卷,北京:人民出版社,1995年,第76页。
2 *Marx-Engels-Gesamtausgabe*, Bd. I/1, Berlin: Dietz, 1975, S. 136.

非自然而然、轻而易举的过程。如果陷入对象性和实在性的环节，便只能成为哲学上的实证派；只有在"对象化"中摆脱定在的局限，坚持哲学对外部世界的批判，成为一个"自由派"，才能取得真正的进步，推动自由在现实世界的实现。[1] 行文至此，不难发现，马克思在这样的语境中所提出的"自我意识的对象化"，构成了马克思哲学开端之际的统合性的核心范式。

第二节
"对象化"与青年马克思的初次哲学转向

大学毕业之后，马克思供职于《莱茵报》，发表了一批重要文章，以宣扬其理性主义的国家观，倡导革命民主主义。然而，现实的政治经济运作状况逐渐动摇了他的原有观念，而费尔巴哈等人的哲学转向也促使马克思转向唯物主义的立场。这是马克思的初次哲学转向。就"对象化"概念而言，马克思在这一阶段继续使用这一概念，但语境发生了明显变化，而这种变化同样受到费尔巴哈的影响。在马克思之前，费尔巴哈率先转向一种人本学唯物主义，以此展开对基督教神学和黑格尔哲学的批判，赋予了"对象化"以新的唯物主义性质和批判意味。在本节中，我们将从费尔巴哈和马克思的哲学转向出发，梳理人本学唯物主义语境中"对象化"概念的新用法，重新理解这一概念在马克思初次哲学逻辑转变中扮演的角色。

---

[1] 《马克思恩格斯全集》，中文2版，第1卷，北京：人民出版社，1995年，第76—77页。

一、费尔巴哈的哲学转向与"对象化"概念的新内涵

尽管马克思的初次哲学转向的原因是多方面的,但从哲学逻辑角度上说,对其影响最大的无疑是费尔巴哈。因此,我们先来分析费尔巴哈本人的哲学转向。1837年,33岁的费尔巴哈开始撰写《基督教的本质》(*Das Wesen des Christenthums*),该书于四年之后即1841年出版,1843年再版。在此期间,费尔巴哈逐渐从黑格尔的诠释者、发展者走向了批评者。[1] 1839年,费尔巴哈在《哈雷年鉴》发表《黑格尔哲学批判》(*Zur Kritik der Hegeischen Philosophie*),正式宣告其哲学立场的唯物主义转变。1842年,费尔巴哈完成《关于哲学改造的临时纲要》(*Vorläufige Thesen zur Reform der Philosophie*),1843年,他又撰写了《未来哲学原理》(*Grundsätze der Philosophie der Zukunft*),系统地阐述了自己的新哲学构想。在这些文本中,费尔巴哈更加集中地使用了"对象化",并赋予其新的哲学内涵。

前文已经分析过,费尔巴哈"对象化"概念的基本内涵(主体性、非对象性的东西转变为客体性、对象性的东西)来自黑格尔,这一概念原本是用来阐释黑格尔的精神、自我意识的对象化,这一点又被马克思在其博士论文中继承和发展了。因此,无论是精神的对象化,还是自我意识的对象化,并不能说是费尔巴哈或者马克思的创见,而只能说是他们对黑格尔哲学的创造性阐释。"对象化"概念真正的新意,是在费尔巴哈实现哲学转向之后出现的:此时,费

---

[1] 1835年,费尔巴哈还曾撰文《"反黑格尔"批判》("Kritik des 'Anti-Hegel'"),然而几年之内,他自己也成为一名黑格尔哲学的批判者。

尔巴哈正式提出了关于"人的本质"的思想,并将其标定为宗教与思辨哲学的本质。一种人本学(Anthropologie)的新思路就此建立了起来。这正是《未来哲学原理》中第一条的宣示:"新时代的任务(Die Aufgabe der neueren Zeit)就是上帝的现实化(Verwirklichung)和人化(Vermenschlichung)——就是将神学(Theologie)转变(Verwandlung)、化解(Auflösung)为人本学(Anthropologie)。"[1]这里的"Anthropologie"作为学科概念,也可翻译为"人类学",但费尔巴哈的"人类学"不是历史研究意义上的,而是哲学本质设定层面的,因而翻译为"人本学"更能体现出其哲学性质。这样,"对象化"也就不再服务于对黑格尔哲学的解释,而是服务于"人的本质的对象化"这一全新的哲学话语。在这一全新语境中,"对象化"概念的意义更加凸显,成为费尔巴哈批判神学和黑格尔哲学的利器。

一方面,费尔巴哈用"对象化"指认了神学和思辨哲学的唯物主义基础——"人"固有的本质。这里出现了"对象化"概念的一种新的肯定性、建构性的用法。

费尔巴哈指出,人所赋予上帝的感情,本质上是人的感情,以此为例,人所遭遇的客体世界的很多特征,只不过是以客体方式所显现出来的人的主体特征,人所遭遇的超越性维度其实只是人的本质维度的另一种体现。"凡是在主观上(subjectiv)或者在人(Menschen)一方面具有本质的意义(Bedeutung des Wesens)的,在客观上(objectiv)或者在对象(Gegenstands)一方面,就也因此而具有本质的意义。人绝不能越出他自己真正的本质(wahres

---

[1] [德]费尔巴哈:《费尔巴哈哲学著作选集》,上卷,荣震华、李金山等译,北京:商务印书馆,1984年,第122页。Feuerbach, L. *Sämtliche Werke*, Bd. 2, Hg. Friedrich Jodl, Bad Cannstatt: Frommann-Holzboog, 1959, S. 245.

Wesen)。……他只是在这种规定中摹绘出自己,使自己对象化(vergegenständlicht)而已。"[1] 质言之,"人之对象(Gegenstand des Menschen),不外就是他的对象性的(gegenständliches)本质。"[2] 而在宗教中所发生的事情不过是"人将自己对象化了(vergegenständlicht),却没有认识到那对象(Gegenstand)就是他自己的本质"[3]。人的本质"从个体的(individuellen)、现实的(wirklichen)、肉身的(leiblichen)人的限制中分离出来(abgesondert),被对象化了(vergegenständlicht),也就是说,被当作一种他者的(anderes)、与其相区别的(unterschiedenes)、独有的(eigenes)本质受到凝望与敬拜。——上帝的本质(göttlichen Wesens)的一切规定因而都是人的本质的规定"[4]。

在《关于哲学改造的临时纲要》中,费尔巴哈高擎人本学的旗帜,站到了黑格尔哲学的对立面。"被思辨哲学家或者神学家从人(Menschen)中分离出来的(absonderten),对象化(vergegenständlichten)为一种抽象本质的泛神论本质,不是别的东西,仅仅是人自己的、未被规定的(unbestimmtes)但是可以无限

---

[1] [德]费尔巴哈:《费尔巴哈哲学著作选集》,下卷,荣震华、李金山等译,北京:商务印书馆,1984 年,第 36—37 页。Feuerbach, L. *Sämtliche Werke*, Bd. 6, Hg. Wilhelm Bolin, Bad Cannstatt:Frommann-Holzboog, 1960, S. 14.

[2] [德]费尔巴哈:《费尔巴哈哲学著作选集》,下卷,荣震华、李金山等译,北京:商务印书馆,1984 年,第 38 页。Feuerbach, L. *Sämtliche Werke*, Bd. 6, Hg. Wilhelm Bolin, Bad Cannstatt:Frommann-Holzboog, 1960, S. 15.

[3] [德]费尔巴哈:《费尔巴哈哲学著作选集》,下卷,荣震华、李金山等译,北京:商务印书馆,1984 年,第 39 页。Feuerbach, L. *Sämtliche Werke*, Bd. 6, Hg. Wilhelm Bolin, Bad Cannstatt:Frommann-Holzboog, 1960, S. 16.

[4] [德]费尔巴哈:《费尔巴哈哲学著作选集》,下卷,荣震华、李金山等译,北京:商务印书馆,1984 年,第 39 页。Feuerbach, L. *Sämtliche Werke*, Bd. 6, Hg. Wilhelm Bolin, Bad Cannstatt:Frommann-Holzboog, 1960, S. 17.

地加以规定的(unendlicher Bestimmungen fähiges)本质。"[1]在《未来哲学原理》中，费尔巴哈也表达了同样的意思。他说，黑格尔的哲学"将自我的本质放在自我之外，从自我中分离出来(abgesondert)，将它作为实体(Substanz)，作为上帝而对象化(vergegenständlicht)"[2]。"神学的客体(Object)不是别的，就是主体的、人的对象化了的本质(vergegenständlichte Wesen)。"[3]人的最高的心理状态"作为本质(Wesen)对象化了(vergegenständlicht)，就是上帝的本质(göttliche Wesen)"[4]。因此，真正活生生的力量，恰是在人自身之中，而不在神学和哲学之中，后者不过是前者的"对象化"。

费尔巴哈关于"人"的对象化的唯物主义主张，不仅在立场上颠覆了黑格尔的唯心主义，而且在逻辑上也颠覆了黑格尔的思辨逻辑。借用费尔巴哈的"对象化"概念，我们可以这样理解：黑格尔不仅阐释了现实主体的自我觉醒——"自我意识"的"对象化"，更提出了绝对主体的自我实现——"观念""精神"的"对象化"。前者只是精神哲学之中的环节，后者则涉及逻辑学—自然哲学—精神哲学的总体逻辑。费尔巴哈哲学转向的意义，不是在前者的层面上将"自我意识"改换为"人"，从而道出青年黑格尔派自我意识哲

---

[1] [德]费尔巴哈：《费尔巴哈哲学著作选集》，上卷，荣震华、李金山等译，北京：商务印书馆，1984年，第116页。Feuerbach, L. *Sämtliche Werke*, Bd. 2, Hg. Friedrich Jodl, Bad Cannstatt: Frommann-Holzboog, 1959, S. 241.

[2] [德]费尔巴哈：《费尔巴哈哲学著作选集》，上卷，荣震华、李金山等译，北京：商务印书馆，1984年，第152页。Feuerbach, L. *Sämtliche Werke*, Bd. 2, Hg. Friedrich Jodl, Bad Cannstatt: Frommann-Holzboog, 1959, S. 279.

[3] [德]费尔巴哈：《费尔巴哈哲学著作选集》，上卷，荣震华、李金山等译，北京：商务印书馆，1984年，第162页。Feuerbach, L. *Sämtliche Werke*, Bd. 2, Hg. Friedrich Jodl, Bad Cannstatt: Frommann-Holzboog, 1959, S. 291.

[4] [德]费尔巴哈：《费尔巴哈哲学著作选集》，上卷，荣震华、李金山等译，北京：商务印书馆，1984年，第162页。Feuerbach, L. *Sämtliche Werke*, Bd. 2, Hg. Friedrich Jodl, Bad Cannstatt: Frommann-Holzboog, 1959, S. 292.

学的潜台词,而是在后者的层面上,否定绝对主体的存在,将"人"的本质提升到本体论高度,从而颠覆黑格尔哲学的总体逻辑:不是绝对主体的对象化形成了"人",而是"人"的对象化创造出这个思辨性的绝对主体。也是在这一层面上,黑格尔的思辨哲学(精神的自我实现)和基督教神学(上帝的自我实现)表现出其同构性。换个角度来看,黑格尔在费希特和谢林的基础上将"主体"一分为二,用绝对主体的对象化历程统摄现实主体的发展过程,费尔巴哈却又重新将绝对主体与现实主体合二为一了:真实存在的不是实体与主体的统一,不是绝对主体统摄下的现实主体发展,只是"人"的对象化过程。"人"的对象化,既是黑格尔思辨逻辑的秘密,也是自我意识辩证法的秘密。

另一方面,基于以上立场,基督教神学和思辨哲学将"上帝""精神"颠倒地上升为"本质",而人却成了被动的、丧失了本质的"对象",这就是费尔巴哈要批判的"异化"。这里出现了"对象化"概念的一种新的否定性、批判性的用法。

既然基督教神学和思辨哲学中的绝对主体已经被取消,相对于这种绝对主体而存在的"对象"的处境也随之需要被批判。更何况,站在"上帝"和"精神"面前的"对象"不是别的,恰恰正是真实的"人"自身。费尔巴哈指出,在基督教神学和思辨哲学中,本属于人的对象不再是人的肯定性实现,反而成为对人来说可畏的大写的外在主体,人反而成了这种大写的主体的对象。例如,关于人的本质对象化为宗教对象的过程,费尔巴哈写道:"人——这就是宗教的秘密——使他的本质对象化(vergegenständlicht),然后,又使自己成为这个对象化了的(vergegenständlichen)、转化成为一个主体(Subject)人格(Person)的本质的对象(Gegenstand)。人把自己看作对象,不过是作为一个对象的对象,作为他者的本质

(anderen Wesens)的对象。"[1] 在这里,"对象化"带来了一个颠倒的支配关系:不仅是主体转变为对象性的东西,而且,人本身反而沦为这一对象(上帝)的对象。这样,对象化就不是像黑格尔所设想的那样,带来自我意识的觉醒,而是带来了自我的被贬低,带来了自我与其对象化产物之间的"异化"关系。在这里,费尔巴哈还特别为"对象化"做了一个注释。他提出,人的自我对象化(Selbstvergegenständlichung)包含两种类型,一种是"宗教的、原始的自我对象化",另一种则是"反思和思辨的自我对象化",前者如同艺术、语言一样,是必然产生的东西。[2] 也就是说,他所批判的这种对象化,尽管带来了人与上帝的异化关系,却不是一个可以随意取消的东西,而是必然会发生的历史过程。

在批判黑格尔哲学时,费尔巴哈不仅指认其思辨逻辑的本质是人的本质的对象化,而且直接地用了"异化"的概念:"抽象就是在自然之外设定自然的本质,在人之外设定人的本质,在思维活动之外设定思维的本质。黑格尔哲学通过将其整个体系建立在这种抽象活动的基础上,将人同其自身相异化了(entfremdet)。"[3] "绝对哲学就这样将人固有的本质、活动与人相外化(entäussert)和异化了(entfremdet)!

1　[德]费尔巴哈:《费尔巴哈哲学著作选集》,下卷,荣震华、李金山等译,北京:商务印书馆,1984年,第56—57页。Feuerbach, L. *Sämtliche Werke*, Bd. 6, Hg. Wilhelm Bolin, Bad Cannstatt: Frommann-Holzboog, 1960, S. 37.
2　[德]费尔巴哈:《费尔巴哈哲学著作选集》,下卷,荣震华、李金山等译,北京:商务印书馆,1984年,第56页。Feuerbach, L. *Sämtliche Werke*, Bd. 6, Hg. Wilhelm Bolin, Bad Cannstatt: Frommann-Holzboog, 1960, S. 37.
3　[德]费尔巴哈:《费尔巴哈哲学著作选集》,上卷,荣震华、李金山等译,北京:商务印书馆,1984年,第104—105页。Feuerbach, L. *Sämtliche Werke*, Bd. 2, Hg. Friedrich Jodl, Bad Cannstatt: Frommann-Holzboog, 1959, S. 227.

这就产生了这个哲学加给我们精神的支配和折磨。"[1] 显然，费尔巴哈在这里所用的"外化"和"异化"是形容一种负面的关系，即人的对象对人自身的颠倒的支配。而这一切，就其本原而言，恰恰是由人的本质的外在设定，即人的对象化而引起的。简而言之，神学和思辨哲学这种对象化模式，不仅没有带来人的自我实现，反而带来对象与人的异化——对象成为主体，人反而成为其对象。这样，费尔巴哈就构建了一种全新的"对象化—异化"的批判逻辑。但是严格来讲，他本人并未将"对象化"和"异化"作为一组对立的概念加以集中阐述。

在前文中，我们曾经总结过费尔巴哈与马克思在阐释自我意识辩证法时所用的"对象化"概念的双重内涵。对比此时费尔巴哈批判人的本质的"对象化"导致神学与思辨哲学"异化"的全新语境，可以发现，情况发生了重大的翻转：在之前的诠释黑格尔的意义上，"对象化"概念意味着主体（精神）首先将自身表现为对象，进而透过对象把握主体自身，这是主体的自我实现的过程；而现在，在批判黑格尔的意义上，"对象化"概念意味着主体（人）首先将其本质表现为对象，进而拜倒在这种外在的对象（上帝、精神）的面前，对象（上帝、精神）成为主体，人本身沦为对象，这是一个自我丧失和异化的过程。

表 2.1 "对象化"概念内涵对比

	诠释黑格尔的阶段	批判黑格尔的阶段
"对象化"概念内涵	主体（精神）表现为对象	主体（人）表现为对象（上帝、精神）
	主体透过对象而把握主体自身（从对象意识到自我意识）	对象（上帝、精神）成为主体，主体丧失自身而沦为其对象，发生异化

注：无灰色底纹内容为建构性、肯定性用法，加灰色底纹的"对象（上帝、精神）成为主体，主体丧失自身而沦为其对象，发生异化"为批判性、否定性用法。

---

[1] [德]费尔巴哈：《费尔巴哈哲学著作选集》，上卷，荣震华、李金山等译，北京：商务印书馆，1984 年，第 152—153 页。Feuerbach, L. *Sämtliche Werke*, Bd. 2, Hg. Friedrich Jodl, Bad Cannstatt: Frommann-Holzboog, 1959, S. 280.

一方面，费尔巴哈翻转了上帝、精神与人的关系，不是前者借由后者而实现，而是后者"对象化"为前者，这是一种全新的人本学唯物主义建构；另一方面，费尔巴哈从"对象化"逻辑出发，批判了人在基督教神学和思辨哲学中反而沦为其对象的异化处境，这是一种全新的人本学唯物主义批判。这样，"对象化"就成为兼具唯物主义立场与人本学性质、建构性维度与批判性维度的概念。这为马克思转向人本学唯物主义、深化"对象化"概念奠定了重要基础。

二、马克思哲学转向的唯物主义维度："对象化"与"主谓倒置"

1843年3月到9月，由于《莱茵报》被查封而无奈退出的马克思，在克罗伊茨纳赫创作了《黑格尔法哲学批判》，对黑格尔的国家理论进行了条分缕析式的批判。马克思创作这一文本的思想背景是多方面的：首先，《莱茵报》的经历使马克思体会到黑格尔的国家观在物质利益面前的虚幻性，他想把对普鲁士国家制度的批判和对黑格尔国家理论的批判结合起来；[1] 其次，费尔巴哈的《关于哲学改造的临时纲要》以及卢格受此启发而创作的《黑格尔法哲学和现代政治》（*Die Hegelsche Rechtsphilosophie und die Politik unsrer Zeit*）[2] 激发了马克思的创作热情；最后，马克思在这一时期完成了五本历史学笔记，即1843年7月到8月的《克罗伊茨纳赫笔记》，这种历史研究夯实了马克思在国家理论方面的唯物主义立

1　《马克思恩格斯全集》，中文1版，第27卷，北京：人民出版社，1972年，第421页。

2　卢格的这篇文章先于马克思批判了黑格尔法哲学体系脱离具体历史，把历史上出现的东西说成逻辑上必然的东西。（[法]奥古斯特·科尔纽：《马克思恩格斯传》，第一卷，刘丕坤等译，北京：生活·读书·新知三联书店，1963年，第385—391页。）

场,推动马克思从借鉴费尔巴哈的人本学唯物主义走向属于他自己的法权唯物主义。[1] 总的来说,这一阶段的马克思在对黑格尔加以唯物主义批判的过程中,还没有形成自己独立的一套唯物主义话语,而是明显借用了费尔巴哈的"对象化"概念与"主谓倒置"的分析话语,并将二者结合在一起,这也体现了马克思此时唯物主义思想的基本性质与面貌。

首先,我们对贯穿《黑格尔法哲学批判》的"主谓倒置"的唯物主义分析话语做一介绍。这一分析是与费尔巴哈的《关于哲学改造的临时纲要》一脉相承的。费尔巴哈提出,神学与思辨哲学的共同秘密都是将人的本质对象化,进而将人与对象的关系颠倒。因此,只要将这种关系重新调整过来,便可以理解真实的过程。这里的"人"与"对象"分别构成逻辑分析中的"主项/主语(Subject)"和"谓项/谓语(Prädicat)"[2],因此,逻辑上的唯物主义颠倒,在理论话语中也就表现为"主项/主语"和"谓项/谓语"的颠倒,即重新将"人"理解为"主语(Subject)",将其派生出的"对象"理解为"谓语(Prädicat)"。费尔巴哈相信:"我们只要始终将谓语(Prädicat)当作主语(Subject),把主语(Subject)当作客体(Object)和原则(Princip)——只要将思辨哲学颠倒过来,就能得到毫无掩饰的、纯粹的、显明的真理。"[3] 马克思的《黑格尔法哲学批判》深受这一

---

[1] 张一兵主编:《马克思哲学的历史原像》,北京:人民出版社,2009年,第114—119页。

[2] 此处应当基于黑格尔的逻辑学,从"主项"和"谓项"的角度来理解这一观点,而不是将其单纯理解为语言学意义上的"主语"和"谓语"。鉴于黑格尔、马克思的汉译作品多用"主语"和"谓语"翻译这一组概念,下文仍将沿用这一译法,只在此处简要说明。

[3] [德]费尔巴哈:《费尔巴哈哲学著作选集》,上卷,荣震华、李金山等译,北京:商务印书馆,1984年,第102页。Feuerbach, L. *Sämtliche Werke*, Bd. 2, Hg. Friedrich Jodl, Bad Cannstatt: Frommann-Holzboog, 1959, S. 224.

思路的影响。1843年夏到1844年秋,他曾为《黑格尔法哲学批判》手稿做了一个索引[1],其中所列举的要点反映出马克思此时批判黑格尔的基本思路。索引的要点之一是反对黑格尔的"**体系的发展的二重化**(Verdopplung)"[2],可惜手稿的相关段落没有保存下来,其内容可能是对黑格尔《法哲学原理》第260节的评述[3];要点之二是反对黑格尔的"**逻辑的神秘主义**(logischer Mysticismus)"[4],主要是批判其理论陈述方式的神秘性;要点之三是批判黑格尔体系的唯心主义颠倒,即针对黑格尔那个"**作为主体**(Subjekt)**的观念**(Idee)"[5],其中的要害在于"现实的主体(wirklichen Subjekte)变成单纯的名称(Namen)"[6],这既是索引中记得最多的,也是手稿中着墨最多的一点。

以此索引为参照,可以看到《黑格尔法哲学批判》的现存手稿首先批判了"**逻辑的神秘主义**"。围绕黑格尔的国家理论,马克思提出的第一个重要观点就是黑格尔颠倒了家庭、市民社会与国家的关系。黑格尔将国家视为前提,这一前提将自身分为两个领域,即家庭和市民社会。这正是索引中所提到的"逻辑的、泛神论的神秘主义(logische, pantheistische Mysticismus)",而破解这种神秘

---

[1] 《马克思恩格斯全集》,中文2版,第3卷,北京:人民出版社,2002年,第655页。
[2] 《马克思恩格斯全集》,中文2版,第3卷,北京:人民出版社,2002年,第159页。
    Marx-Engels-Gesamtausgabe, Bd. I/2, Berlin: Dietz, 1982, S. 138.
[3] 《马克思恩格斯全集》,中文2版,第3卷,北京:人民出版社,2002年,第655页。
[4] 《马克思恩格斯全集》,中文2版,第3卷,北京:人民出版社,2002年,第159页。
    Marx-Engels-Gesamtausgabe, Bd. I/2, Berlin: Dietz, 1982, S. 138.
[5] 《马克思恩格斯全集》,中文2版,第3卷,北京:人民出版社,2002年,第159页。
    Marx-Engels-Gesamtausgabe, Bd. I/2, Berlin: Dietz, 1982, S. 138.
[6] 《马克思恩格斯全集》,中文2版,第3卷,北京:人民出版社,2002年,第159页。
    Marx-Engels-Gesamtausgabe, Bd. I/2, Berlin: Dietz, 1982, S. 138.

主义之道,便是要揭示"**现实的**关系(*wirkliche* Verhältniß)"。[1]在此,"主谓颠倒"的唯物主义分析已经隐约可见了。马克思说:"家庭和市民社会是国家的前提,它们才是原本活动着的东西(die eigentlich thätigen);而在思辨(Spekulation)中这却颠倒了。"[2]"家庭和市民社会使**自身**成为国家。它们是动力(Treibende)。可是,在黑格尔看来又相反,它们是由现实的观念**做到的**(gethan)。"[3]换言之,黑格尔用思辨将现实关系颠倒了,观念成了主体,而现实的主体反而成了派生出来的东西。"作为出发点的事实(Thatsache)没有被理解为事实本身,而是被理解为神秘的结果(mystisches Resultat)。"[4]家庭和市民社会的现实关系不再是主体,观念却表现为主体,这就是神秘主义的基本逻辑。这样,马克思就自然地从"**逻辑的神秘主义**"过渡到了关于"**作为主体的观念**"的批判。接下来,马克思更加具体地运用了"主谓倒置"的分析话语和"对象化"概念。

下面,我们来集中考察一下马克思是如何把"对象化"概念与"主谓倒置"的分析结合在一起的。在手稿的第 14 页,马克思说:"重要的是,黑格尔在任何地方都把观念(Idee)当作主体(Subjekt),而把原本的(eigentliche)、现实的(wirkliche)主体,例如,'政治信念(politische Gesinnung)'变成谓语(Prädicat)。而发展却总是在

---

1 《马克思恩格斯全集》,中文 2 版,第 3 卷,北京:人民出版社,2002 年,第 10 页。*Marx-Engels-Gesamtausgabe*,Bd. I/2, Berlin: Dietz, 1982, S. 7-8.
2 《马克思恩格斯全集》,中文 2 版,第 3 卷,北京:人民出版社,2002 年,第 10 页。*Marx-Engels-Gesamtausgabe*,Bd. I/2, Berlin: Dietz, 1982, S. 8.
3 《马克思恩格斯全集》,中文 2 版,第 3 卷,北京:人民出版社,2002 年,第 11 页。*Marx-Engels-Gesamtausgabe*,Bd. I/2, Berlin: Dietz, 1982, S. 9.
4 《马克思恩格斯全集》,中文 2 版,第 3 卷,北京:人民出版社,2002 年,第 12 页。*Marx-Engels-Gesamtausgabe*,Bd. I/2, Berlin: Dietz, 1982, S. 10.

谓语方面发生（vorgehen）的。"[1]这里的"Gesinnung"也可以译为"态度、意向"。马克思的意思是说，现实的政治信念、政治意向才是真正活动着的、发展着的东西，然而黑格尔却用抽象的观念来化解它，将其视为观念的结果。观念成为主体、主语，而真正活跃发展的政治信念却变成了主语所派生的谓语。例如，黑格尔在《法哲学原理》的第268节中将"政治信念"仅仅规定为"国家中现存的各种设制（Institutionen）的结果"[2]，马克思却认为，相反，"这些设制同样是政治信念的对象化（Vergegenständlichung）"[3]。这里的"对象化"是说，现存的国家设制不是孤立的，也不是抽象的，而是以对象形态存在着的、实现了的政治信念。真正的主体对象化为国家设制，黑格尔却将其看作谓语、结果。

关于"对象化"与"主谓倒置"分析的这种联系，在手稿第28页关于王权的论述中有更加细致的体现。马克思批判黑格尔没有"从作为国家基础的各现实的主体（wirklichen Subjekten）出发"，而是"以神秘的方式把国家主体化（versubjektiviren）了"[4]。这里说的还是主语与谓语的颠倒。"黑格尔使各谓语（Prädicate）、客体（Objekte）独立化了（verselbstständigt）……然后现实的主体（wirkliche Subjekt）作为结果出现，其实应当从现实的主体出发，考察它的客体化（Objektivation）。"[5]只不过，这里被黑格尔独立化

---

1 《马克思恩格斯全集》，中文2版，第3卷，北京：人民出版社，2002年，第14页。
  Marx-Engels-Gesamtausgabe, Bd. I/2, Berlin: Dietz, 1982, S. 11.
2 《马克思恩格斯全集》，中文2版，第3卷，北京：人民出版社，2002年，第14页。
  Marx-Engels-Gesamtausgabe, Bd. I/2, Berlin: Dietz, 1982, S. 11.
3 《马克思恩格斯全集》，中文2版，第3卷，北京：人民出版社，2002年，第15页。
  Marx-Engels-Gesamtausgabe, Bd. I/2, Berlin: Dietz, 1982, S. 11.
4 《马克思恩格斯全集》，中文2版，第3卷，北京：人民出版社，2002年，第31页。
  Marx-Engels-Gesamtausgabe, Bd. I/2, Berlin: Dietz, 1982, S. 24.
5 《马克思恩格斯全集》，中文2版，第3卷，北京：人民出版社，2002年，第32页。
  Marx-Engels-Gesamtausgabe, Bd. I/2, Berlin: Dietz, 1982, S. 24.

的虚假的观念主体变成了"主权"。接下来,马克思在两个不同的维度上使用了"对象化"概念来说明黑格尔思辨的法哲学的秘密:"主权(Souverainetät),国家的本质,在这里先是被看作一种独立的存在(selbstständiges Wesen),被对象化了(vergegenständlicht)。然后,不言而喻,这种客观的东西(Objektive)一定又成为主体(Subjekt)。但是,这种主体此时是主权的自我体现,然而,主权不外乎国家各主体(Staatssubjekte)的对象化的精神(vergegenständlichte Geist)。"[1] 从前文的分析已知,费尔巴哈的"对象化"概念有建构性与批判性两种用法,而这里马克思的两个"对象化"概念分别体现了这两种用法:现实的主体对象化为主权,这是在还原现实历史的本来过程;本来是谓语的主权被对象化为独立的存在,进而表现为主体,这是黑格尔将主谓颠倒的过程。简而言之,前者是真正的主语对象化为谓语,后者则是谓语被对象化为虚假的主语。现实的主体对象化,这是建构性的用法;对象颠倒为主体,主体反而沦为其对象,这是批判性的用法。

"对象化"概念在《黑格尔法哲学批判》中的最后一次出现是在马克思分析《法哲学原理》第 301 节的段落时。在这里,马克思再次表达了对黑格尔的这种唯心主义颠倒的不满。"黑格尔对国家精神、伦理精神、国家意识十分尊重,可是,当这些东西以现实的经验的形态(wirklicher empirischer Gestalt)出现在他面前的时候,又真的鄙视它们,这倒是颇有特色。……黑格尔把官僚政治观念化(idealisirt),而把公众意识(öffentliche Bewußtsein)经验化

---

[1] 《马克思恩格斯全集》,中文 2 版,第 3 卷,北京:人民出版社,2002 年,第 32 页。*Marx-Engels-Gesamtausgabe*, Bd. I/2, Berlin: Dietz, 1982, S. 25.

(empirisirt)了。"[1] 这一次,马克思又把黑格尔的"普遍事务"(allgemeinen Angelegenheit)概念还原为现实的主体。到这里,我们已经对这种批判方式非常熟悉了。"在黑格尔看来,不是主体对象化为'普遍事务',而是让'普遍事务'成为'主体'。他认为,不是主体需要'普遍事务'作为自己的真正的事务,而是'普遍事务'需要主体作为它自己的**形式的**(*formellen*)存在。"[2] 客观地讲,马克思对黑格尔法哲学的批判非常详细,立场和方法也十分清楚,但其深度和丰富性还是比较局限的。

最后,我们应当注意到,随着论述的推进,费尔巴哈人本学的影响在马克思的文本中逐渐清晰起来。马克思要为他已经强调过的现实主体——家庭、市民社会等找到一个哲学上的根基,这个根基就是"人"。马克思主张,应当把"家庭、市民社会、国家等"看作"人的社会存在方式(socialen Existentialweisen des Menschen)",进而看作"人的本质的现实化(Verwirklichung)、客体化(Verobjektivirung)","人始终是这一切存在(Wesen)的本质(Wesen),但这些存在(Wesen)也表现为人的**现实的**普遍性(*wirkliche* Allgemeinheit)"[3]。显然,可以将这里的"现实化""客体化"放在和"对象化"同一层面上来理解。马克思的主谓倒置批判终于不再满足于法权主体的层面,而是深入人本学层面:在现实的法权主体的对象化的背后,是人的本质的对象化。这样,马克思对黑格尔法哲学的批判就达到了费尔巴哈批判神学与思辨哲学的

---

1 《马克思恩格斯全集》,中文 2 版,第 3 卷,北京:人民出版社,2002 年,第 77 页。*Marx-Engels-Gesamtausgabe*, Bd. I/2, Berlin: Dietz, 1982, S. 65.
2 《马克思恩格斯全集》,中文 2 版,第 3 卷,北京:人民出版社,2002 年,第 78 页。*Marx-Engels-Gesamtausgabe*, Bd. I/2, Berlin: Dietz, 1982, S. 65.
3 《马克思恩格斯全集》,中文 2 版,第 3 卷,北京:人民出版社,2002 年,第 51—62 页。*Marx-Engels-Gesamtausgabe*, Bd. I/2, Berlin: Dietz, 1982, S. 43.

同一基点。"如同不是宗教创造人,而是人创造宗教一样,不是国家制度(Verfassung)创造人民(Volk),而是人民创造国家制度。"[1]然而,现实却是宗教和国家制度对人的统治。"**政治制度**到目前为止一直是**宗教领域**,是人民生活的**宗教**,是同人民生活现实性的**尘世存在**相对立的人民生活普遍性的天国。"[2]可以说,马克思已经为他后来对政治异化的批判奠定了一个初步的逻辑构架,但并没有系统展开。

总之,对比马克思的博士论文和《黑格尔法哲学批判》,可以发现"对象化"概念的运作语境发生了显著变化:随着马克思哲学上的唯物主义转向,曾经与"对象化"密切联系在一起的自我意识哲学被一扫而空,"对象化"概念与"主谓倒置"的唯物主义话语紧密联系起来。马克思不再谈论"自我意识的对象化",并以此阐释和推进黑格尔的逻辑;相反,他反复强调现实主体的对象化,并以此批判黑格尔逻辑的唯心主义颠倒和神秘主义。"对象化"概念语境与性质的这种转变表明,马克思的哲学立场已经由高扬自我意识的唯心主义转向了唯物主义。在此语境中,马克思主要突出的是"对象化"概念的建构性维度,以此强调家庭和市民社会的先决性,而对于"对象化"概念的批判性维度,即对象成为主体、主体沦为对象的这种颠倒和异化关系本身,马克思也有所提及,但没有系统地展开批判。后一维度的展开是与马克思人本学思路的进展关联在一起的,这是下一节将要集中分析的内容。

---

[1] 《马克思恩格斯全集》,中文 2 版,第 3 卷,北京:人民出版社,2002 年,第 40 页。Marx-Engels-Gesamtausgabe, Bd. I/2, Berlin: Dietz, 1982, S. 31.
[2] 《马克思恩格斯全集》,中文 2 版,第 3 卷,北京:人民出版社,2002 年,第 42 页。

三、马克思哲学转向的人本学维度:"对象化"与"异化"

在完成了《黑格尔法哲学批判》手稿和《克罗伊茨纳赫笔记》之后,马克思迁居巴黎。1843年10月中旬到12月中旬,马克思创作了两个重要文本——《论犹太人问题》和《〈黑格尔法哲学批判〉导言》,1844年2月发表于《德法年鉴》。列宁认为,这两个文本的发表标志着马克思在哲学立场上转向唯物主义,在政治立场上转向共产主义。[1] 政治立场上的明显转变无疑与马克思在巴黎的新见闻和与法德两国社会主义者的接触直接相关。[2] 更重要的是,马克思在批判黑格尔法哲学和研究历史的同时,也开始研究共产主义和社会主义的思想,特别是在受到了赫斯、蒲鲁东等人的影响之后。[3] 在《德法年鉴》时期,马克思的人本学唯物主义的哲学立场和共产主义的政治立场发生了有机的结合,形成了一种具有人本学色彩的共产主义。在此过程中,"对象化"概念也展现出了人本学的批判维度,为马克思的异化批判理论奠定了基础。

马克思是如何在费尔巴哈的宗教和思辨哲学批判的基础上,导引出一种立足于无产阶级的资产阶级社会批判的呢?他的论证逻辑是这样的——

首先,宗教的本原在于人,宗教折射出的是人的现实苦难。《〈黑格尔法哲学批判〉导言》明确地说:"**人创造了宗教**,而不是宗教创造人。"[4] 进而,国家、社会也是人的创造,而宗教只不过是国

---

[1] 《列宁全集》,中文2版,第26卷,北京:人民出版社,1990年,第83页。
[2] 《马克思恩格斯全集》,中文2版,第3卷,北京:人民出版社,2002年,第657—658页。
[3] 张一兵主编:《马克思哲学的历史原像》,北京:人民出版社,2009年,第122页。
[4] 《马克思恩格斯全集》,中文2版,第3卷,北京:人民出版社,2002年,第199页。

家、社会所产生出来的一种"**颠倒的世界意识**"[1]。这显然是对费尔巴哈的宗教批判和《黑格尔法哲学批判》中相关论述的一种延续。之所以会存在这种颠倒的意识,正是出于现实中的人的苦难境遇。"宗教是人的本质**在幻想中的实现**,因为**人的本质**不具有真正的现实性。"[2] 所谓人的本质之实现的说法,和"对象化"概念的内在逻辑是一致的。在《论犹太人问题》中,马克思同样坚持了以上的思路。他指出,鲍威尔在讨论犹太人问题时,将政治问题归结为宗教问题,把宗教压迫当成政治压迫的原因,这就把事情理解反了。"我们不是到犹太人的宗教里去寻找犹太人的秘密,而是到现实的犹太人里去寻找他的宗教的秘密。"[3] 宗教问题不是本原性的,其基础在于现实的经济和政治问题。

其次,既然"**宗教里的苦难既是现实的苦难的表现**,又是对这种现实的苦难的**抗议**"[4],那么,对宗教的批判就必然进展为对现实的批判,并具体化为对法和政治的批判。"人的自我异化的**神圣形象**被揭穿以后,揭露具有**非神圣形象**的自我异化,就成了为历史服务的**哲学**的迫切**任务**。于是,对天国的批判变成对尘世的批判,**对宗教的批判变成对法的批判**,对神学的批判变成**对政治的批判**。"[5] 马克思的这段论述已经流露出超越费尔巴哈的意向:费尔巴哈的批判工作只是侧重于前者,而马克思要侧重于后者。

再次,既然是在人的本质层面批判现实,那么这种批判的目标就不再是政治层面的革命和政治身份的解放,而是人本学意义上的人的革命、人的解放。马克思说,德国的革命应该提升为一种

---

1 《马克思恩格斯全集》,中文2版,第3卷,北京:人民出版社,2002年,第199页。
2 《马克思恩格斯全集》,中文2版,第3卷,北京:人民出版社,2002年,第199页。
3 《马克思恩格斯全集》,中文2版,第3卷,北京:人民出版社,2002年,第191页。
4 《马克思恩格斯全集》,中文2版,第3卷,北京:人民出版社,2002年,第200页。
5 《马克思恩格斯全集》,中文2版,第3卷,北京:人民出版社,2002年,第200页。

"**人的高度的革命**"[1],这样才能达到宗教批判所得出的"**人是人的最高本质**"[2]的高度,即在实践上破除一切妨碍这一绝对命令的现实关系。基于此,鲍威尔主张犹太人通过放弃宗教而获得政治解放是不够的,因为"**政治解放**本身并不就是**人的解放**"[3]。资产阶级的政治解放只是把人归结为市民社会的成员,即利己的个体,并将之指认为公民,这里的人还不是类存在物,这样的利己的生活还不是类生活。[4] "**任何解放都是使人的世界和人的关系回归于人自身。**"[5] 马克思强调,只有当人从资产阶级意义上的公民复归于其自身,成为社会性的类存在物,"人的解放才能完成"[6]。

最后,这种"人的解放"的现实基点与力量不能依靠市民社会中的利己主义的资产阶级代表们,而只能依靠"一个被戴上**彻底的锁链**的阶级,一个并非市民社会阶级的市民社会阶级"[7],他们没有任何特殊利益,因而争取的是人之为人的一般权利,"它表明人的**完全丧失**,并因而只有通过**人的完全回复**才能回复自己本身"[8]。这个阶级也就是无产阶级。因此,无产阶级的解放,才是人的解放,才是德国哲学从思辨的法哲学走向现实的道路。"**德国人的解放就是人的解放。这个解放的头脑是哲学,它的心脏是无产阶级。哲学不消灭无产阶级,就不能成为现实;无产阶级不把哲学变成现实,就不可能消灭自身。**"[9] 可见,这段论述中的"哲学"不

---

1 《马克思恩格斯全集》,中文2版,第3卷,北京:人民出版社,2002年,第207页。
2 《马克思恩格斯全集》,中文2版,第3卷,北京:人民出版社,2002年,第207页。
3 《马克思恩格斯全集》,中文2版,第3卷,北京:人民出版社,2002年,第180页。
4 《马克思恩格斯全集》,中文2版,第3卷,北京:人民出版社,2002年,第184—189页。
5 《马克思恩格斯全集》,中文2版,第3卷,北京:人民出版社,2002年,第189页。
6 《马克思恩格斯全集》,中文2版,第3卷,北京:人民出版社,2002年,第189页。
7 《马克思恩格斯全集》,中文2版,第3卷,北京:人民出版社,2002年,第213页。
8 《马克思恩格斯全集》,中文2版,第3卷,北京:人民出版社,2002年,第213页。
9 《马克思恩格斯全集》,中文2版,第3卷,北京:人民出版社,2002年,第214页。

是黑格尔的思辨哲学,不是青年黑格尔派的自我意识哲学,也不是后来马克思的历史唯物主义哲学,而是一种坚持"人是人的最高本质"的人本学。因此,这里的所谓哲学与无产阶级的结合,其实是哲学上的人本学立场与政治上的无产阶级立场的结合。

如果说《〈黑格尔法哲学批判〉导言》集中论述了"人的解放"的现实力量,即无产阶级的地位和使命,那么,《论犹太人问题》则重点论述了"人的解放"所要克服的社会问题,批判了市民社会的利己主义和金钱异化。在这里,"对象化"概念在一种费尔巴哈式的批判逻辑中再次出场了。

马克思指出,犹太人宗教的现实基础正是资产阶级的典型社会状态,即追求金钱的利己性的商业生活。在这种现实中,金钱成了世俗的上帝。[1] 因此,犹太人的现实解放,就是要"从**做生意和金钱**中解放出来",这样他们就"直接为**人的解放**工作,并转而反对人的自我异化的**最高实际表现**"。[2] 这样,马克思就把犹太人的特殊问题转化为一个人类的一般性问题。在这里,马克思一语双关:由于德文的"Jude"除了"犹太人",还有"唯利是图者"等意思,"**犹太人的解放**,就其终极意义来说,就是人类从**犹太精神**中得到解放"[3]。这样,对犹太精神的批判就成了对市民社会的批判,而"人的自我异化"等表述则表明了这种批判的人本学性质。马克思之所以在此时大量使用"异化"概念,除了费尔巴哈的影响之外,应该还受到了赫斯的影响。此时的马克思刚刚开始政治经济学的研究,还没有能力对经济运作的过程进行批判,因此,他把批判重心

---

1 《马克思恩格斯全集》,中文2版,第3卷,北京:人民出版社,2002年,第191页。
2 《马克思恩格斯全集》,中文2版,第3卷,北京:人民出版社,2002年,第192页。
3 《马克思恩格斯全集》,中文2版,第3卷,北京:人民出版社,2002年,第192页。"犹太精神"也可译为"唯利是图的精神"。

放在了市民社会的交易现象和社会心理层面："**实际需要、利己主义是市民社会的原则……实际需要和自私自利的神就是金钱**。"[1]这是马克思第一次将批判矛头指向"金钱"。如前所述，费尔巴哈发展了"对象化"概念的内涵，构建了一套兼具建构性与批判性的话语：一方面，主体对象化为客体；另一方面，客体成为主体，主体转而沦为客体支配下的对象，这就是主谓颠倒，亦即主体与其对象的"异化"。在《论犹太人问题》中，马克思正是按照这种从"对象化"到"异化"的思路来完成他的初次金钱批判的。"正像一个受宗教束缚的人，只有使自己的本质成为**异己的**（fremden）幻想的本质，才能把这种本质对象化（vergegenständlichen），同样，在利己的需要的统治下，人只有使自己的产品和活动处于异己本质的支配之下，使其具有异己本质——金钱——的作用，才能实际进行活动，才能实际生产出物品。"[2]在这里，马克思既说明了异化与对象化的内在联系，也指出了金钱异化与宗教异化的逻辑同构性。在市民社会中，人的本质的对象化还不能表现为人的解放，而只能以异化的方式，即金钱支配人的方式表现出来。"金钱是一切事物的普遍的、独立自在的**价值**。因此它剥夺了整个世界——人的世界和自然界——固有的价值。金钱是人的劳动和人的存在的同人相异化的本质；这种异己的本质统治了人，而人则向它顶礼膜拜。"[3]从这里可以看出，"对象化"不仅仅具有唯物主义维度上的建构意义，并且与对市民社会的人本学维度的批判联系了起来。

我们应当承认，此时的这种人本学维度的、经济批判语境中的

---

[1] 《马克思恩格斯全集》，中文2版，第3卷，北京：人民出版社，2002年，第194页。
[2] 《马克思恩格斯全集》，中文2版，第3卷，北京：人民出版社，2002年，第197页。Marx-Engels-Gesamtausgabe, Bd. Ⅰ/2, Berlin: Dietz, 1982, S. 168.
[3] 《马克思恩格斯全集》，中文2版，第3卷，北京：人民出版社，2002年，第194页。

"对象化"与"异化"的表述只是寥寥数语，不足以构成完整的体系。对于市民社会中的经济异化现象，马克思目前还给不出更加具体的分析，也给不出改变这种金钱异化状态的现实策略。在《论犹太人问题》的结尾，只留下了一段人本学色彩浓厚的抽象总结：当人与金钱的异化关系被消除之后，"犹太人就**不可能存在**，因为他的意识将不再有对象，因为犹太精神的主观基础即实际需要将会人化，因为人的个体感性存在和类存在的矛盾将被消除。"[1] 不得不说，这是一个语焉不详的口号式的总结。

从克罗伊茨纳赫到巴黎，从《黑格尔法哲学批判》到《德法年鉴》，马克思经历了一个个思想转折期，从宣扬自我意识的唯心主义哲学走向一种以人本学为底色的唯物主义、共产主义。这也是他开始研究政治经济学，为后来的经济异化批判奠定理论基础的时期。马克思的这种思想转折，首先是其独立进行现实反思和理论研究的结果。不过，马克思此时的哲学论述的基本思路主要还是受费尔巴哈人本学唯物主义的直接影响，这种影响在"对象化"概念的使用上有突出表现。马克思还在费尔巴哈的基础上探索性地提出了对金钱异化的批判，在这种批判中，人的本质的对象化成为揭示现实异化关系的逻辑前提。

综合前文，可以梳理出这样一条线索：黑格尔区分了绝对主体与现实主体，用"对象性"来表达绝对精神的自我实现，以及现实主体在自我意识中的觉醒；费尔巴哈进一步将其阐释为总体性的精神的对象化，以及精神哲学语境中自我意识的对象化；马克思在博士论文期间强调后一层面即"自我意识的对象化"，并透露出消解前一层面的意向；在费尔巴哈和马克思转向人本学唯物主义之后，

---

[1] 《马克思恩格斯全集》，中文2版，第3卷，北京：人民出版社，2002年，第198页。

黑格尔对主体的一分为二被正式取消,取而代之的是"人的本质的对象化",后者成为基督教神学、黑格尔思辨哲学总体逻辑以及自我意识辩证法的共同基础。基于费尔巴哈"对象化"概念的新用法,青年马克思的"对象化"概念也呈现出两个维度:一是肯定性、建构性的维度,即结合主谓倒置话语,指认黑格尔唯心主义理论背后的唯物主义基础;二是否定性、批判性的维度,即基于从"对象化"到"异化"的逻辑,批判市民社会经济过程中如同宗教崇拜一般的金钱崇拜。

如果进一步仔细分辨的话,马克思并没有完全沿袭费尔巴哈人本学唯物主义的理论进路:马克思所理解的现实的法权主体——家庭、市民社会等,在费尔巴哈的视域中是不存在的。这是马克思对费尔巴哈思路的创造性转用,而这种转用后来又得到马克思本人的研究的支撑。因此,与其说马克思完全地、被动地转向费尔巴哈的人本学唯物主义,不如说马克思基于自己的实践经历、实证研究,也形成了一种唯物主义倾向,这种倾向促使他主动接受并且创造性地发展了费尔巴哈的人本学唯物主义。[1] 换言之,青年马克思的这次哲学转向并不是对费尔巴哈的纯粹跟随,不能被理解为其思想中的"费尔巴哈阶段"。[2] 马克思的唯物主义从一开始便是经验实证思路(来自其实践与研究)与人本学思路(来自费尔巴哈)相结合的唯物主义,在他这里,"对象化"概念的肯定性维度具体表现为对家庭、市民社会等现实实体的指认,这已经不单单是一种人本学意义上的肯定,同时也是一种经验实证意义上的肯

---

[1] 张一兵主编:《马克思哲学的历史原像》,北京:人民出版社,2009年,第119页。
[2] 俞吾金:《重新理解马克思:对马克思哲学的基础理论和当代意义的反思》,北京:北京师范大学出版社,2005年,第85页。

定。所谓"人体解剖对于猴体解剖是一把钥匙"[1]，如果说不久之后的异化劳动理论是青年马克思的思想高峰，是"人体"，那么，马克思从博士论文到《德法年鉴》的相关表述，特别是"对象化"概念至此展现出的双重维度便是尚未成熟的、意义有待彰显的"猴体"。接下来，通过对马克思第一次政治经济学批判的分析，我们将会更好地理解这一点。

---

[1] 《马克思恩格斯全集》，中文 2 版，第 30 卷，北京：人民出版社，1995 年，第 47 页。

中 篇
"对象化"与马克思哲学革命的实现

第三章 "对象化"与青年马克思的经济学批判

马克思1843年10月到达巴黎之后,除了筹备《德法年鉴》,还考察了现代工业和工人运动的实际情况,并且开始了一项对其终生具有重大意义的工作,即对政治经济学的批判性研究。1843年10月中旬到1845年1月底,马克思在巴黎做了大量政治经济学研究笔记,也就是今天为人所熟知的《巴黎笔记》。在这一批笔记中,包括了三本具有大量原创性文字的笔记,被后人命名为《1844年经济学哲学手稿》(以下简称《手稿》)。《手稿》是青年马克思初次进行政治经济学批判的理论成果,也是青年马克思的一个思想高峰,自发表以来引发无数的争论。人们对其内容莫衷一是,一个重要原因在于,这一文本内在包含着多重思路的交织。换言之,青年马克思还没有形成一以贯之的经济学批判的思路,《手稿》的批判话语呈现出明显的"复调"特征:既有基于经济学理论的内在批判,也有超出经济学视域的外在批判;既有人本学异化批判色彩鲜明的段落,也有无意间溢出人本学的新思路萌芽。在这种复调语境中,"对象化"概念也在前期思想积累的基础上,生发出了复调内涵:一方面与经济学的"劳动"概念相结合,形成对经济学理论的独特哲学透视;另一方面又与人本学的阐发相关联,构成了异化批判理论的完整逻辑框架。通过这一概念的复调内涵，我们可以重新评估经济学研究对于马克思调整自己的人本学思路、走向"新世界观"的影响过程。

第一节
"对象化劳动"：经济学理论的哲学透视

在初次批判政治经济学的过程中，马克思将原本具有人本学唯物主义意味的"对象化"概念与"劳动"概念结合在一起，形成了在学界广为人知、反复被提及的"对象化劳动（vergegenständlichte Arbeit）"。正确理解"对象化劳动"的内涵与性质，是正确理解青年马克思著名的异化批判理论的前提。但是，想要正确理解"对象化劳动"，必须暂且抛开在过去的讨论中形成的理论前见，回到《手稿》的字里行间，重新理解两件事：一是《手稿》具有"复调"特征的总体思想语境，二是青年马克思对"劳动"概念的理解。在此基础上，我们才能基于概念的原初语境，正确把握"对象化劳动"的基本内涵，进而准确理解马克思初次政治经济学批判的理论性质和地位。

一、理解"对象化劳动"的前提之一：《手稿》的复调语境

鉴于《手稿》的特殊重要地位，MEGA² 依照写作顺序和逻辑顺序对《手稿》进行了两次刊印，这为我们按照写作顺序来重新理解这一手稿提供了新的可能。众所周知，目前留存的《手稿》分为三个笔记本，即使是其中的第一笔记本也是短时间内分多次完成

的。在写作中,青年马克思并不是一开始就对"国民经济学"(这是当时德语世界对"政治经济学"的常用说法,本节也将沿用马克思的这一说法)展开批判,而是经历了一个在摘录和批判之间摇摆的过程,其批判话语的来源和性质也具有多重性。[1] 在《手稿》第一笔记本的分栏写作阶段,马克思的批判话语已经呈现出从"基于经济学"到"超出经济学"的变化——

在《手稿》的开端,马克思本打算基于经济学的理论框架,对其内在逻辑加以批判性的分析。他按照国民经济学的方式,将笔记本分为"工资""资本利润"和"地租"三栏,对工人、资本家、土地所有者各自的收入来源和本质做了开宗明义式的论定。表面上,马克思区分了三种收入,但他真正的理论立场从一开始便稳稳地站在了工人一边,他的分栏阐述的重点是要强调"**资本、地租和劳动的分离对工人来说是致命的**"[2]。由于这种立场,三栏的写作很快出现了不平衡:在"工资"一栏,马克思分三种情况详细地证明,工人在经济运行中始终是最悲惨的,他们必然完全依赖劳动,沦为资本的奴隶。[3] 而在另外两栏,马克思以摘录代表性观点为主,并没有做出太多评论。[4] 到手稿第Ⅵ页,后两栏的摘录均告一段落。可以认为,马克思此时对于资本和地租的来源与性质,既缺乏足够

---

[1] 张一兵教授提出,《手稿》的第一笔记本包含"三种不同的话语:一是处于被告席上的资产阶级社会制度及国民经济学(直接被反驳的对象);二是蒲鲁东-青年恩格斯的审判与指认;三是马克思超越这种在国民经济学范围内指控资产阶级社会的哲学人本主义批判(里面又暗含着自然唯物主义前提)。这无疑是一种十分深入又极其复杂的理论对话"(张一兵:《回到马克思——经济学语境中的哲学话语》,南京:江苏人民出版社,2009年,第206—207页)。

[2] 《马克思恩格斯全集》,中文2版,第3卷,北京:人民出版社,2002年,第223页。

[3] 《马克思恩格斯全集》,中文2版,第3卷,北京:人民出版社,2002年,第227—230页。*Marx-Engels-Gesamtausgabe*, Bd. Ⅰ/2, Berlin: Dietz, 1982, S. 195-202.

[4] 《马克思恩格斯全集》,中文2版,第3卷,北京:人民出版社,2002年,第253—255页。

深入的了解,也缺乏深入了解的兴趣。他所关注的重点是国民经济学所没有展现出来的工人的现实遭遇。与此同时,在"工资"一栏,马克思也不再具体分析工资,而开始将批判的矛头指向国民经济学本身。从笔记的第Ⅵ页到第Ⅶ页,马克思用近乎排比的方式指出,国民经济学的理论背后,是土地所有者和资本家的特权与工人悲惨的现实境遇,"国民经济学的目的也就是社会的**不幸**"[1]。国民经济学的核心概念是劳动,而马克思却说:"劳动本身,不仅在目前的条件下,而且就其一般目的仅仅在于增加财富而言,在我看来是有害的、招致灾难的,这是从国民经济学家的阐发中得出的,尽管他并不知道这一点。"[2] 马克思行文至此,划了一道横线,以示阶段性区分。可见,青年马克思最初所采取的批判策略是从国民经济学本来的范畴、分类和体系出发,揭示出这种理论内在衍生出的负面效应,从而凸显经济学理论的残酷性和欺骗性。这是一种"基于经济学"而进行的经济学批判。

马克思接下来重新概括了工人在三种经济情况下的境遇,并进一步将矛头指向"劳动"。他说:"贫困从现代劳动本身的本质中产生出来。"[3] 国民经济学家眼中的无产者(Proletarier)仅仅是劳动者(Arbeiter),当他们不劳动时便不被考虑,这也就是说,国民经济学根本不把劳动者作为人(Mensch)来考察。[4] 在汉语中,"工人"仍然是"人",但在德语中,劳动者是"Arbeiter",而人是"Mensch",二者词形是完全无关的。为了更准确地体现德文的原初内涵,以下根据具体语境,将原文中的"Arbeiter"部分地改译为

---

1 《马克思恩格斯全集》,中文2版,第3卷,北京:人民出版社,2002年,第230页。
2 《马克思恩格斯全集》,中文2版,第3卷,北京:人民出版社,2002年,第231页。
3 《马克思恩格斯全集》,中文2版,第3卷,北京:人民出版社,2002年,第232页。
4 《马克思恩格斯全集》,中文2版,第3卷,北京:人民出版社,2002年,第232页。
  Marx-Engels-Gesamtausgabe, Bd. I/2, Berlin: Dietz, 1982, S. 208.

"劳动者"。在这里,马克思决定"超出国民经济学的水平"[1],提出一个具有哲学高度的问题:"把人类的最大部分归结为抽象劳动,这在人类发展中具有什么意义?"[2]他还补充说:"**劳动**在国民经济学中仅仅以**谋生活动**(Erwerbsthätigkeit)的形式出现。"[3]显然,马克思对国民经济学的劳动概念很不满意。这种不满,既是基于其同情工人的立场,也开始体现为一种包含人类学维度和人本主义逻辑的哲学倾向。这一"超出国民经济学"的提问,意味着一种新的批判思路开始萌发。

不过,马克思没有立刻开展批判,而是对资本、地租做了进一步摘录研究[4],又摘录了大量人口和贫困问题的数据和实例[5]。然后,马克思重复了之前的观点:"国民经济学把劳动者只当作劳动的动物,当作仅仅有最必要的肉体需要的牲畜。"[6]这是伤害人的生命与尊严。"各国只是生产的工厂;人是消费和生产的机器;人的生命就是资本;经济规律盲目地支配着世界。在李嘉图看来,人是微不足道的,而产品则是一切。"[7]马克思这里的批判已不再是具体的经济学理论分析,而是改换为一种人本主义的关怀视角。可以说,基于更多的经济学摘录分析,马克思坚定了他的判断:国民经济学是不人道的,或者说具有"非人性"。这一概念来自同时

---

1 《马克思恩格斯全集》,中文2版,第3卷,北京:人民出版社,2002年,第232页。
2 《马克思恩格斯全集》,中文2版,第3卷,北京:人民出版社,2002年,第232页。
3 《马克思恩格斯全集》,中文2版,第3卷,北京:人民出版社,2002年,第232页。Marx-Engels-Gesamtausgabe, Bd. I/2, Berlin: Dietz, 1982, S. 208.
4 《马克思恩格斯全集》,中文2版,第3卷,北京:人民出版社,2002年,第242—258页。Marx-Engels-Gesamtausgabe, Bd. I/2, Berlin: Dietz, 1982, S. 208-216.
5 《马克思恩格斯全集》,中文2版,第3卷,北京:人民出版社,2002年,第232—237、246—248页。Marx-Engels-Gesamtausgabe, Bd. I/2, Berlin: Dietz, 1982, S. 216-221.
6 《马克思恩格斯全集》,中文2版,第3卷,北京:人民出版社,2002年,第233页。
7 《马克思恩格斯全集》,中文2版,第3卷,北京:人民出版社,2002年,第248页。

期的《巴黎笔记》，马克思曾这样解读西斯蒙第、斯密和李嘉图的观点差异："西斯蒙第和斯密为了同非人的结论（unmenschliche Consequenzen）进行斗争，不得不从**国民经济学**中跳出来，这证明了国民经济学的什么呢？这不外乎证明：人性（Menschlichkeit）**外在于国民经济学**，非人性（Unmenschlichkeit）**在其之中**。"[1]这样的表述意味着马克思已经超出了经济学本身的理论逻辑，转而采取一种人本主义的价值立场。这是一种新的批判话语，而这种话语的逐渐凸显，意味着起初的三栏写作的构想不再适用。果然，马克思又做了一轮关于"地租"的摘录分析[2]，得出资本家与土地所有者终将合流与工人阶级对抗的结论[3]，分栏写作便走向了终结。

从以上分析可见，《手稿》中的经济学批判包含着两种不同的思路或者说策略：其一是基于对经济学理论的分析，揭示其内在的负面性，这是一种内在批判；其二是超出经济学的层面，站在人本学角度批判经济学的非人性，这是一种外在批判。从表面上看，两种话语是内在衔接的关系：马克思首先揭示了经济学所导致的工人的现实悲惨境遇，继而将这种现实指认上升到人本主义的高度。笔者认为，事实并非全然如此：这种言说方式的转换，不是用哲学的批判深化了经济学的批判，而是用哲学话语掩盖了马克思在经济学分析层面的薄弱：马克思"基于经济学"的批判思路并未在经济学理论内部走得很远，所谓"从国民经济学家的阐发中"得出的分析，实质上是通过理论与实际相对照的方式来完成的，即以工人贫困化的实证资料来反证国民经济学理论的片面性乃至无效性。

---

[1] *Marx-Engels-Gesamtausgabe*, Bd. Ⅳ/2, Berlin: Dietz, 1981, S. 421.
[2] 《马克思恩格斯全集》，中文2版，第3卷，北京：人民出版社，2002年，第258—265页。*Marx-Engels-Gesamtausgabe*, Bd. Ⅰ/2, Berlin: Dietz, 1982, S. 227-234.
[3] 《马克思恩格斯全集》，中文2版，第3卷，北京：人民出版社，2002年，第260页。

在这一意义上,马克思的批判与其前一阶段对黑格尔法哲学的批判存在结构上的近似性:首先通过经验实证的方式批判理论的抽象性,然后再用人本学的哲学话语来超越经验实证的视角。[1] 马克思本人也并不满足于在人本学层面完成批判,而仍希望在前一层面有所进展,即通过对经济学理论的内在解析发现其内在矛盾。因此,纵览《手稿》,两种批判话语并非简单地此消彼长,而是反复交替出现,各有延展。

在《手稿》第一笔记本写到了第 XXII 页的时候,马克思决定接续自己在第Ⅶ页提出的问题,开展对国民经济学的批判。起初,马克思说:"我们是从国民经济学的各个前提出发的。我们采用了它的语言和它的规律。我们把私有财产,把劳动、资本、土地的互相分离,工资、资本利润、地租的互相分离以及分工、竞争、交换价值概念等当作前提。"[2] 马克思告诉读者,他不是外在地批判经济学,而是要"从国民经济学本身出发,用它自己的话"[3] 揭示这门学科所掩盖的矛盾和问题。国民经济学"从私有财产的事实出发",把经济事实抽象为一系列的概念、公式和规律,却回避了这些事实的来源和本质,其中的要害在于,"它没有指明这些规律是怎样从私有财产的本质中产生出来的"[4]。在初稿中,马克思还写下了这样一句话:"我们现在必须回顾上述财产的**物质**运动的本质。"[5] 显

---

[1] 唐正东教授指出,《手稿》最初的分栏写作表明,马克思延续了此前研究非经济问题时的理论思路,站在市民社会的经验层面上,这种经验实证主义的思路不可能实现经济学批判,因而内在地要求抽象人本主义思路的补充,这就形成了《手稿》经济哲学方法的最初的复调性:经验实证主义和抽象人本主义的相辅相成。(唐正东:《斯密到马克思:经济哲学方法的历史性诠释》,南京:南京大学出版社,2002年,第268—276页。)

[2] 《马克思恩格斯全集》,中文2版,第3卷,北京:人民出版社,2002年,第266页。

[3] 《马克思恩格斯全集》,中文2版,第3卷,北京:人民出版社,2002年,第266页。

[4] 《马克思恩格斯全集》,中文2版,第3卷,北京:人民出版社,2002年,第266页。

[5] 《马克思恩格斯全集》,中文2版,第3卷,北京:人民出版社,2002年,第267页。

然，马克思再次采取"基于经济学"的内在批判方案。

那么，马克思接下来是否沿着这个思路继续开展他的批判，又是否达到了他的目标呢？答案是否定的。尽管马克思声称他是"从**当前的**经济事实出发"[1]开展批判的，但他很快就不再分析现代私有财产的具体运作机制，而是由工人的现实悲惨境况说开去，构建了一套精彩的异化批判话语。马克思说，国民经济学把经济事实抽象为一系列的概念，却回避这些事实的来源和本质，这就同神学家的理论伎俩一样，"把他应当加以说明的东西假定为一种具有历史形式的事实"[2]。显然，费尔巴哈对神学的批判方式，很快要被创造性地挪用在国民经济学身上了。马克思在几页之前就刚刚指出，私有财产不是一种既定事实，而是历史的产物，"私有财产的统治一般是从土地占有开始的；土地占有是私有财产的基础"[3]。在此，马克思决心要弄清"私有制，贪欲和劳动、资本、地产三者的分离之间，交换和竞争之间，人的价值和人的贬值之间，垄断和竞争之间等，这种整体的异化（dieser ganzen Entfremdung）和**货币**制度之间的本质联系"[4]。正如在宗教世界中，"人奉献给上帝的越多，他留给自身的就越少"[5]，在私有财产支配人的经济世界中，"劳动者生产的财富越多，他的产品的力量和数量越大，他就越贫穷。劳动者创造的商品越多，他就越变成廉价的商品。物的世界的**增值**同人的世界的**贬值**成正比"[6]。可见，马克思终究还是超出

---

1 《马克思恩格斯全集》，中文2版，第3卷，北京：人民出版社，2002年，第267页。
2 《马克思恩格斯全集》，中文2版，第3卷，北京：人民出版社，2002年，第267页。
3 《马克思恩格斯全集》，中文2版，第3卷，北京：人民出版社，2002年，第260页。
4 《马克思恩格斯全集》，中文2版，第3卷，北京：人民出版社，2002年，第267页。Marx-Engels-Gesamtausgabe，Bd. I/2, Berlin: Dietz, 1982, S. 235.
5 《马克思恩格斯全集》，中文2版，第3卷，北京：人民出版社，2002年，第268页。
6 《马克思恩格斯全集》，中文2版，第3卷，北京：人民出版社，2002年，第267页。

经济学，拿起了人本学异化批判这个逻辑武器。在异化劳动批判的段落中，我们不再能够看到马克思所提到的种种经济学内容的前提究竟是如何发挥作用的，也没法理解私有财产究竟是如何发酵出现代经济运行的规律的。尽管马克思说"我们把**私有财产的起源**问题**变为外化劳动**对人类发展进程的关系问题，就已经为解决这一任务得到了许多东西"[1]，但毫无疑问的是，此时支配马克思的写作的是外在于经济学的哲学话语，顶多可以说是对经济现实的一种哲学关照，还远远谈不上"从国民经济学本身出发，用它自己的话"[2]来解析其问题。换言之，在第一笔记本中，我们看不到一以贯之的批判策略，反而是看到马克思在"基于经济学"的理论宣示和"超出经济学"的哲学冲动之间反复徘徊。

在《手稿》的第二、第三笔记本中，马克思的复调批判语境表现得更加明显。一方面，在梳理经济学说史和分析若干经济学对象时，马克思保有从经济学理论逻辑出发的视角，而且，这些分析的经济学水平已经高于第一笔记本。另一方面，在另一些段落中，马克思的人本学倾向也表现得更加明显了。从第一笔记本可以看出，马克思批判国民经济学的核心是劳动，其落脚点则是私有财产。然而，在第二、第三笔记本中，我们看不到太多马克思对私有财产更有经济学深度的阐释，反而看到他在关于共产主义的哲学演绎中进一步将"私有财产"提升到人的自我异化的高度。为什么会这样呢？原因至少有两个方面。第一，经济学研究水平的局限。马克思此时对经济学的研究仍然是初步的，他尚不具备从经济学内部完成批判的科学方法和理论能力，所以，哲学特别是人本学仍

---

[1] 《马克思恩格斯全集》，中文 2 版，第 3 卷，北京：人民出版社，2002 年，第 279 页。
[2] 《马克思恩格斯全集》，中文 2 版，第 3 卷，北京：人民出版社，2002 年，第 266 页。

然是他实现批判的主导性资源。第二,论题变化的需要。随着《手稿》内容的逐渐展开,马克思从异化劳动批判推进到私有财产批判,从具体的生产环节批判推进到对总体经济制度的批判,这就需要引入一种更宏观的、超越现行制度的批判视角。此时,同时期德法共产主义者关于消灭私有财产、实现人的自由的思辨论述,便直接激发了马克思的哲学人本学话语。在《手稿》第三笔记本的第三段关于共产主义的补录中,这一点看得尤为清晰。因此,马克思在《手稿》的三个笔记本中,一边不断推进自己的经济学思考,一边却又不得不时常超出经济学层面。对此时的他来说,批判的哲学主轴还只能是人本学,因为,只有人本学才能将这种经济学的进步重新指认为敌视人的"退步",从而为共产主义提供哲学高度的合法性论证。

二、理解"对象化劳动"的前提之二: 马克思对"劳动"的最初理解

以上我们分析了《手稿》中批判话语的复调性质,这提示我们,不能一看到"对象化"概念就判定其为人本学用语,而要考虑到马克思在"基于经济学"的解析与"超出经济学"的批判之间的话语转换。而想要正确理解"对象化劳动"的内涵与性质,还要预先回答一个问题:如何理解"对象化劳动"中的这个"劳动"? 这不仅是我们正确理解"对象化劳动"的前提,也是我们正确理解马克思的异化劳动理论的前提。因此,这里首先要解决的问题是:1844年的马克思究竟是如何理解和使用"劳动"概念的呢?

一般认为,马克思的劳动概念不仅是一个经济学概念,也是一个哲学概念。在《资本论》及其手稿中,我们可以看到马克思对劳

动的哲学阐释。那么,在《手稿》中,马克思是否也把"劳动"当作一个哲学概念?乍听起来,这似乎是一个不言而喻的问题——异化劳动理论本身就是著名的哲学理论,遑论其中的"劳动"?然而,这个逻辑未必成立——关于商品、货币、资本的拜物教批判是哲学的,不代表商品、货币、资本本身是哲学概念。即使马克思用哲学的视角透析经济学概念,也不代表这一概念本身就是哲学概念。以往关于异化劳动的研究中,还流行一种说法:马克思批判异化劳动的同时,提出了一种自由自觉的劳动。这样,似乎就有了两种不同含义的"劳动":一种是被批判的、经济学意义上的、异化的"劳动",另一种是被肯定的、在经济学之外的、哲学意义上的、本真的"劳动"。笔者要提出的问题,不在于马克思是否用哲学的视角来看待"劳动"(这是毋庸置疑的),而在于马克思是否在经济学的"劳动"之外,设定了另一种具有哲学本真意味的"劳动"?

首先,从文本事实来看,这种说法是站不住脚的。在《手稿》中我们找不到"自由自觉的劳动"或类似表达,只有"自由的有意识的活动(freie bewußte Tätigkeit)"[1]。中文的"劳动"与"活动"只是一字之差,似乎相差不大,德文的"Arbeit"与"Tätigkeit"却是词形完全无关的两个词。而且,从意义上看,"劳动"与"活动"的内涵对于马克思来说是完全不同,甚至截然对立的。在马克思之前,赫斯已经明确将这两个概念区分开来,前者用来形容悲惨的现实劳作,后者则用来形容理想化的自由活动,这对《手稿》产生了直接影响。[2] 即便马克思要从哲学上提出一种本真"活动"来取代现实的

---

[1] 《马克思恩格斯全集》,中文2版,第3卷,北京:人民出版社,2002年,第273页。Marx-Engels-Gesamtausgabe, Bd. I/2, Berlin: Dietz, 1982, S. 240.

[2] 张义修:《经济异化与历史超越:赫斯对马克思异化劳动理论的双重贡献》,见张一兵主编:《社会批判理论纪事》第5辑,南京:江苏人民出版社,2013年,第376—385页。

劳动,也不必继续用"劳动"这个字眼。事实也正是如此。马克思确实提出了一种自由的"Tätigkeit",以此来与现实的"Arbeit"相对立,从而突出"Arbeit"本身的不自由,但马克思没有提出,本来就存在一种自由的"Arbeit"。

其次,从概念联系上看,德文中的"Arbeit(劳动)"和"Arbeiter(劳动者,汉译为'工人')"以及"Arbeitslohn(工资)"是紧密相关的,这促使马克思非常自然地对以上三个概念都持批判性态度。在青年马克思的眼中,"劳动"正是国民经济学对"劳动者"的规定,也是"劳动者"一切苦难的根源。马克思特别不满意的就是,国民经济学家只关心"劳动者"的"劳动",而不把"劳动者"当作"人"看待。这是前文已经分析过的。因此,想要拯救"劳动者",就不可能保留"劳动",因为"越是把劳动(Arbeit)认作财富的唯一原则,劳动者(Arbeiter)就越是被贬低、被致贫"[1],只要"劳动"还在,那么劳动者就依然只是"劳动者"而不是"人"。所以马克思在《手稿》中明确提出:"劳动本身,不仅在目前的条件下,而且就其一般目的仅仅在于增加财富而言,在我看来是有害的、招致灾难的,这是从国民经济学家的阐发中得出的,尽管他并不知道这一点。"[2]"贫困从现代劳动本身的本质中产生出来。"[3]这些表述非常清楚地表明,当青年马克思写下"劳动"的时候,他就是指国民经济学的"劳动"概念。

我们不妨根据常见的几种理解,对劳动概念的可能内涵予以分类,以使区分更加清楚:其一,经济学语境中的劳动,也就是劳动价值论中的劳动,这是一种在现代经济中有效的劳动,这里称之为

---

[1] *Marx-Engels-Gesamtausgabe*, Bd. Ⅳ/2, Berlin: Dietz, 1981, S. 481.
[2] 《马克思恩格斯全集》,中文2版,第3卷,北京:人民出版社,2002年,第231页。
[3] 《马克思恩格斯全集》,中文2版,第3卷,北京:人民出版社,2002年,第232页。

"劳动A"；其二，在人本学的理想设定中，与现实的现代劳动相对立的活动，它是人的本质的真正展现，是人本来应该从事的自由的活动，姑且称之为"劳动B"；其三，《资本论》中具有"永恒的自然必然性"[1]的物质生产劳动，它并非出于人本学的理想设定，而且不仅在现代生产中存在，而是对整个人类史来说都具有基础性，我们称之为"劳动C"。那么，青年马克思的"劳动"概念对应以上哪一种呢？笔者认为，并非兼而有之，而是只指"劳动A"。至于"劳动B"，前面已经分析过了，这是不准确的理解，马克思的确有不同于现实劳动的人本学设定，但他没有用"劳动"概念来表述这种设定。至于"劳动C"，马克思此时还没有达到这种认识水平，我们既不能把《手稿》中人本学的"自由活动"解释成《德意志意识形态》中的"物质生产"，也不能将其混同于《资本论》中劳动二重性的那个"具体劳动"。

青年马克思视野中的"劳动"概念本身是单义的，但这不妨碍马克思基于多样的视角来看待这个单义的"劳动"。这也就是我们前面所分析的"复调语境"：一方面，马克思从经济学的理论逻辑内部来理解经济学的"劳动"概念和劳动价值论的基本观点，在这一过程中，他自然也会用自己的语言，站在自己的立场上，对其做出独特的阐释和评价；另一方面，马克思从人本学的理想设定出发，批判这个经济学的"劳动"本身的非人性，进而批判整个国民经济学的理论原则和方法的非人性，在这一层面上，已经不再是基于经济学的理论阐释，而是超出经济学的哲学建构了。对于"劳动"，马克思既要从经济学的内在逻辑上加以破解，也要从人本学的外在层面加以批判和超越。一言以蔽之，在青年马克思的语境中，没有

---

1 《马克思恩格斯文集》，第5卷，北京：人民出版社，2009年，第56页。

两种劳动概念,也没有劳动二重性的观念,有的是对于同一个经济学的"劳动"的双重分析视角。"对象化劳动"中的这个"劳动",只能是指国民经济学所用的"劳动"。下面的问题就在于:当马克思把哲学的"对象化"与经济学的"劳动"结合在一起的时候,这种结合的基本内涵是什么?他所采取的究竟是内在的经济学分析视角,还是外在的人本学批判视角?

三、"对象化劳动"的原初内涵与方法论意义

对于《手稿》中的"对象化劳动",有两种流传甚远的阐释路径:一是在实践唯物主义意义上将其理解为"人"面对自然"对象"的劳动实践,二是在人本学意义上将其解读为"人的本质"得以"对象化"的劳动。如果回到这一概念的原初语境,我们会发现,这两种解释都不准确。究其本义,"对象化劳动"甚至不是指一种过程性的劳动"活动"。它既不是一个暂时性的、后来被马克思放弃的人本学概念,也不是一个科学的、可以被理解为物质生产活动的实践哲学概念,而是一个偶然出现却在马克思后来的经济学批判中最终展现出支撑性意义的经济哲学概念。

那么,"对象化"概念在《手稿》中究竟是如何出场的?"对象化劳动"的准确内涵和性质究竟是什么呢?

我们先来看看《手稿》中的"对象化"概念究竟是怎样出场的。在第一笔记本的分栏写作告一段落之后,马克思决定从国民经济学的前提和经济事实出发开展他的批判。[1] 无论是经济学理论还

---

[1] 《马克思恩格斯全集》,中文2版,第3卷,北京:人民出版社,2002年,第266—267页。

是劳动者所面对的经济现实,都反映出现实经济世界与劳动者本身的对立。然而,站在劳动者对面的、与劳动者相对立的这个"对象(Gegenstand)",不是别的,恰恰是劳动本身创造出来,即劳动的"产物/产品(Product)"。[1] 马克思接着指出:"劳动的产品就是劳动(Das Product der Arbeit ist die Arbeit),这种劳动将自己固定在一个对象(Gegenstand)中,把自己变成事物性的(sachlich)了,这就是劳动的**对象化**(Vergegenständlichung)。劳动的现实化(Verwirklichung)就是劳动的对象化(Vergegenständlichung)。"[2] 这是"对象化"概念在《手稿》中的初次亮相,也是"对象化"概念第一次与"劳动"概念结合起来。

我们来分析一下这个"劳动的对象化"。这里的"Vergegenständlichung(对象化)"是一个名词,由动词的"对象化"即"vergegenständlichen"而来,而"vergegenständlichen"意为"使某物成为对象性的"。因此,作为名词短语的"劳动的对象化",形容的就是这样一个结果:"劳动"变成了对象性的东西,"劳动"变成了"对象"。需要强调的是:不是劳动面对别的什么对象,也不是劳动把别的什么东西变成了对象,而是劳动本身变成了一个对象,这里的对象就是劳动本身。具体来说,什么是"对象"呢?其实马克思已经说了,"劳动所生产的对象,即劳动的产品"[3]。显然,"对象"就是指现实中劳动所生产出来的东西。可见,不同于一般的理解,和"劳动"相结合的这个"对象化"从一开始就不是用来形容劳动"过程",而是用来描述劳动"产品"的!马克思还紧接着用"现实

---

1 《马克思恩格斯全集》,中文2版,第3卷,北京:人民出版社,2002年,第267页。*Marx-Engels-Gesamtausgabe*,Bd. I/2,Berlin:Dietz,1982,S. 236。

2 《马克思恩格斯全集》,中文2版,第3卷,北京:人民出版社,2002年,第267—268页。*Marx-Engels-Gesamtausgabe*,Bd. I/2,Berlin:Dietz,1982,S. 236。

3 《马克思恩格斯全集》,中文2版,第3卷,北京:人民出版社,2002年,第267页。

化"作为"对象化"的同位语,也是强调这里的"劳动的对象化"就是劳动的最终实现。它无非是说,劳动的产品不是外在于劳动的物性"对象",也不是活的、不可把捉的劳作"过程",而是以产物的形态、对象的形态存在的劳动"结果",或者,回到马克思自己的概括,劳动的产品不过是劳动。

如果"劳动的对象化"是指作为"对象"的"劳动",那么,"对象化劳动"呢？在《手稿》中,"对象化劳动"同样是作为"劳动产品"的同位语出现的。在第一笔记本后来谈论人与自身的关系必然表现为人对他人的关系的段落,马克思提到了"人对他自己的劳动产品(Product seiner Arbeit),即他的对象化劳动(vergegenständlichten Arbeit)的关系"[1]。其中的"劳动"即"Arbeit"不是动词,而是名词。这是一个在中文语境下无法辨明、极易被误解的情况。这个短语中的"对象化"是动词的第二分词形式,从功能上说,相当于描述被动态的形容词,因此,这里的"vergegenständlichten Arbeit"最准确的汉译不是"对象化劳动",而应为"被对象化的劳动"。是什么被对象化了呢？四格宾语也很清晰,不是人本学的"类本质",而是"劳动"。也就是说,"对象化劳动"不是一个动作,而是一个结果,不是劳动主动地去把别的什么东西对象化,而是劳动本身被动地被对象化了。根据 MEGA² 编委的考证,这也是马克思第一次使用"对象化劳动"[2]。

由此可见,按照马克思的原意,"劳动产品"="劳动的对象化"="被对象化的劳动",最后一个短语即通常所说的"对象化劳动"。"劳动的对象化"也好,"对象化劳动"也罢,讲的都不是劳动的"过

---

[1] 《马克思恩格斯全集》,中文 2 版,第 3 卷,北京:人民出版社,2002 年,第 276 页。Marx-Engels-Gesamtausgabe, Bd. I/2, Berlin: Dietz, 1982, S. 243.
[2] Marx-Engels-Gesamtausgabe, Bd. II/2, Apparat, Berlin: Dietz, 1980, S. 377.

程",而是指劳动自身被转化成产品的"对象"形态这一结果。"对象化"中的这个"对象",不是指劳动过程中所面对的外部自然对象,而是指劳动最终所生产出的对象。而就其本质来说,这种对象,正是以对象形态出现的劳动本身。这样,马克思就把劳动生产出来的"对象"重新指认为"劳动"。

行文至此,以往关于"对象化劳动"的种种误解的症结在哪里,就显而易见了:马克思的"对象化劳动"并非用来形容劳动活动、劳动过程。如果把"对象化"当作一个形容劳动过程的形容词,那么,"对象化劳动"中的"劳动"就成了动作的主动发出者,这样就存在两个问题。其一,按照这种理解,德文所对应的"对象化"就不可能是作为第二分词的"vergegenständlicht",而必须改成作为第一分词的"vergegenständlichend",这样就等于构造出了一个新的短语,即"vergegenständlichende Arbeit"。当然,我们完全可以在这样的意义上谈"对象化劳动",但有必要知道,这与马克思本人的原词和原意恰恰是相反的,因为"劳动"从被动态变成了主动态。其二,与之相关的,既然"对象化劳动"中原本的宾语"劳动"被挪走了,就必须再人为地补上一个新的"宾语",于是,谈到"对象化劳动",要么是劳动将"自然物质"对象化,要么是劳动将"人的本质"对象化,偏偏不会是其原意——劳动者将"劳动"本身对象化,这就导致了对"对象化劳动"概念性质的众说纷纭。

现在,关于"对象化劳动",我们搞清楚了两件事:一是,其中的"劳动"就是经济学的劳动,不是某种不同于经济学劳动概念的哲学设定;二是,"对象化劳动"的基本含义,就是在经济生产过程中,劳动本身被对象化了,劳动本身成为对象、成为产品,反过来说,劳动产品不过是以对象形态得到实现的劳动。在《手稿》中,人们很容易把"劳动的对象化""对象化劳动"的表述混在连篇的人本学话语之中，从而将其归结为对经济学的一种外在性的人本学批判。但是，通过前文的分析可以看出，"对象化劳动"这一短语的字面含义有着严格清晰的界限，它并不涉及"人的本质的对象化"这一人本学的基本原则，反而仅仅涉及经济学的"劳动"概念本身。青年马克思将哲学的"对象化"与国民经济学的"劳动"结合在一起的尝试，或许只是一个偶然的创造。但如果我们分析一下青年马克思此时的思想背景，再考虑到后来马克思对经济学深刻的哲学解读，就应该意识到，这一创造是意味深长的。

那么，青年马克思究竟何以提出这一"跨学科"的短语？我们又应当如何评估其意义呢？

一方面，从德国思辨哲学的线索来看，"对象化"的思维方式包含着一种主体性、关系性的哲学透视，即从对象性中发掘主体性，从对象意识达至自我意识。在费尔巴哈的哲学转向之后，"对象化"具备了新的人本学唯物主义的维度——相较于思辨哲学传统而言，它是唯物主义的；就其逻辑内核而言，它是人本学的。思辨的理论话语被归结为感性的人的产物，外在的对象被理解为人的本质的对象化。正是基于这一视角，当马克思思考现实工人所面对的物性世界的时候，他很自然地意识到：这个物性世界表面上是外在于工人的"对象"，但它其实正是工人本身的产物，是工人的主体性的东西的对象化。不过，我们也应当意识到，如果马克思没有研究国民经济学，他至多只能做出这种外在的指认，就像在《论犹太人问题》中的货币异化批判那样，他所谈论的一定只能是"人的本质"的对象化，而不可能也不屑于谈论他所讨厌的"劳动"的对象化。

另一方面，经济学研究使马克思具备了全新的理论背景。如前所述，马克思非常敏锐地抓住了国民经济学的核心原则，即将财富归结为具有抽象意味的劳动(当然，马克思在这里还没有提炼出科学的"抽象劳动"的概念)。实际上，国民经济学家将不同形态的物性财富归结为劳动，主要是出于实证性的统计、分析与解决现实经济问题的需要，而无意探究经济运行背后是否存在某种具有哲学意味的本质力量，也并不关心由劳动这一原则所引发的经济利益之外的社会正义与人的自由的问题。一句话，他们强调劳动，以劳动衡量劳动者的经济贡献，并不是基于德国思辨哲学的抽象方法论。因此，可以说，是马克思自己把国民经济学理论背后所潜藏的这种抽象性突出化了。这样，劳动价值论的基本观点，即产品的价值来自劳动，就不再是经济现象层面的一个统计性原则，而是对经济现象背后的本质的提炼和指认，即所谓"**劳动**是**财富**的惟一**本质**"[1]。基于对劳动价值论的这种理解，马克思才会将"对象化"的思维方式转用于理解"劳动"——在人本学的语境中，从没有人将人的自由和本质问题锁定在"劳动"这个非哲学的概念上；只有在经济学的视域中，在财富的问题上，"劳动"才表现为一种具有本质性意味的东西。

因此，"对象化劳动"是一个经济哲学概念，这就是说，马克思基于经济学的内在逻辑，用"对象化"这一哲学概念对其理论原则做出了独特的诠释。如果说劳动所生产出来的对象来自劳动，这是一个浅显的经验层面的指认。那么更为关键的是，马克思所理解的经济学不仅止步于经验的还原，还进展到本质的还原：一切财富对象的价值，就在于其所蕴含的劳动；对象不仅是劳动的产物，而且直接就是劳动本身。这才是马克思所谓对象就是劳动产品、劳动产品就是劳动的哲学逻辑。套用思辨哲学的语言来说，在国

---

[1] 《马克思恩格斯全集》，中文2版，第3卷，北京：人民出版社，2002年，第290页。

民经济学中,对有价值的对象的意识变成了劳动的自我意识。当然,在现实性上,劳动是不可能实现自我意识的,是劳动者将劳动变成了对象性的东西,完成了劳动的对象化,而对于劳动者来说,他们并不能自觉地意识到这一点。马克思以超越现实劳动主体的视角,在理论上指认出劳动过程背后的这种劳动的对象化,达到了理论上的劳动的"自我意识",从而在哲学层面为劳动价值论提供了支撑。这里所包含的主体与超主体的双重观察视角,与我们之前分析的从"对象"到"对象化"的思维方式特征也是一脉相承的。

通过对"对象化劳动"的分析,笔者还要强调的一点是,在以往对"对象""对象性"和"对象化"的理解中,人们往往不注意区分两个不同的层面:一是对象是"相对什么"而成为"对象",二是究竟"什么"变成了"对象"。前者讲的是"对象"的受众,后者讲的是"对象"的来源,二者不能混同。人们往往强调,"对象"总是相对于"意识"而存在的,只有在"意识"中才存在所谓的"对象"[1]。这讲的是第一个层面,即"对象"的受众。但这不足以推论出第二个层面,即"对象"的来源,不能就此认定"对象"是由"意识"所产生的。在康德那里,主体意识所建构出来的"对象"不能脱离经验的基础,"自在之物"借由经验才能成为意识中的"对象";对黑格尔来说,"对象""对象性"之根源在于"精神"而非个体的"意识","精神"经过辩证运动而成为意识中的"对象";青年黑格尔派影响下的马克思提出"自我意识的对象化",这里的"自我意识"具有特定的解放意味,也不等同于一般认知意义上的意识;在实现了人本学唯物主义转

---

[1] 这一点不仅适用于德国古典哲学,也适用于后来胡塞尔对"对象"概念的使用。胡塞尔与前者的不同之处恰恰在于,不仅坚持"对象"相对于"意识"而存在,而且认定,"对象"只能来自"意识"本身。参见倪梁康:《胡塞尔现象学概念通释》,北京:生活·读书·新知三联书店,2007年,第179—181页。

向的费尔巴哈和马克思那里,"对象"更不是由意识所产生的,而是以感性的人的本质为基础,也就有了"人的本质的对象化"。由此可见,一切"对象化"都是"非对象"变成"对象"的过程,最终都呈现为意识中的"对象",但是,究竟是什么被"对象化"了,却必须仔细加以分析。如果一看到"对象化"概念,就将其理解为唯心主义或是某种哲学认识论,势必有失偏颇,也无法把握马克思的"对象化劳动"(经济学意义上的"劳动"经过生产而成为意识中的"对象")的特殊性质与内涵。

简而言之,青年马克思在经济学研究的基础上,将"对象化"逻辑挪用于对经济学理论的阐释,实现了对经济学语境中劳动产品的一种哲学透视:物的背后是劳动,劳动产品看起来是对象,其实本质是劳动。这其实是对劳动价值论的一种无意识的哲学说明。就以上关于青年马克思"劳动"概念以及"对象化劳动"的基本含义与理论背景的分析,可以看出,"对象化劳动"已经溢出了人本学的哲学逻辑,而进入了对经济学的内在性的分析,因此,不能笼统地将其与人本学批判语境中的人的本质的对象化等其他表述混为一谈。阿尔都塞曾提出,青年马克思从费尔巴哈那里借用了一系列概念,同时借用了并且"确实接受了费尔巴哈的总问题"[1],这一点是深刻的。但是,他进一步认定青年马克思"和这个总问题完全等同了起来"[2],"只是一个用伦理总问题去理解人类历史的费尔巴哈派先进分子"[3],这种观点是不成立的。"对象化劳动"的出现表明,虽然"对象化"概念来自费尔巴哈,但青年马克思面对经济学的哲学思考从一开始就与费尔巴哈的"总问题"存在着间距,体现出

---

[1] [法]阿尔都塞:《保卫马克思》,顾良译,北京:商务印书馆,2010年,第30页。
[2] [法]阿尔都塞:《保卫马克思》,顾良译,北京:商务印书馆,2010年,第30页。
[3] [法]阿尔都塞:《保卫马克思》,顾良译,北京:商务印书馆,2010年,第29页。

马克思独立哲学思考的特质,他的经济学批判逻辑不能被归结为"伦理总问题"。就《手稿》而言,作为经济哲学概念的"对象化劳动"的重要性还没有被真正展开。但是,在后来的《资本论》及其手稿中,"对象化劳动"重新大量出现,在马克思成熟的经济学批判逻辑中扮演了重要角色。到时再回头看,将更好地理解《手稿》中"对象化劳动"的特殊性质和重要意义。此时的马克思自己还不知道这一点,但他的确已经这样做了。

四、"对象化劳动"与"异化劳动"的原初关系

阐明了"对象化劳动"的基本含义之后,接下来要考察的问题是,马克思提出的"对象化劳动"和其批判"异化劳动"是什么关系?

我们先来回顾一下这个问题的思想史背景。随着费尔巴哈转向批判神学和思辨哲学,"对象化"概念成了一个兼具建构性与批判性的概念,即一方面将宗教和哲学的秘密归结为人的本质的对象化,另一方面,批判这种对象(即宗教和哲学)反过来统治了人,这种颠倒的支配关系也就是异化。在《论犹太人问题》中,马克思继承了从肯定"对象化"到批判"异化"的思路。对于这一点,以往的研究已经比较清楚了。问题在于,如何理解被肯定的"对象化"和被批判的"异化"这两个环节的理论性质?一种观点认为,"对象化"是对现实的指认,而"异化"则是人本学的批判;另一种观点认为,"对象化"和"异化"同属于人本学逻辑,都是基于人本学的设定;还有观点认为,"对象化"是一种人本学的设定,而"异化"反映的倒是现实关系。

前述分析表明,"对象化劳动"的出现固然脱离不了青年马克思人本学的总体哲学构架,但它并非从外在的人的本质的设定出

发,而是从经济学的内在理论逻辑出发的。换言之,"对象化劳动"不是在探讨哲学话题,而是用哲学的话语诠释了经济学本身的观点。在这一点上,马克思的确是从经济学内在的前提即劳动价值论出发的。但马克思之所以要揭示"对象化"的秘密,不仅是要呈现"劳动"这一财富的本质,更是要进一步批判"异化"的经济关系。马克思指出了一个关系事实:"劳动的产品,作为一种**异在的存在物**,作为不依赖于生产者的**力量**,同劳动相对立。"[1] 与国民经济学的关注点不同,马克思把目光从劳动产品转向劳动者,转向劳动者与其产品的关系:"劳动的这种现实化表现为劳动者的**非现实化**,对象化表现为**对象的丧失**和**被对象奴役**,占有表现为**异化、外化**。"[2] 换句话说,国民经济学讨论的只是前半部分,即劳动的对象化,却刻意回避了后半部分,即这种劳动者生产出来的对象脱离劳动者,转而成为奴役劳动者的力量,形成了一种"异化"的关系,"劳动者同**自己的劳动的产品**的关系就是同一个**异在的**对象的关系"[3]。因此,他既要考察"**对象化,劳动者的生产**"[4],更要考察国民经济学所不关注的"对象即劳动者产品在对象化中的**异化、丧失**"[5]。换言之,指认"劳动的对象化"就是为了从国民经济学对劳动产品的分析出发,"从国民经济学的各个前提出发"[6],进而证明

---

[1] 《马克思恩格斯全集》,中文2版,第3卷,北京:人民出版社,2002年,第267页。
  Marx-Engels-Gesamtausgabe, Bd. I/2, Berlin: Dietz, 1982, S. 236.
[2] 《马克思恩格斯全集》,中文2版,第3卷,北京:人民出版社,2002年,第268页。
  Marx-Engels-Gesamtausgabe, Bd. I/2, Berlin: Dietz, 1982, S. 236.
[3] 《马克思恩格斯全集》,中文2版,第3卷,北京:人民出版社,2002年,第268页。
  Marx-Engels-Gesamtausgabe, Bd. I/2, Berlin: Dietz, 1982, S. 236.
[4] 《马克思恩格斯全集》,中文2版,第3卷,北京:人民出版社,2002年,第268页。
  Marx-Engels-Gesamtausgabe, Bd. I/2, Berlin: Dietz, 1982, S. 236.
[5] 《马克思恩格斯全集》,中文2版,第3卷,北京:人民出版社,2002年,第269页。
  Marx-Engels-Gesamtausgabe, Bd. I/2, Berlin: Dietz, 1982, S. 237.
[6] 《马克思恩格斯全集》,中文2版,第3卷,北京:人民出版社,2002年,第266页。

"国民经济学由于不考察劳动者（劳动）同产品的直接关系而掩盖了存在于劳动的本质中的异化（die Entfremdung in dem Wesen der Arbeit）"[1]。一句话，揭示"对象化劳动"是批判"异化劳动"的前提。而且，不仅"对象化劳动"是基于经济学，马克思在这里所指认的"异化"关系也是现实存在的，这种关系，不是他哲学思辨的产物，而是通过《巴黎笔记》《手稿》最初的分栏摘录所反复确认的事实。[2]

至此，我们可以对"对象化劳动"和"异化劳动"的原初关系做出两点概括。

其一，"对象化劳动"和"异化劳动"都不是纯粹的哲学设定，而是基于对国民经济学的研究。脱离经济学理论特别是脱离了劳动价值论，就会误将"对象化劳动"看作纯粹思辨的、非历史性的话语；脱离笔记本前半部分对工资等内容的分栏写作，就会误将"异化劳动"看作异化逻辑在经济领域的抽象套用，都不符合青年马克思真实的研究语境。"对象化""异化"概念本身都是哲学的，但它们所讨论的对象都是现实的——"对象化劳动"所讨论的劳动创造财富的经济规律是现实的，"异化劳动"所讨论的劳动与财富的颠倒支配关系也是现实的。马克思是在国民经济学研究的过程中，发现了可以被哲学地描述为"异化"的关系，形成了以异化批判为核心的思路，而不是预先就打算用异化批判的哲学逻辑去"改装"自己不熟悉的国民经济学。

---

1 《马克思恩格斯全集》，中文 2 版，第 3 卷，北京：人民出版社，2002 年，第 269 页。Marx-Engels-Gesamtausgabe, Bd. I/2, Berlin: Dietz, 1982, S. 237.

2 此外，还有必要说明的一点是，马克思这里用"对象化"来形容"劳动者的生产"，这个"对象化"固然与"对象化劳动"中的"对象化"不同，指的是生产的过程而非结果，但紧接着的后文讲的是劳动者面对"感性的外部世界"、生产生活资料的劳动过程，这些表述与其说已经是人本学建构，不如说仍然是出于对经济学事实的指认，以此作为揭示劳动者与劳动产品的"异化"关系的基础。

其二,"对象化劳动"和"异化劳动"是对"劳动"的递进的哲学说明:"对象化"是基于国民经济学理论的哲学描述,"异化"则是对国民经济学所掩盖的现实的哲学批判。这与费尔巴哈面对黑格尔哲学时的用词方式是一致的——"对象化"主要用来描述黑格尔哲学的内在机制:"黑格尔哲学将自我(Ich)的本质放在自我之外,从自我中划分出来,将它作为实体(Substanz),作为上帝对象化了(vergegenständlicht)。"[1]继而,"异化"用来批判哲学对人的颠倒的支配:"绝对哲学就这样将人固有的本质、固有的活动与人相外化了(entäussert)和异化了(entfremdet)!这就产生出这个哲学加给我们精神的支配和折磨。"[2]换言之,"对象化劳动"和"异化劳动"不是两种劳动,也不对应于劳动的二重性,而是对劳动不同层面的分析:前者是经济学视域中的劳动,后者是经济现实中的劳动。二者存在理论演绎与现实境况的反差关系,在青年马克思的批判逻辑的展开中是递进关系,但不是抽象肯定与抽象否定、一个好一个坏的两极对立关系。

结合《手稿》开头部分青年马克思对国民经济学的整体性批判来看,马克思之所以先谈"对象化劳动",再批判"异化劳动",不仅是为了批判劳动,更是为了揭示"私有财产",即对劳动者劳动的私人占有的不合理的根源。而批判私有财产和私有制,才是马克思经济学批判的最终落点。马克思说:"人们谈到**私有财产**时,认为他们谈的是人之外的东西。而人们谈到劳动时,则认为是直接谈

---

[1] [德]费尔巴哈:《费尔巴哈哲学著作选集》,上卷,荣震华、李金山等译,北京:商务印书馆,1984年,第152页。Feuerbach, L. *Sämtliche Werke*, Bd. 2, Hg. Friedrich Jodl, Bad Cannstatt: Frommann-Holzboog, 1959, S. 279.

[2] [德]费尔巴哈:《费尔巴哈哲学著作选集》,上卷,荣震华、李金山等译,北京:商务印书馆,1984年,第152—153页。Feuerbach, L. *Sämtliche Werke*, Bd. 2, Hg. Friedrich Jodl, Bad Cannstatt: Frommann-Holzboog, 1959, S. 280.

到人本身。问题的这种新的提法本身就已包含问题的解决。"[1]而将人之外的财富对象重新指认为人的劳动,正是通过"对象化劳动"这一新的提法实现的。

总而言之,马克思"对象化劳动"的提出是基于国民经济学的劳动价值论和其无产阶级的政治立场,而不是基于人本学的思辨设定。就此时马克思的经济学水平而言,他对"劳动"和劳动价值论还是持有一种外在性的否定态度。[2] 他虽然提出了"对象化劳动"这一重要提法,却不是为了用"对象化"来肯定劳动概念和劳动价值论,也没有由此出发进行深入的经济学分析,相反,恰恰是为了直接引出对劳动的异化本质的批判。当然,从"对象化"到"异化"的思路已经超出了经济学,直接得益于费尔巴哈的人本学。可见,"对象化劳动"的出场是非常偶然的,其含义和性质也是非常容易被错认的。后来,马克思的异化批判很快地从基于经济学和经济现实维度的批判转入一种超出经济学的人本学维度的批判,才有了《手稿》中在人本学意义上反复出现的"对象化"和"异化"。在那里,"对象化"的宾语从"劳动"重新回到了"人的本质",而"异化"也不再限于对"劳动"的说明。这是下一节将重点讨论的问题。

第二节
"人的本质的对象化":异化批判理论的完整建构

既然"对象化劳动"是对经济学意义上的劳动产品的哲学阐

---

[1] 《马克思恩格斯全集》,中文2版,第3卷,北京:人民出版社,2002年,第279页。
[2] [苏]格·阿·巴加图利亚、[苏]维·索·维戈茨基:《马克思的经济学遗产》,马健行等译,贵阳:贵州人民出版社,1981年,第20—22页。

述,为什么《手稿》中的"对象化"概念却会给人留下人本学的印象?这是因为,《手稿》中不仅有"劳动"的对象化,后来还出现了"类生活"的对象化、"人的本质力量"的对象化、"哲学精神"的对象化,而以往我们对此往往不大区分。这也就是问题的复杂性之所在:"对象化劳动"的含义和功能是明确的,也是独特的,但"对象化"概念的使用情境和内涵却是多重的,必须要区分、甄别。上一节介绍了《手稿》中的复调批判话语,并分析了"对象化劳动"这一"基于经济学"的全新阐述。在本节中,我们讨论"对象化"概念在"超出经济学"层面的运用,即《手稿》中作为人本学概念出现的"对象化"。

与之相关的还有"对象化"与"异化"的逻辑关系问题,这也就是青年马克思异化批判理论的逻辑构架问题。有观点认为,《手稿》从第一笔记本到第三笔记本在这一问题上存在观点的转变,具体而言,第一笔记本中马克思跟随费尔巴哈的逻辑,肯定"对象化"、否定"异化",而在第三笔记本中,马克思却转而肯定黑格尔辩证法,并且肯定"异化"。这一"转变"是否真的存在呢?换言之,《手稿》中后来出现的"对象化"和"异化"究竟具有怎样的含义和相互关系?应当如何完整理解《手稿》中的异化批判的逻辑构架?这也是本节试图解决的问题。

一、异化劳动批判:从"劳动"的对象化到"类生活"的对象化

关于异化劳动批判的分析,几乎是每一个马克思研究者的必选方向。然而,绝大多数的研究者倾向于对这一理论的性质加以整体性判定,结果往往各执一端:一方认为,异化劳动批判是基于现实的,又是批判现实的,因而是唯物主义的,甚至蕴含着实践唯

物主义的智慧,但这种解释往往将经济学意义上的物性"对象化劳动"与后来马克思的物质生产实践的概念链接在一起,包含着一定的误解;另一方则认为,异化劳动批判全然是理想性的、人本学的,因而是非历史唯物主义的,也并没有对后来马克思的经济学批判产生什么影响,但这种观点又无法解释的是,为什么马克思在后来的政治经济学批判中又重新大量使用"对象化劳动"。

笔者认为,从方法论或者运思逻辑的角度来说,马克思的异化劳动理论并不是一个内在契合、线索单一的整体,而是多重理论资源交错、多重批判视角重叠而成的试验性产物。在《手稿》第一笔记本关于异化劳动的讨论中,马克思并没有一开始就高扬人本学的旗帜,而是试图首先从经济学的内在前提和事实出发展开批判,提出了"劳动的对象化"这样一种对经济学理论的哲学解读。尽管马克思在字里行间已经透露出人本学意味,但是直到关于异化劳动的第三重规定,"对象化"才正式作为人本学概念出场。这就说明,即使是异化劳动的四重规定当中也存在着复调特征,其中至少包含以下两种批判视角:一是基于经济学的研究,揭示经济理论的实质与经济关系的现实;二是基于人本学的逻辑,用理想性的设定反观现实的"异化",而这种论述中又体现了费尔巴哈和赫斯的不同影响。

就第一种视角而言,马克思在分析劳动者与劳动产品的异化关系时,绝不是朴素地主张产品归生产者所有,而是用哲学语言阐释了经济学的雇佣关系,即工人成为工人的条件:在私有制社会,工人不仅丧失了其生活资料,也丧失了其生产资料。因此,工人只能通过被雇佣,得到工作,然后通过劳动,得到生活资料。[1] 这里

---

[1] 《马克思恩格斯全集》,中文2版,第3卷,北京:人民出版社,2002年,第269页。

包含两个理论要点:第一,在现代生产关系中,人不是因为本身是主体,才能够劳动,相反,是因为能够劳动,才能维系自己的主体,也就是说,人不得不被雇佣,"只有作为**劳动者**(Arbeiter)才能维持自己作为**肉体的主体**(*physisches Subjekt*)"[1];第二,劳动者由于不掌握生产资料,他所拥有的只有自己的劳动能力,这是他唯一可以出卖的东西。基于此,人又"只有作为**肉体的主体**(*physisches Subjekt*)才是劳动者(Arbeiter)"[2]。这里再次说明,马克思所谈的"劳动"并不是一般的人类生产活动,而正是私有制下雇佣劳动者的劳动。在这一语境中,"劳动的对象化"的出场恰恰是以雇佣关系中的"劳动"为基点的。因此,无论是"劳动的对象化"还是马克思这里的批判,都不能完全归结为外在于经济学的人本学话语。

就第二种视角而言,马克思的异化批判又不仅继承了费尔巴哈的逻辑,还受到了赫斯的影响。从异化劳动的第二重规定开始,马克思明显更多地借鉴了赫斯在《二十一印张》中的表述,如将"劳动(Arbeit)"与"自由活动(freithätig)"相对置,批判人在劳动中的动物性处境等。费尔巴哈的异化主要是批判"结果"与人的异化,因此,当马克思要批判"过程"与人的异化关系时,他很自然地会想到赫斯的行动哲学。然而,这两种异化逻辑其实未必兼容:费尔巴哈讲的是,人的本质被抬升了,成了"上帝""绝对精神",从而奴役了人,人的类本质压制了个体;而赫斯的逻辑是,人的本质被贬低了,如"金钱""劳动",类本质由目的沦为了个体生存的手段,个体裂解了人的类生活。如果细读马克思的相关段落,就会发现,他将

---

[1]《马克思恩格斯全集》,中文 2 版,第 3 卷,北京:人民出版社,2002 年,第 269 页。*Marx-Engels-Gesamtausgabe*, Bd. I/2, Berlin: Dietz, 1982, S. 237.

[2]《马克思恩格斯全集》,中文 2 版,第 3 卷,北京:人民出版社,2002 年,第 269 页。*Marx-Engels-Gesamtausgabe*, Bd. I/2, Berlin: Dietz, 1982, S. 237.

这两种批判话语捏合在了一起,但严格地讲,其内在逻辑未必是融通自洽的。[1] 也就是说,不仅"对象化劳动"的出场是偶然的、尝试性的,后来人本学的"对象化"也是在多重逻辑的思想试验中突现的。甚至可以说,马克思关于异化劳动的第三重规定,即关于人的本质的对象化和异化的人本学抬升,既是马克思综合前两重异化劳动规定的结果,也是马克思综合费尔巴哈和赫斯的异化批判逻辑的尝试。

以下我们来具体分析关于异化劳动的第三重规定。马克思用"生产""实践"等概念来描述人类改造自然的活动,并将之提升为人的"类生活"。马克思认为,人区分于动物之处就在于人的"自由的有意识的活动(freie bewußte Thätigkeit)"[2]的类特性,这应当表现在人的生产中,因为"生产的生活(produktive Leben)就是类生活(Gattungsleben)"[3],"正是在改造对象世界中,人才现实地(wirklich)证明自己是**类存在**(*Gattungswesen*)。这种生产(Production)是人的能动的类生活(Gattungsleben)"[4]。马克思没有使用"劳动"的概念来描述这一人本学的实现过程。在他看来,"劳动"固然也是一种"**生产的生活**(*produktive Leben*)"[5],因

---

[1] 张义修:《经济异化与历史超越:赫斯对马克思异化劳动理论的双重贡献》,见张一兵主编:《社会批判理论纪事》,第 5 辑,南京:江苏人民出版社,2013 年,第 376—385 页。
[2] 《马克思恩格斯全集》,中文 2 版,第 3 卷,北京:人民出版社,2002 年,第 273 页。*Marx-Engels-Gesamtausgabe*, Bd. I/2, Berlin: Dietz, 1982, S. 240.
[3] 《马克思恩格斯全集》,中文 2 版,第 3 卷,北京:人民出版社,2002 年,第 273 页。*Marx-Engels-Gesamtausgabe*, Bd. I/2, Berlin: Dietz, 1982, S. 240.
[4] 《马克思恩格斯全集》,中文 2 版,第 3 卷,北京:人民出版社,2002 年,第 274 页。*Marx-Engels-Gesamtausgabe*, Bd. I/2, Berlin: Dietz, 1982, S. 241.
[5] 《马克思恩格斯全集》,中文 2 版,第 3 卷,北京:人民出版社,2002 年,第 273 页。*Marx-Engels-Gesamtausgabe*, Bd. I/2, Berlin: Dietz, 1982, S. 240.

而劳动的对象也就被人本学地提升为"**人的类生活的对象化**"[1]，然而，先前的分析已经表明，劳动的这种"对象化"带来的只能是"对象的丧失"和"异化"，从人本学的高度来看，在劳动产品被夺走的同时，人的类生活也被夺走了，人不仅失去了劳动产品，也失去了自己的类本质。[2] 就此而言，马克思是把异化劳动的第一重规定，即对象化带来对象的丧失和异化的逻辑做了一次人本学的抬升。在第一笔记本中，"对象化"的这种人本学的用法只在这里昙花一现。与此同时，马克思还更多地借鉴了赫斯的异化批判话语，对异化劳动的第二重规定，即劳动过程本身的异化做了逻辑抬升，并试图将之和前面的论述融合在一起。他认为，劳动只是满足人的动物性需要的手段，而本来，个体的谋生只是手段，类的自由活动才是目的；现在，人的自由活动的能力却被迫用来谋生，即进行谋生的"劳动"，这就是"目的"与"手段"的颠倒。[3] "异化劳动把自主活动、自由活动贬低为手段，也就把人的类生活变成维持人的肉体生存的手段。"[4] 也就是说，"类本质"被贬低为个体性的人满足其动物性需要的手段，这种颠倒因而也就是类本质的异化。可见，在第三重规定中，马克思并没有提供什么新的事实，或者说，批判的事实其实没有变，改变的只是批判的视角。在这里，先前引而不发的人本学话语终于直接地出场了。

可见，异化劳动批判虽然具有表面上的体系性，但其内在的逻辑和话语恰恰是复调性的。当马克思最初提出"对象化劳动"的时候，他阐释的是国民经济学所讲出来的观点，紧接着提出的"异化

---

1 《马克思恩格斯全集》，中文2版，第3卷，北京：人民出版社，2002年，第274页。
2 《马克思恩格斯全集》，中文2版，第3卷，北京：人民出版社，2002年，第274页。
3 《马克思恩格斯全集》，中文2版，第3卷，北京：人民出版社，2002年，第273—274页。
4 《马克思恩格斯全集》，中文2版，第3卷，北京：人民出版社，2002年，第274页。

劳动"批判的是国民经济学所没讲出来的现实。这是一种从经济学理论逻辑出发的经济学批判。然而，随着分析的推进，以第三重异化劳动的逻辑抬升为起点，青年马克思在经济学维度之外逐步建构出一个人本学的维度，以此透视现实经济过程的人本学意义及其潜藏的解放可能，但这一思考同样是试验性质的。对此，也可以这样理解：青年马克思并不打算一开始就让人本学的哲学话语替代经济学的内在分析，只是随着思考的深入，才将其从思想后台引入文本的前台。于是，"对象化"也从最初的"劳动的对象化""劳动者的生产"的经济学语境，走向"生产是人的类生活""类生活的对象化"的直接的人本学语境。因此，不应过高地估计马克思异化劳动批判理论的整体性、自洽性和深刻性，毕竟，它只是马克思构思经济学批判的第一次尝试而已。

二、异化史观的建构："人的本质"的对象化与自我确证

一般来讲，人们提到"对象化"，首先想到的是《手稿》第一笔记本中的异化劳动批判。实际上，通览《手稿》，人本学意义上的"对象化"的频繁出现，并不是在异化劳动批判的部分，而是始于《手稿》第三笔记本关于共产主义的相关论述。在这里，"劳动"的对象化才被替换为"人的本质"的对象化。与此同时，通过对共产主义的人本学演绎，马克思构建起一套从"人的本质的对象化"出发的异化史观。

在《手稿》第三笔记本关于共产主义的第三点补录中，"异化"和"对象化"重新出现了。马克思说，粗陋的共产主义误以为只有特殊形式的劳动才产生私有财产，或者主张分配上的平均主义，这实质上是把一切人都变成只顾谋生的劳动者，把私有财产普遍化，

实际上是退回了某种落后状态。在他看来，共产主义的关键不在于改变劳动形式，也不在于平分财产，而在于实现人性的复归："**共产主义**是**私有财产**即**人的自我异化**的**积极的**扬弃，因而是通过人并且为了人而对**人的本质**的真正**占有**；因此，它是人向自身、向**社会的**即合乎人性的人的复归。"[1]在这里，马克思对私有财产的哲学意义做了进一步的提升：私有财产不仅不是单纯的物性的财产，也不仅仅是异化劳动的产物，而直接就是"人的自我异化"。而当人扬弃了这种自我异化，也就在占有财产的同时占有了"人的本质"，这样，人与自然、人与人之间的异化关系也就不存在了。[2] 马克思的私有财产批判在此完全跳出了具体的经济学语境，展现为抽象的人本学话语。只有扬弃了私有财产，"对象化"才能从存在上升为本质，成为人的"自我确证（Selbstbestätigung）"，个体与类才能真正融合起来。[3] 从这里也可以看出，当青年马克思不需要直接地谈论经济学，而是谈论政治历史话题时，他所擅长的哲学思辨明显又活跃了起来。

在接下来的论述中，马克思一方面再次确认了私有财产是人的异化的人本学批判框架："这种**物质的**、**直接感性的**私有财产，是**异化了的人**的生命的物质的、**感性的**表现。"[4]另一方面，他特别强调了经济运行过程在社会生活中的基础性地位。马克思说，私有财产的运动是"全部生产的运动的**感性**展现，就是说，是人的实现

---

1 《马克思恩格斯全集》，中文2版，第3卷，北京：人民出版社，2002年，第297页。
2 《马克思恩格斯全集》，中文2版，第3卷，北京：人民出版社，2002年，第297页。
3 《马克思恩格斯全集》，中文2版，第3卷，北京：人民出版社，2002年，第297页。
 Marx-Engels-Gesamtausgabe, Bd. I/2, Berlin: Dietz, 1982, S. 263.
4 《马克思恩格斯全集》，中文2版，第3卷，北京：人民出版社，2002年，第298页。

或人的现实"[1],宗教、国家、法等都"受生产的普遍规律的支配"[2],如果说宗教的异化只是意识领域的异化,那么经济的异化则是"**现实生活的异化**"[3]。如果我们脱离这里的总体批判逻辑,那么,这几句话很容易被误解为历史唯物主义的基本观点。然而,马克思在这里并没有真正实现哲学方法论的变革,他的批判并不是基于现实生产和生活过程,而仍然要诉诸人本学的思辨设定:异化的扬弃是向"**人**的存在即**社会**的存在的复归"[4],而这里的"社会"绝不是现实社会生活,而是一个服务于人本学的概念设定。马克思的语境是,只有"社会的"才是"人性的",反过来,只有"人性的"才是"社会的",也只有这个意义上的"社会"才能配得上"人同自然界的完成了的本质的统一……是人的实现了的自然主义和自然界的实现了的人道主义"[5]的人本学定位。马克思甚至直接地说,只有当一个人"是作为**人**活动的",他才"**是社会的**"。[6] 质言之,这里的"社会"不过是人本学的"类"的另一种表述,所谓人的社会特性,不过是个体的类本质的另一种表述。[7] 因此,这里的思想性质无疑仍是人本学的。实际上,在《德法年鉴》时期,马克思就已经具体地调用了费尔巴哈从"对象化"到"异化"的批判话语,批判现实商品世界存在的金钱异化现象,进而为人本学的共产主义理想做理论上的说明。因此,在分析逻辑上,这里的论述并不具有真正的突破性。

---

1 《马克思恩格斯全集》,中文2版,第3卷,北京:人民出版社,2002年,第298页。
2 《马克思恩格斯全集》,中文2版,第3卷,北京:人民出版社,2002年,第298页。
3 《马克思恩格斯全集》,中文2版,第3卷,北京:人民出版社,2002年,第298页。
4 《马克思恩格斯全集》,中文2版,第3卷,北京:人民出版社,2002年,第298页。
5 《马克思恩格斯全集》,中文2版,第3卷,北京:人民出版社,2002年,第301页。
6 《马克思恩格斯全集》,中文2版,第3卷,北京:人民出版社,2002年,第301页。
7 《马克思恩格斯全集》,中文2版,第3卷,北京:人民出版社,2002年,第302页。

在关于共产主义的第四点补录中，马克思对对象化和异化、扬弃异化、人的本质等问题的哲学说明更加深入了。其一，马克思具体阐释了私有财产何以是人的自我异化：人把自己的生命活动变成了外在的对象，这种对象进而表现为一种异在的和非人的对象。这样，生命的表现成了生命的外化，现实化成了非现实化，换言之，对象化表现为异化[1]。不难看出，在第一笔记本准备批判劳动时，马克思正是这样从对象化讲到异化的。不过，这里的批判矛头已经转向了"私有财产"，而人本学的逻辑也不再是引而不发，而是直接铺陈开了。简而言之，异化的前提仍然是对象化。其二，马克思对"扬弃"异化的环节做了进一步的说明。这是第一笔记本没有出现的环节。扬弃私有财产，绝不仅仅是物性地占有财产，而是人性的完整觉醒和实现，也就是通过人与对象的关系，把对象当作人自己的对象来占有，从而占有人的本质。如果只是讨论财产的占有，那恰恰是私有制的生活的片面之处。关键在于要将事物（Sache）理解为"**对象性的、人的**关系（*gegenständliches menschliches Verhalten*）"[2]。"只有当对象对人来说成为**人的**对象（*menschlicher Gegenstand*）或者说成为对象性的人（*gegenständlicher Mensch*）的时候，人才不致在自己的对象中丧失自身。"[3]这样，现实化便不再是非现实化，而成为人的现实；对象化也不再表现为异化，而成为人的对象、成为对象性的人自身。"一切**对象**对他来说也就成为他自身的**对象化**（*Vergegenständlichung seiner selbst*），成为确证

---

1 《马克思恩格斯全集》，中文2版，第3卷，北京：人民出版社，2002年，第302—303页。

2 《马克思恩格斯全集》，中文2版，第3卷，北京：人民出版社，2002年，第303—304页。*Marx-Engels-Gesamtausgabe*，Bd. I/2, Berlin: Dietz, 1982, S. 269.

3 《马克思恩格斯全集》，中文2版，第3卷，北京：人民出版社，2002年，第304页。*Marx-Engels-Gesamtausgabe*，Bd. I/2, Berlin: Dietz, 1982, S. 269.

(bestätigenden)和实现(verwirklichenden)他的个性(Individualität)的对象,成为**他的**对象,这就是说,对象成为**他自身**。"[1]这样,对象世界便不再是异化的世界,而是人的自我肯定的世界。[2] 其三,马克思还就"人的本质"及其实现问题做了阐释。沿着费尔巴哈人本学的思路,马克思指出,主体与对象的感知关系折射出同一个本质的两种表现,例如,眼睛的对象的属性,不过是眼睛本身的功能的对象性表现方式,由此推开去,人所感知的感性世界的属性,不过是人的本质自身的对象性表现方式。[3] 就此而言,对象的存在,恰恰是人的本质自身的丰富性得以展开的基础,"一句话,**人的**感觉(*menschliche* Sinn)、感觉的人性(Menschlichkeit der Sinne),都是由于**它的**对象的定在(Dasein *seines* Gegenstandes),由于**人化的自然界**(*vermenschlichte* Natur)才产生的"[4]。这里所说的"人化",显然就是把自然把握为"人的"对象的意思。人化也好、对象也好,核心都是一种哲学视角上的转变,而不是指自然物质状态的改变。其实,只要理解了前文分析过的"对象化"的思维方式,就不难理解这里的论述。马克思在这里强调,对象化是人的本质得以实现的前提,为了使人的感觉成为真正"人的","无论从理论方面还是从实践方面来说,人的本质的对象化都是必要的"[5]。这才是"人的本质的对象化"在《手稿》中的正式出场。

总而言之,从揭示对象化、批判异化,再到扬弃私有财产、走向

---

1 《马克思恩格斯全集》,中文2版,第3卷,北京:人民出版社,2002年,第304页。*Marx-Engels-Gesamtausgabe*, Bd. I/2, Berlin: Dietz, 1982, S. 269.

2 《马克思恩格斯全集》,中文2版,第3卷,北京:人民出版社,2002年,第305页。

3 《马克思恩格斯全集》,中文2版,第3卷,北京:人民出版社,2002年,第304—305页。

4 《马克思恩格斯全集》,中文2版,第3卷,北京:人民出版社,2002年,第305页。*Marx-Engels-Gesamtausgabe*, Bd. I/2, Berlin: Dietz, 1982, S. 270.

5 《马克思恩格斯全集》,中文2版,第3卷,北京:人民出版社,2002年,第306页。

共产主义，马克思搭建起一个完整的批判框架。共产主义已经不是一种政治规划，而是一种以人的本质为核心的哲学规划。在此过程中，马克思实际上已经区分了两个不同层面的"对象化"：一是作为异化之本原和前提的，但尚未被作为人的本质来加以确证的对象化，在这里，对象虽然源于人，却仅仅被把握为对象，因而带来了对象的丧失和异化；二是作为人的本质而得到自觉确证的对象化，这是对异化的扬弃。同时，马克思的异化逻辑在关于共产主义的历史叙事中，上升为一种人本学的"异化史观"，在某种程度上，黑格尔哲学中扬弃异化后的绝对精神，乃至基督教神学中扬弃异化后的上帝之城，在这里被马克思替换为了"共产主义"的理想未来。

三、异化批判理论的完整逻辑：对象化—异化—扬弃异化

基于前述分析，我们不难发现，在《手稿》第三笔记本中出现了两个重要的变化：一是人本学话语从经济学论域向共产主义论域的拓展，从而构建起更加完整、更具有人本学高度的异化史观；二是提出了"扬弃异化"的新主张，从而在批判逻辑上与费尔巴哈直接的"主谓倒置"方法拉开了间距。前一个变化，主要是批判论域的变化、论述高度的变化；后一个变化，则主要是批判逻辑的变化。当然，变化既可能是一种否定，也可能是一种发展。那么，第三笔记本中关于"扬弃异化"的论述，与第一笔记本的异化劳动批判之间是什么关系呢？这对我们理解马克思的异化批判理论具有怎样的意义？在《手稿》第三笔记本接下来的部分，马克思对黑格尔哲学进行了专题摘录与评析，这部分手稿被概括为"对黑格尔的辩证法和整个哲学的批判"。从中可以进一步看到，马克思的异化批判

逻辑包含着"对象化—异化—扬弃异化"这样完整的三个环节,而建构这一完整逻辑的关键,是对"异化"环节的积极意义与必然性的重新肯定。

首先我们来看马克思是如何重新肯定"异化"的积极意义的。马克思充分肯定费尔巴哈对于批判黑格尔的重要意义,同时指出,二者对辩证法的理解不同,前者主张对感性确定性予以直接肯定,而后者通过"否定的否定"来实现肯定。在费尔巴哈看来,黑格尔的辩证逻辑需要被彻底否定和颠倒过来,马克思却认为,黑格尔的辩证法在非批判的运动中已经包含了批判的形式。[1] 可见,马克思一方面接受了费尔巴哈将黑格尔哲学还原为感性基础上的人本学的批判思路,另一方面对黑格尔的辩证法的积极意义有自己的理解。马克思提出,《哲学全书》是"哲学精神的自我对象化(Selbstvergegenständlichung)"[2],而哲学精神则是"异化了的世界精神(entfremdete Geist der Welt)"[3]。黑格尔从感性的人和自然界中抽象出思维范畴,他的哲学体系就是这些抽象的思维范畴的历险过程。[4] 换言之,抽象思维、哲学精神的对象化,不过是以异化的形式表现出来的人的对象化。《精神现象学》也是基于同样的逻辑:意识的辩证发展过程是抽象思维的异化过程,只不过,这种异化不是人与外部现实的异化,而是人的抽象思维与现实的异化。这种异化关系的背后同样是对象化,只不过,人的本质没有对

---

[1] 《马克思恩格斯全集》,中文2版,第3卷,北京:人民出版社,2002年,第314—316页。

[2] 《马克思恩格斯全集》,中文2版,第3卷,北京:人民出版社,2002年,第317页。Marx-Engels-Gesamtausgabe, Bd. I/2, Berlin: Dietz, 1982, S. 278.

[3] 《马克思恩格斯全集》,中文2版,第3卷,北京:人民出版社,2002年,第317页。Marx-Engels-Gesamtausgabe, Bd. I/2, Berlin: Dietz, 1982, S. 278.

[4] 《马克思恩格斯全集》,中文2版,第3卷,北京:人民出版社,2002年,第317页。

象化为某种非人的、外部的东西,而是对象化为抽象思维,并与人的本质相对立。[1] 这里的逻辑是,人的本质对象化为抽象的思维规定,后者与人自身相对立、相异化。马克思沿着费尔巴哈的思路指出,《精神现象学》中的意识或自我意识的本质就是"人",黑格尔以抽象的方式给出了"通向真正**人**的现实的**道路**"。[2] 在这条通向人的现实的道路上,人的对象化是本原性的动力,而异化也是过程中的一个阶段。宗教也好,财富也好,都"不过是**人的**对象化(menschlichen Vergegenständlichung)的异化现实(entfremdete Wirklichkeit)"[3]。可见,马克思把"对象化"和"异化"清楚地区分为两个逻辑环节:人的对象化是一个环节,异化的现实是另一环节。这种人本学还原借鉴自费尔巴哈,而具体的逻辑拆解又比费尔巴哈更加精细。一言以蔽之,黑格尔的辩证法是把"人"的对象化、异化抽象演绎为"自我意识""抽象思维"的对象化、异化。这样,马克思就把黑格尔的"精神"的辩证法还原为"人"的自我实现的辩证法,在贯彻人本学原则的同时又肯定了黑格尔的辩证法特别是其中"异化"的积极意义。费尔巴哈基于人本学而否定辩证法的逻辑演绎,将"异化"视为不必要的、完全负面的环节,马克思则在人本学的语境中重新肯定了辩证法的意义,重新肯定"异化"作为一个必然环节的过渡性意义。

马克思所肯定的这种辩证法,不仅是从"对象化"到"异化"的辩证分析,而且包含着"否定之否定"的环节,即"扬弃异化"的环节。"黑格尔的《**现象学**》及其最后成果——辩证法,作为推动原则

---

[1] 《马克思恩格斯全集》,中文2版,第3卷,北京:人民出版社,2002年,第318页。
[2] 《马克思恩格斯全集》,中文2版,第3卷,北京:人民出版社,2002年,第319页。
[3] 《马克思恩格斯全集》,中文2版,第3卷,北京:人民出版社,2002年,第319页。Marx-Engels-Gesamtausgabe, Bd. I/2, Berlin: Dietz, 1982, S. 285.

和创造原则的否定性——的伟大之处首先在于,黑格尔把人的自我产生看作一个过程,把对象化看作非对象化,看作外化和这种外化的扬弃。"[1] "Entgegenständlichung(非对象化)"是马克思用德文前缀"Ent-"替换掉前缀"Ver-"组成的一个新词,表示脱离对象化、去除对象化之意,与外化同义。[2] 这样一来,马克思就把黑格尔的辩证法进一步区分为三个环节:"对象化""非对象化=外化"和"扬弃外化"。在《手稿》中,"外化"与"异化"基本上是同义的。[3] 可见,马克思不主张简单地否定"异化",从"异化"退回"对象化",而是在"异化"的基础上"扬弃异化"。在他看来,"人的对象化"固然揭示了"异化现实"背后的人本学根据,这种"异化现实"却不会随之自动消散,就此而言,"异化"是一个消极而必然的环节。另一方面,"异化"既是走向人的自我实现的一个阶段(尽管是不自觉的、表现为对立和颠倒支配的阶段),也是"扬弃异化"的直接前提,就此而言,"异化"是一个具有积极意义的环节。后一层意味在《手稿》第一笔记本中是未曾显现出来的,但这并不意味着对前一层意味的否定。因此,这里的论述不构成对异化劳动批判逻辑的否定,更不用说是对异化批判逻辑的进一步发展。

在这样的语境之下,马克思突然提到了"劳动"概念,这也是值

---

[1] 《马克思恩格斯全集》,中文2版,第3卷,北京:人民出版社,2002年,第319—320页。

[2] 在另一处文本中,马克思还对比性地给出了四对概念:自我异化(Selbstentfremdung)相对于自我获得(Selbstgewinnung),本质外化(Wesensentäusserung)相对于本质外现(Wesensäusserung),非对象化(Entgegenständlichung)相对于对象化(Vergegenständlichung),非现实化(Entwirklichung)相对于现实化(Verwirklichung)。参见《马克思恩格斯全集》,中文2版,第3卷,北京:人民出版社,2002年,第332页。Marx-Engels-Gesamtausgabe, Bd. I/2, Berlin: Dietz, 1982, S. 301.

[3] 《马克思恩格斯全集》,中文2版,第3卷,北京:人民出版社,2002年,第268、270、275、277、279页等。

得仔细甄别的一个重点。如前所述,马克思多次批判国民经济学的劳动,认为其本质中存在着贫困和异化。在这里,在将黑格尔的辩证法阐释为人的对象化、异化和扬弃异化的过程之后,马克思说,黑格尔"抓住了**劳动**的本质,把对象性的人、现实的因而是真正的人理解为他**自己的劳动**的结果"[1]。马克思为什么会突然重提"劳动"?我们如何理解这个"劳动"呢?具体有三种可能性。第一种可能是,这是指黑格尔哲学中的"劳动",也就是说,马克思评论的是黑格尔本人对劳动概念的阐释。但是,从《手稿》的上下文来看,马克思并未触及黑格尔讨论"劳动"的段落,他针对的是《精神现象学》的最后一章——黑格尔辩证法的总体逻辑,而不是黑格尔对"劳动"的论述。[2] 第二种可能是,马克思自己设定了一种人本学意义上的理想化的"劳动",也就是说,他用自己的"劳动"概念来概括黑格尔的哲学。前文已经指出,马克思此前并未提出过人本学意义上的劳动,他在这里说黑格尔"抓住了**劳动**的本质"[3],也不是基于对"劳动"概念的新设定,而是基于他对"异化"之意义的新理解——既然"异化"不能被直接颠倒,而是人走向自我实现的必然一环,那么,异化的"劳动"也就不完全是负面的了,而是人成为对象性的、现实的人的必然过程。换言之,重提"劳动"这种异化过程是重新理解"异化"的自然结果。因此,笔者认为,这里对"劳动"的阐释没有否定之前"**存在于劳动的本质中的异化**(*die Entfremdung in dem Wesen der Arbeit*)"[4]的判断,也没有在"异化劳动"之外另

---

1 《马克思恩格斯全集》,中文 2 版,第 3 卷,北京:人民出版社,2002 年,第 320 页。
2 吴晓明:《〈精神现象学〉的劳动主题与马克思的哲学奠基》,《北京大学学报》2010 年第 5 期,第 18 页。
3 《马克思恩格斯全集》,中文 2 版,第 3 卷,北京:人民出版社,2002 年,第 320 页。
4 《马克思恩格斯全集》,中文 2 版,第 3 卷,北京:人民出版社,2002 年,第 269 页。*Marx-Engels-Gesamtausgabe*, Bd. I/2, Berlin: Dietz, 1982, S. 237.

外设定一种本真的"劳动",而恰恰坚持了将"劳动"视为"异化"的过程。第三种可能是,这个"劳动"既不来自黑格尔本人,也不是马克思的新的人本学设定,而依旧来自经济学,也就是说,马克思想把经济学的"劳动"概念与黑格尔的哲学结合起来。马克思紧接着写道:"黑格尔站在现代国民经济学家的立场上。他把**劳动**看作人的**本质**,看作人证明自己的本质(sich bewährende Wesen)。"[1] 乍看起来,难道这不是明明白白地说,马克思认为人的本质是劳动,或者说,马克思提出了一个作为人的本质的劳动概念吗?仔细推敲,其实并非如此:不是马克思把劳动看作人的本质,而是黑格尔和国民经济学把劳动看作人的本质。马克思把黑格尔置于国民经济学的同等立场上,那么,他是赞赏这种立场,还是批判这种立场?显然,马克思是批判这种立场的。换言之,马克思的意思是:把劳动看作人的本质,正是黑格尔和国民经济学的共同错误。

想要理解黑格尔哲学与国民经济学的这种共同错误,还是要回到马克思对异化批判理论的理解上来。国民经济学不关心完整意义上的"人",而只讨论能够"劳动"的"劳动者",把"人"直接等同于"劳动者",把"劳动"标定为"人的本质"。这句话中的"sich bewähren"虽然也可译为"自我确证",但它的意思与前文中人本学的"自我确证"的那个"bestätigen"不完全一致。相对而言,"bestätigen"更具有确证某种潜在的可能性的意思,适合用它来描述人的本质的自觉和实现。而这里的"bewähren"可以直译为"证明",它所证明的是更加实证的、表面的东西,例如,劳动者通过实在的劳动,证明了自己是有能力从事劳动的人,是活生生地存在着

---

[1] 《马克思恩格斯全集》,中文2版,第3卷,北京:人民出版社,2002年,第320页。Marx-Engels-Gesamtausgabe, Bd. I/2, Berlin: Dietz, 1982, S. 293.

的人。在国民经济学的视域中,劳动恰恰就是劳动者存在的全部证明和全部生活。因此,不是马克思要将"劳动"提升为"人的本质",恰恰相反,马克思批判国民经济学将"劳动"提升为"人的本质"。那么,马克思为什么说黑格尔站在了国民经济学的立场上?如前所述,黑格尔不是在对劳动的具体理解上与国民经济学相一致,而是在其哲学总体逻辑上与国民经济学存在一致。这个一致的错误就是:把完整的"人"及其现实活动变成了非人的、敌视人的"抽象"。在人本学的马克思看来,思辨哲学在本质上是人的异化、外化的产物,是"**人的外化**"或"**外化的科学**"。[1] 而国民经济学以"劳动"为核心的阐述,在本质上同样是人的异化、外化的理论,就此而言,思辨哲学的本质和国民经济学的本质是相通的[2],它们都是刻画了人的外化过程的"抽象"。因此,马克思才说,黑格尔只能理解"**在抽象层面上的**(abstrakt)**精神的**(geistige)"[3] 劳动。这并不是说,黑格尔对劳动过程的理解太抽象,而是说,黑格尔的整个哲学不过是国民经济学劳动理论的一种抽象版本。于是,在人本学批判的定位之下,马克思把对黑格尔哲学的批判和之前对劳动的批判联系在一起了。可见,马克思虽然说的是黑格尔如何看待"劳动",其实和黑格尔本人对劳动概念的阐释并没有直接关系。只有按照马克思的思路,一方面把黑格尔的精神现象学还原为人的异化、外化的过程,另一方面把国民经济学理解为人在劳动中异化、外化的过程,才可以说,黑格尔把劳动中的异化变成了抽象范畴的异化。如果不用马克思本人的异化批判理论来贯穿二者,我

---

1 《马克思恩格斯全集》,中文 2 版,第 3 卷,北京:人民出版社,2002 年,第 320 页。
2 《马克思恩格斯全集》,中文 2 版,第 3 卷,北京:人民出版社,2002 年,第 320 页。
3 《马克思恩格斯全集》,中文 2 版,第 3 卷,北京:人民出版社,2002 年,第 320 页。Marx-Engels-Gesamtausgabe, Bd. I/2, Berlin: Dietz, 1982, S. 293.

们是无法理解马克思此处的论述的。

在抽象范畴的辩证法中,黑格尔和国民经济学一样,肯定了抽象范畴的必然性、积极性,却掩盖了现实劳动对于人的消极性,"只看到劳动的积极的方面,没有看到它的消极的方面"[1]。这里再次表明,马克思没有在"消极的、异化的"劳动之外,提出另外一种"积极的、本真的"劳动,恰恰相反,他绝不承认那种只含有积极方面、不含有消极方面的"劳动"。当然,由于"异化"本身具有必然性和积极性,"异化劳动"也不能完全被理解为"坏的劳动"。如果从人本学的高度来看待经济学的"劳动","劳动"毕竟是人在异化关系中获得自己的对象性、现实性的特定阶段,它为扬弃异化提供了直接前提。用黑格尔式的语言来说,"劳动"可以被理解为人的"**自为的生成**(*Fürsich werden*)",但是,这是怎样的"人"的生成呢?这还不是真正完整的人,而只是"**在外化中的人**(Menschen innerhalb der *Entäusserung*)",只是"**外化的人**(*entäusserter* Mensch)"。[2] 换言之,人只要是"劳动者",就仍然处于异化状态中,从人本学视角来看,"劳动"是人通向自我实现的一个特定的、异化的阶段。换言之,"劳动"不能被等同于人的"生产"甚至"活动",至多只是一种特定的、异化的"生产""活动"。说到底,青年马克思谈的始终是一种劳动,并没有在经济学的劳动之外另设一种"自由劳动",也没有将"劳动"等同于历史唯物主义的"物质生产"。马克思认为,最终的归宿是扬弃异化,即扬弃异化的劳动,也就是真正占有人的对象性本质,这同时也就意味着扬弃了对象性。[3]

---

1 《马克思恩格斯全集》,中文 2 版,第 3 卷,北京:人民出版社,2002 年,第 320 页。
2 《马克思恩格斯全集》,中文 2 版,第 3 卷,北京:人民出版社,2002 年,第 320 页。*Marx-Engels-Gesamtausgabe*, Bd. I/2, Berlin: Dietz, 1982, S. 293.
3 《马克思恩格斯全集》,中文 2 版,第 3 卷,北京:人民出版社,2002 年,第 321 页。

总而言之,在《手稿》第三笔记本中,"对象化"和"异化"不仅保持了递进的逻辑关系,而且,马克思进一步阐发了"扬弃异化"的逻辑环节,并试图以完整的异化批判理论来整合他对国民经济学的批判与对黑格尔哲学的批判。我们可以把《手稿》中马克思的异化批判逻辑表述为"对象化""异化""扬弃异化"三个辩证环节:

(1)"对象化"是对本然状态的揭示,在国民经济学批判中,即以"劳动的对象化"为标志,揭示劳动产品、私有财产的劳动本原,而在共产主义论述中,即以"人的本质的对象化"为起点,揭示现实私有财产制度的哲学本原;

(2)"异化"是对实然状态的批判,在国民经济学批判中,即以"劳动的异化、外化"为标志,批判抽象劳动、私有财产与人的现实颠倒关系,进而在共产主义论述中,提升为对"人的自我异化"的哲学批判;

(3)"扬弃异化"是对应然状态的设定,它不是对"对象化"本然状态的复归,而是以经济学层面私有财产的扬弃和人本学层面人的本质的"自我确证"为标志,通向历史的下一阶段即共产主义。

马克思并没有停留在费尔巴哈的主谓倒置式的逻辑中,而是在黑格尔的辩证法中找到了积极的思想资源,建构起自己更加完整的异化批判逻辑:"对象化"的解析是第一个层面,它揭示了异化的基础和本原,为批判提供了前提;"异化"的批判是第二个层面,它反映了现实存在的颠倒支配关系,也为人本学的抬升与比照提供了直接的"靶子";"扬弃异化"、实现人的本质力量的自我确证是第三个层面,它阐述了解放的目标及其哲学意义。无论是从"基于经济学"的层面还是"超出经济学"的层面来看,这一逻辑框架都是比较完整的。在前一章中,我们曾经分析过刚刚转向人本学唯物主义的青年马克思对"对象化"概念的使用——一方面与"主谓倒置"的提法相结合,展现出一种肯定性、建构性意味;另一方面又与"异化"概念相结合,展现出一种否定性、批判性的用法。对照来看,马克思的思考显然是更进了一步:在异化批判的完整逻辑构架中,前一方面是对"对象化"本然过程的指认,而后一方面则是由"对象化"所产生的"异化"。在此基础上,马克思又基于黑格尔的辩证法提出了"扬弃异化"的最终环节。这样一来,我们对青年马克思的异化批判思想的发展过程就有了更加完整的理解。

有种观点认为,《手稿》第一笔记本和第二、第三笔记本之间存在逻辑的转变,特别是对黑格尔的分析代表着马克思从费尔巴哈的异化论转向黑格尔的辩证法。[1] 笔者认为,马克思的思路确实有变化,但仅就异化批判逻辑而言,这种变化是逻辑建构的完善,而不是转变,更不是从费尔巴哈向黑格尔的转变。首先,第三笔记本中的人本学维度得到了加深而非减弱,这一点更加接近费尔巴哈而非黑格尔;其次,在第三笔记本中,马克思依然对费尔巴哈予以明确肯定[2];最后且最重要的是,马克思从一开始就未打算照搬费尔巴哈,他的异化批判是在自己大量研究的基础上,综合了黑格尔、费尔巴哈、赫斯等人思想的自主性批判。因此,不能用费尔巴哈的逻辑作为唯一的标尺,来判断青年马克思是否发生了思想转变,也不能将马克思此时批判的黑格尔的唯心主义辩证逻辑等同于马克思自己的逻辑。更何况,青年马克思并非只在哲学层面思

---

[1] 阿尔都塞就提出,《手稿》由于引入了黑格尔的辩证法而导致青年马克思与费尔巴哈人本学的决裂。（[法]阿尔都塞:《列宁和哲学》,杜章智译,台北:远流出版事业公司,1990年,第120页。）

[2] 《马克思恩格斯全集》,中文2版,第3卷,北京:人民出版社,2002年,第314页。

考相关问题，而是试图从经济学理论逻辑的内部出发展开批判，"对象化劳动"概念的提出就是这种尝试的成果。当然，随着《手稿》的推进，马克思看待"劳动"的视角也更加丰富了：站在国民经济学的角度，劳动产品是劳动的对象化，劳动塑造了劳动者的现实关系；站在劳动者的角度，劳动的对象化表现为劳动与人的异化，劳动者就处于这种异化之中；如果跳出国民经济学，站在哲学人本学的角度重新审视国民经济学，那么，劳动固然伴随着异化，但毕竟使人得以生存下来，成为现实中的人，进而同时包含着扬弃异化的可能，为人从自我持存走向类本质的自我确证、走向扬弃私有财产的共产主义提供了前提。

第三节
经济学批判的推进与"对象化"之思

如前所述，青年马克思的初次经济学批判具有复调特征：既有从经济学理论前提和逻辑出发的经济哲学批判，也有从理想化的本质设定出发的人本学批判，前者并未得到充分发展，而后者暂时占据主导地位。而两种批判话语都与"对象化"概念密切相关，马克思从"劳动的对象化"进展到"人的本质的对象化"，构建了从"对象化"到"异化"再到"扬弃异化"的完整逻辑框架。不过，这种复调的批判语境也说明，马克思还没有真正形成经济学批判的科学思路，只能用人本学话语去外在地弥补经济学解析方面的不足，而异化批判理论也只是一个暂时性的应对方案，马克思经济学批判的理论任务并未完成。随着马克思的研究主题从"劳动"及其产物"私有财产"拓展到"货币""交换""分工"等概念，马克思不仅对经济学的理论逻辑有了新的认知,而且,他看待世界的根本方式也在悄然转变。本节将聚焦马克思在《手稿》及同时期文本中表现出的经济学层面的进展,这些进展当然也会影响到马克思在"超出经济学"层面的哲学思考,后者是下一章的主题。

一、重思"货币":交换关系中"最突出的对象"

在现代经济活动中,"货币"是最显眼、最特殊的一种存在物。马克思在《论犹太人问题》中已经指出,货币反映的是市民社会中的人的利己主义,是市民社会中的"上帝",是人的本质的一种异己的存在。[1] 而在《手稿》第三笔记本及同时期写作的《詹姆斯·穆勒〈政治经济学原理〉一书摘要》(以下简称《穆勒摘要》)中,马克思通过经济学的研究加深了对货币的认识,他对货币这一经济学对象的哲学解读发生了新的变化:从起初主客二元对立模式的分析,逐渐转向强调经济关系总体中货币的中介性,进而在一种关系总体中理解货币这一特殊的"最突出的对象"对个体行为的支配作用。

在《手稿》的第三笔记本中,马克思在两处集中阐发了货币问题,首先是在一般被概括为"私有财产和需要"的段落。马克思沿着之前的思路,认为在私有制之中,"每个人都力图创造出一种支配他人的、**异己**的本质力量,以便从这里面找到他自己的利己需要的满足"[2]。而这种力量就是货币。货币是利己主义的工具,但却是国民经济学的唯一需要。这样一种需要,带来的一边是货币所

---

[1] 《马克思恩格斯全集》,中文2版,第3卷,北京:人民出版社,2002年,第197页。*Marx-Engels-Gesamtausgabe*, Bd. I/2, Berlin: Dietz, 1982, S. 168.
[2] 《马克思恩格斯全集》,中文2版,第3卷,北京:人民出版社,2002年,第339页。

支配的物的世界的精致化,而另一边却是工人生活的野蛮化。[1]这种物与人的异化也体现在社会意识层面,货币颠覆了传统的价值观,利用甚至塑造了人的需要,成为衡量人性价值的指标。基于对货币的追求,国民经济学把节制鼓吹成新的道德,而这种新道德带来的是工人的赤贫和货币的积累,即异化的加深。[2] 私有制使"作为手段出现的货币"成为"真正的力量和唯一的目的"[3],这种异化不仅在生产过程中,而且在更广泛的社会生活和人的日常认知中"表现为一种**非人**的力量统治一切"[4]。在这里,马克思批判的焦点仍然在于拥有货币的资本家和一无所有的工人之间的对立,这种人与人的对立的根源在于物与人的对立。

《手稿》第二次聚焦于货币问题是在马克思写完了《序言》之后。这一次,马克思不是从经济学家关于货币的主张出发,而是直接从人本学的哲学构思起笔。他提出,要在"**本体论式的**本质(*ontologische* Wesens)"层面来理解人的"**感觉**(*Empfindungen*)",而其中的关键在于理解对人来说感性地存在着的"**对象**(*Gegenstand*)"的意义。[5] 对于这种透过人的"对象"来理解"人"自身的分析思路,我们已经并不陌生。在这里,马克思将这种分析思路与人的消费活动对接了起来:对象的存在方式,也就是人自身特有的享受的方式,人的吃、喝等活动是对感性对象的扬弃,也是对于对象的肯定。[6] 马克思以"对象"来分析消费,其实是为了进一步探讨商品

---

[1] 《马克思恩格斯全集》,中文2版,第3卷,北京:人民出版社,2002年,第339页。
[2] 《马克思恩格斯全集》,中文2版,第3卷,北京:人民出版社,2002年,第342页。
[3] 《马克思恩格斯全集》,中文2版,第3卷,北京:人民出版社,2002年,第348页。
[4] 《马克思恩格斯全集》,中文2版,第3卷,北京:人民出版社,2002年,第349页。
[5] 《马克思恩格斯全集》,中文2版,第3卷,北京:人民出版社,2002年,第359页。*Marx-Engels-Gesamtausgabe*, Bd. I/2, Berlin: Dietz, 1982, S. 318.
[6] 《马克思恩格斯全集》,中文2版,第3卷,北京:人民出版社,2002年,第359页。

交换,从而引出"货币"——如果每个人都被同等地理解为"人",而享受"对象"又是对"人"的肯定,那么这个"对象"就成了人与人之间的"公约数"。人一旦获得了、享受了这个对象,也就获得了、享受了对象创造者的主体性。"只要人是**人的**(*menschlich*),因而他的感觉等也是**人的**(*menschlich*),那么对象在一个他者(einen andern)那里所获得的肯定,同样是他自己的享受。"[1] 这里探讨的已经不是一般商品,而是一种能够把对象的创造者和享受者联系在一起的特殊中介,这一中介即"货币"。于是,人与对象的二元关系,转变为以对象为中介的交换关系总体。"货币"作为中介,是一种特殊的对象,是一种"**本质性的对象的定在**(*Dasein der wesentlichen Gegenstände*)"[2],它"既作为享受(Genusses)的对象,又作为活动(Thätigkeit)的对象"[3]。货币由于能"占有一切对象"[4],因而是"最突出的(eminenten)**对象**"[5],是"需要和对象之间、人的生活和生活资料之间的**牵线人**"[6]。在现代经济过程中,货币不仅是我和我的生活的中介,更是我和其他人的中介[7],它是"一切**纽带的纽带**"[8],因而具有无穷力量。"货币的这种**神力**包含在它的**本质**中,即包含在人的异化的、外化的和外在化的**类本质**

---

[1] 《马克思恩格斯全集》,中文2版,第3卷,北京:人民出版社,2002年,第359页。*Marx-Engels-Gesamtausgabe*, Bd. I/2, Berlin: Dietz, 1982, S. 318.

[2] 《马克思恩格斯全集》,中文2版,第3卷,北京:人民出版社,2002年,第359页。*Marx-Engels-Gesamtausgabe*, Bd. I/2, Berlin: Dietz, 1982, S. 318.

[3] 《马克思恩格斯全集》,中文2版,第3卷,北京:人民出版社,2002年,第359页。*Marx-Engels-Gesamtausgabe*, Bd. I/2, Berlin: Dietz, 1982, S. 318.

[4] 《马克思恩格斯全集》,中文2版,第3卷,北京:人民出版社,2002年,第359页。

[5] 《马克思恩格斯全集》,中文2版,第3卷,北京:人民出版社,2002年,第359页。*Marx-Engels-Gesamtausgabe*, Bd. I/2, Berlin: Dietz, 1982, S. 318.

[6] 《马克思恩格斯全集》,中文2版,第3卷,北京:人民出版社,2002年,第359页。

[7] 《马克思恩格斯全集》,中文2版,第3卷,北京:人民出版社,2002年,第359页。

[8] 《马克思恩格斯全集》,中文2版,第3卷,北京:人民出版社,2002年,第362页。

中。"[1]一番新论述之后,马克思再次回到了人本学的逻辑设定上来。不过,马克思已经不再简单地用主客二元对立的方式来理解人与货币的关系,而是以货币这一对象作为经济关系的中介,从而触及了个体与总体的关系这一全新维度。

既然货币已经成为"一切**纽带**的纽带"[2],而货币的这种性质和力量又源于人的本质,那么,如果继续将人的本质描述为个体式的生产活动,便无法说清货币与人的本质的关系。在《穆勒摘要》中,马克思对人的本质有了更丰富的认知,对货币异化的阐发也更加系统。对于《穆勒摘要》与《手稿》的写作先后顺序,长期存在争论,MEGA² 不同卷次编者也持有不同的意见。[3] 但基本共识是,《穆勒摘要》与《手稿》的第二、第三笔记本存在密切关联,体现出马克思经济学批判性研究的新的进展。对"货币"的分析也可以印证这一点。

马克思提出,穆勒把货币称为"交换的**中介**(Vermittler)",很好地揭示了"事物的本质(Wesen der Sache)"[4]。货币的本质就在于"**中介性的**(vermittelnde)活动或运动",在于"**人的**(menschliche)、社会的行为"。通过中介性的活动或者说行为,人们的产品相互补充,而这种中介性活动本身也"**异化了**,并成了外在于人(ausser dem Menschen)的一种**物质性的物**(materiellen Dings)的特性,成了货币的特性"[5]。这里所谓"人的活动"的潜在意义,已经是人

---

[1] 《马克思恩格斯全集》,中文 2 版,第 3 卷,北京:人民出版社,2002 年,第 363 页。
[2] 《马克思恩格斯全集》,中文 2 版,第 3 卷,北京:人民出版社,2002 年,第 362 页。
[3] *Marx-Engels-Gesamtausgabe*, Bd. I/2, Apparat, Berlin: Dietz, 1982, S. 696-697; IV/2, Apparat, Berlin: Dietz, 1981, S. 717-718.
[4] 《马克思恩格斯全集》,中文 1 版,第 42 卷,北京:人民出版社,1979 年,第 18 页。*Marx-Engels-Gesamtausgabe*, Bd. IV/2, Berlin: Dietz, 1981, S. 447.
[5] 《马克思恩格斯全集》,中文 1 版,第 42 卷,北京:人民出版社,1979 年,第 18 页。*Marx-Engels-Gesamtausgabe*, Bd. IV/2, Berlin: Dietz, 1981, S. 447.

们相互补充产品的活动,即交换活动。"人作为一种喜爱交往的存在(geselliges Wesen)必然会走向**交换**(*Austausch*)"[1],这句话已经是对人的本质(Wesen)的直接说明了,无异于说交换是人的天然本性。基于这种天性,就会产生一种抽象的交换关系——价值,而货币正是抽象的价值规定的现实存在。[2] 马克思的论述逻辑是:交往、交换是人的本性,而在私有制条件下,以物为中介的交往、交换被抽象为物的价值关系,进而独立为外在于人的货币。基于此,国民经济学探讨的交换和贸易正是以异化的形式表现出的"**人的共同本质**(*Gemeinwesen des Menschen*)"[3]。经济学考察的是私有者之间的交换关系,这里不仅涉及人与物的关系,"还有另一种**本质性**的关系(*wesentliches* Verhältniß)",即人作为"**总体性的存在**(*totales* Wesen)",为了满足自己的需要,总是要透过物的交换,进入一种关系总体,与其他人打交道。[4] 这样,一个基于总体性关系来理解货币的全新视角就形成了:人的类的、共同活动与现实中个体的行为并不等同,个体借由货币的中介而与他人发生关系,并没有实现其共同的类本质,反而使原本作为中介的货币凌驾于所有个体之上,用物的关系取代了人的关系。因此,货币之所以是异化的人的类本质,不仅是说,它是外在于人的物,而更是说,一种抽象的物凌驾于现实的个体之上,遮蔽了人的中介性的关系总体。可见,货币异化之关键,不仅是客体对主体的颠倒支配,更是总

---

[1] 《马克思恩格斯全集》,中文1版,第42卷,北京:人民出版社,1979年,第19页。*Marx-Engels-Gesamtausgabe*, Bd. Ⅳ/2, Berlin: Dietz, 1981, S. 448.

[2] 《马克思恩格斯全集》,中文1版,第42卷,北京:人民出版社,1979年,第20页。

[3] 《马克思恩格斯全集》,中文1版,第42卷,北京:人民出版社,1979年,第25页。*Marx-Engels-Gesamtausgabe*, Bd. Ⅳ/2, Berlin: Dietz, 1981, S. 452.

[4] 《马克思恩格斯全集》,中文1版,第42卷,北京:人民出版社,1979年,第26页。*Marx-Engels-Gesamtausgabe*, Bd. Ⅳ/2, Berlin: Dietz, 1981, S. 452.

体对个体的颠倒支配,这才是所谓"异化的事物(entfremdeten Sache)对人的全面支配(vollständige Herrschaft)"[1]的核心内涵。

简而言之,马克思虽然坚持从人的类本质出发,而没有直接从社会关系的总体出发来考察现实,但是,他对货币的分析逐渐揭开了现代交换关系总体对个体的影响。可以说,马克思对货币的理解已经达到了人本学框架之下所能达到的最高点。

二、重思"劳动":雇佣与分工视角下的"对象化"

在对货币的研究中,马克思意识到,对人的类本质、类活动的理解,不能局限于个体性的生产活动,而必须推进到人与人的交换过程中。但他没有忘记,货币来自产品交换,而产品毕竟来自劳动。在《穆勒摘要》中,马克思对劳动做出了新的阐发,在经济学水平上不低于《手稿》中的异化劳动理论,而且表现出分析视角上的变化,即不再倚重于人的类本质的设定,而是更加注重从特定的雇佣关系和分工关系的角度来理解"劳动"。

马克思是在交换之前提的意义上再次谈到劳动的。他写道:"交换关系的前提是**劳动**成为**直接的领薪劳动**(*unmittelbaren Erwerbsarbeit*)。"[2] 马克思用下划线标注出来的这个"Erwerbsarbeit"无论是在《手稿》中还是其他《巴黎笔记》中,都没有出现过。[3] 在

---

[1] 《马克思恩格斯全集》,中文1版,第42卷,北京:人民出版社,1979年,第29页。*Marx-Engels-Gesamtausgabe*, Bd. Ⅳ/2, Berlin: Dietz, 1981, S. 456.
[2] 《马克思恩格斯全集》,中文1版,第42卷,北京:人民出版社,1979年,第28页。*Marx-Engels-Gesamtausgabe*, Bd. Ⅳ/2, Berlin: Dietz, 1981, S. 455.
[3] 在《手稿》第一笔记本中,马克思曾经偶尔提到过一次"*Erwerbsthätigkeit*",被译为"**谋生活动**"。《马克思恩格斯全集》,中文2版,第3卷,北京:人民出版社,2002年,第28、232页。*Marx-Engels-Gesamtausgabe*, Bd. Ⅰ/2, Berlin: Dietz, 1982, S. 208.)

这个由"Erwerb"和"Arbeit（劳动）"合成的概念中，"Erwerb"有工资、收益的意思，也有工作、生计的意思，由其构成的德语词"erwerbstätig"指有工作的，"erwerbsfähig"指有就业能力、谋生能力的，都是德语中的常用词。因此，汉译本将"Erwerbsarbeit"翻译为"谋生劳动"，这也没有什么错。但是，这个概念所表达的"谋生劳动"不是指自给自足的劳动，不是直接满足自己的生存需要的劳动，而是指"领工资的劳动"，也就是"雇佣劳动"。为了与后来马克思常用的"Lohnarbeit（雇佣劳动）"有所区分，笔者把"Erwerbsarbeit"直译为"领薪劳动"[1]。马克思为什么强调，交换关系的前提是这种领工资的劳动呢？这里涉及两对关系：一是产品生产者与产品的关系，产品与劳动者本人的需要没有直接关系，后者劳动的目的是获得货币形态的工资；二是产品与货币的交换关系，购买产品的人并不是拿出另一件产品来进行物物交换，而是用货币来交换。一言以蔽之，工人付出劳动，生产出与自己无关的产品，资本家用这些产品换得货币，并付给工人以货币形式的薪酬。[2] 马克思说，正是通过这种"领薪劳动"，"异化劳动的关系"达到了高峰。也就是说，雇佣关系下的劳动才是真正异化的劳动，在这种关系中，劳动不再是劳动者"个性生存（individuellen Existenz）"的表现，产品不再满足其生活需要，而是作为抽象的交换价值。由于这种关系，生产越是变成多方面的，劳动就越是陷入

---

[1] 中野英夫将这一概念译为"赚取工资的劳动"（张一兵主编：《社会批判理论纪事》，第3辑，南京：江苏人民出版社，2009年，第351页）；山之内靖的汉译本著作将其译为"盈利劳动"（［日］山之内靖：《受苦者的目光：早期马克思的复兴》，彭曦、汪丽影译，北京：北京师范大学出版社，2011年，第220页）；而韩立新将其译为"营利劳动"（韩立新：《〈巴黎手稿〉研究——马克思思想的转折点》，北京：北京师范大学出版社，2014年，第310页）。

[2] 《马克思恩格斯全集》，中文1版，第42卷，北京：人民出版社，1979年，第28页。

这种"领薪劳动"的范畴。劳动行为所依凭的"**活动**(*Thätigkeit*)"变得简单、片面,不再是人的"自然禀赋(Naturanlagen)和精神目的(geistigen Zwecke)的实现",而只具有偶然的和非本质的意义。[1]

接下来,马克思梳理了这种以工资为目的、靠领取工资来谋生的劳动所带来的四重异化:其一,劳动与劳动主体的异化;其二,劳动与劳动对象的异化;其三,社会需要与个体劳动者的异化;其四,劳动行为本身的异化,即谋生本身成了活动的目的。[2] 乍看起来,这与《手稿》中的异化劳动批判有不少相似之处。但不同之处在于:其一,马克思通过"领薪劳动"这一概念,侧重的不是具体的产品生产过程中的异化,而是劳动在雇佣关系中的异化,尽管此时的他还无法理解这种雇佣关系的实质;其二,马克思突出强调的是,这种个体性的劳动与劳动者本人的需要无关,从事怎样的劳动,对于劳动者来说是纯粹偶然的,这也就导致了外在于个体的一种"社会需要"对个体的强制,在这里,马克思再次跳出客体与主体的异化,走向总体与个体的异化,或者说社会与人的异化。"在私有权关系的范围内,社会性的权力(gesellschaftliche Macht)越大,越多样化,人就变得**越利己**,越没有社会性(gesellschaftsloser),越同其自己的本质相异化。"[3]

以上马克思对雇佣关系和交换关系总体的理解,已经蕴含着他对另一相关概念的重新理解,这就是"分工"。如果没有分工,交

---

[1] 《马克思恩格斯全集》,中文1版,第42卷,北京:人民出版社,1979年,第28页。*Marx-Engels-Gesamtausgabe*, Bd. Ⅳ/2, Berlin: Dietz, 1981, S. 455.

[2] 《马克思恩格斯全集》,中文1版,第42卷,北京:人民出版社,1979年,第28—29页。

[3] 《马克思恩格斯全集》,中文1版,第42卷,北京:人民出版社,1979年,第29页。*Marx-Engels-Gesamtausgabe*, Bd. Ⅳ/2, Berlin: Dietz, 1981, S. 456.

换和雇佣都将成为不可能。因此，对雇佣关系下的劳动的理解，必然回到对分工的理解上来。在德文中，"分工"就是"Theilung der Arbeit"，即"劳动的分开"，是劳动的一种组织形式。那么，究竟应当如何理解"分工"与"劳动"的关系呢？从《手稿》到《穆勒摘要》，马克思的出发点发生了一次转变：从依据"异化劳动"来批判"分工"，逐渐走向依据"分工"来理解和批判"异化劳动"。

马克思在《手稿》第三笔记本中首次对"分工"进行了专题阐述。他梳理了从斯密到穆勒的相关论述，得出一个基本结论：分工是与交换相伴而生的，而交换出于人的利己主义倾向。分开劳动的人们为了满足自身需要，必须要进行交换，而他们交换的不过是被分开的劳动的产物，这样，马克思就从分工与交换回到了他所批判过的劳动——劳动的异化、外化必然导出分工的异化、外化。[1] 分工和交换不过是"人的（menschlichen）**活动**与**本质力量**（Wesenskraft）——作为类的（Gattungsmässigen）活动与本质力量——的**显明外化的**（sinnfällig entäusserten）表现"[2]。在这里，马克思完全是依循批判异化劳动的人本学逻辑，来应对分工与交换。而在《穆勒摘要》中，马克思强调，交换中存在的"异化"，也是基于"分工"这种特定的劳动组织方式本身的"异化"。"分工"不仅是雇佣劳动的历史前提，而且直接体现了劳动本身目的性的丧失，体现了这种只追求货币的劳动的异化。"分工把人尽可能地变成一种抽象存在（abstraktes Wesen）……直至变成精神上和肉体上

---

[1] 《马克思恩格斯全集》，中文 2 版，第 3 卷，北京：人民出版社，2002 年，第 353 页。Marx-Engels-Gesamtausgabe, Bd. I/2, Berlin: Dietz, 1982, S. 309.

[2] 《马克思恩格斯全集》，中文 2 版，第 3 卷，北京：人民出版社，2002 年，第 357 页。Marx-Engels-Gesamtausgabe, Bd. I/2, Berlin: Dietz, 1982, S. 313.

的畸形胎(Mißgeburt)。"[1]因为分工,人们才生产和交换那些与自己的需要无关的产品,才需要一种等价物即货币。[2] 分工既是异化劳动的前提,也是货币异化的前提。这样,"分工"这样一个与"生产方式"相关的概念便成了马克思理解现代经济的入口——马克思不再用"劳动"来理解"分工",而是从"分工"来理解"劳动"了!在后来的《德意志意识形态》中,"分工"在马克思的经济学批判中扮演了至关重要的角色。

在摘要的最后一节,马克思再次运用"对象化"话语,对上述思想进行了一次再提炼。在之前对货币的分析中,马克思是从人与对象的关系角度起笔的。而在这里,马克思构建了一种人的需要"对象化"的模型,以此来加深对雇佣关系与分工关系的理解。马克思认为,人的生产,就是为了直接占有自己的产品,换言之,"他生产的对象(Gegenstand)是他**直接的**、自利的(eigennützigen)**需要的对象化**(Vergegenständlichung)"[3]。这里被对象化的宾语,不是人的自由活动,而是人自己的、个体性的"需要"。人本来只是按照其需要来进行生产,他所生产出的对象(Gegenstand)直接就是他所需要的内容。[4] 而一旦有了分工和交换,劳动的产品便不再是个体需要的对象化,用来交换的产品不是用来满足需要的,而是满足需要的一种"**中介性**方式(*vermittelte* Weise),这种需要不是直接在**这种**生产(*dieser* Production)中,而是在一种另外的生产

---

[1] 《马克思恩格斯全集》,中文1版,第42卷,北京:人民出版社,1979年,第29页。*Marx-Engels-Gesamtausgabe*, Bd. IV/2, Berlin: Dietz, 1981, S. 456.
[2] 《马克思恩格斯全集》,中文1版,第42卷,北京:人民出版社,1979年,第29页。
[3] 《马克思恩格斯全集》,中文1版,第42卷,北京:人民出版社,1979年,第33页。*Marx-Engels-Gesamtausgabe*, Bd. IV/2, Berlin: Dietz, 1981, S. 462.
[4] 《马克思恩格斯全集》,中文1版,第42卷,北京:人民出版社,1979年,第33页。*Marx-Engels-Gesamtausgabe*, Bd. IV/2, Berlin: Dietz, 1981, S. 462.

(Production eines andern)中得到对象化(Vergegenständlichung)。生产成了**薪酬的来源**(*Erwerbsquelle*),成了领薪劳动(Erwerbsarbeit)。"[1]这种劳动的需要就是工资,就是货币,而这种需要的对象化要靠交换来实现。马克思这里的"对象化"话语所分析的内容,正是分工基础上的雇佣劳动。对于这种"需要"及其"对象化"的方式,马克思当然是不满意的。因为在这种分工与交换的体制中,"我们的生产并不是人为了作为人的人而从事的生产,即不是**社会性的**(*gesellschaftliche*)生产……问题在于,不是**人的本质**(*menschliche Wesen*)构成我们彼此为对方进行生产的纽带"[2]。马克思想要说的是,在私有制之下,生产和交换充满了欺骗和奴役:人们表面上在交换彼此恰巧剩余的产品,但实际上早已提前估计到对方的需要;人们表面上为了满足别人的需要而进行生产和交换,但实际上只是为了满足自己的需要;人们表面上需要的是有形的、有用的劳动产品,但实际上只是看重抽象的等价性,只是看重物背后的交换价值。[3]这样的生产怎么可能是人为了彼此而进行的生产,这样的交换又怎么可能是人把彼此作为人而进行的交换呢?这只能是人们同人的本质的异化,是对人类尊严的伤害。[4]在分工和雇佣关系中,人们为了获得别人所生产的对象,把自己生产的对象作为手段,却带来了凌驾于每个人之上的"对象的奴役

---

[1] 《马克思恩格斯全集》,中文1版,第42卷,北京:人民出版社,1979年,第33—34页。*Marx-Engels-Gesamtausgabe*, Bd. IV/2, Berlin: Dietz, 1981, S. 462.

[2] 《马克思恩格斯全集》,中文1版,第42卷,北京:人民出版社,1979年,第34页。*Marx-Engels-Gesamtausgabe*, Bd. IV/2, Berlin: Dietz, 1981, S. 462.

[3] 《马克思恩格斯全集》,中文1版,第42卷,北京:人民出版社,1979年,第34—36页。

[4] 《马克思恩格斯全集》,中文1版,第42卷,北京:人民出版社,1979年,第36页。

(Knechtschaft des Gegenstandes)"[1]。可见,异化不仅体现在一个人自己的劳动过程与直接的对象化过程中,更体现在人与人通过分工、交换与雇佣关系所结成的经济关系总体之中,体现在这种关系的物化对个体无一例外的奴役中。当然,这里包含了多个不同层面的经济学问题,此时的马克思还无法做出科学的区分和解析。

如果说《手稿》中异化批判的深层依据是对人的类本质的设定,那么,马克思现在更加强调经济关系总体之中个体性的丧失,他的批判基点已经悄然由"人"向"个人"转变,这意味着人本学的影响正在退场。在《穆勒摘要》结尾,马克思对个性的自我实现的理想状态进行了阐述。然而,值得特别留意的差别在于:马克思此时明确意识到,他所据以批判经济异化的那个逻辑基础,不是某种天然存在的客观事实,而是他自己做出的主观设定!马克思直接用虚拟语气陈述道:"假定我们作为人进行生产(Gesezt wir hätten als Menschen producirt)。"[2] 在这种假定中,人能够将自己的"**个性**(*Individualität*)及其**特点**(*Eigentümlichkeit*)对象化(vergegenständlicht)",同时这种生产又满足了另一个人的需要,也就是说,我的劳动既"满足了**人的**需要,从而对象化了(vergegenständlicht)**人**的本质,又创造了与另一个**人**的本质的需要相符合的对象(Gegenstand)"[3]。这样,生产便成为了"我的真正的本质、我的**人**的本质、我的**共同本质**(*Gemeinwesen*)"的确证

---

[1] 《马克思恩格斯全集》,中文 1 版,第 42 卷,北京:人民出版社,1979 年,第 36—37 页。*Marx-Engels-Gesamtausgabe*, Bd. Ⅳ/2, Berlin: Dietz, 1981, S. 465.

[2] 《马克思恩格斯全集》,中文 1 版,第 42 卷,北京:人民出版社,1979 年,第 37 页。*Marx-Engels-Gesamtausgabe*, Bd. Ⅳ/2, Berlin: Dietz, 1981, S. 465.

[3] 《马克思恩格斯全集》,中文 1 版,第 42 卷,北京:人民出版社,1979 年,第 37 页。*Marx-Engels-Gesamtausgabe*, Bd. Ⅳ/2, Berlin: Dietz, 1981, S. 465.

与实现。[1] 这里的逻辑是从个性的对象化的出发，进而实现人的本质的对象化，而不是相反——"人的本质"已经不再是本原性的起点了，这就已经蕴含着走出费尔巴哈式的人本学思路的倾向了。[2]

三、小结：马克思经济学批判的进展及其哲学效应

以《手稿》为核心，马克思不仅实现了异化劳动批判，更提出了一个完整的国民经济学异化批判框架。从内容上说，这一批判以"劳动"为核心，以"货币""交换"与"分工"等为延展，以"私有财产"为落点，实现了对整个国民经济学理论体系的批判。从逻辑上说，这一批判以揭示现实的对象化与异化关系为核心，并提出了扬弃异化、实现人的自我确证的共产主义解放目标。简而言之，马克思从经济学理论的内在逻辑出发，但最终是以人本学话语完成了对经济学的外在批判。与这种批判话语的复调特征相对应，"对象化"概念在《手稿》等文本中呈现出了双重内涵、双重功能：其一，在具体的经济学分析中，"劳动的对象化""对象化劳动"的特定短语被用来分析劳动产品背后的劳动本原，实现了对经济学理论的哲

---

[1] 《马克思恩格斯全集》，中文 1 版，第 42 卷，北京：人民出版社，1979 年，第 37 页。*Marx-Engels-Gesamtausgabe*，Bd. Ⅳ/2, Berlin: Dietz, 1981, S. 465.

[2] 马克思接下来还提出了一种作为"假设(Unterstellung)"的劳动状态，这种劳动"是**自由的生命表现**（*freie Lebensäusserung*），因此是**生命的享受**（*Genuß des Lebens*）"，在这种劳动中，因为人的"**个性的生命**(*individuelles* Leben)"被肯定，因而人的个性的特点也就得到了肯定。（《马克思恩格斯全集》，中文 1 版，第 42 卷，北京：人民出版社，1979 年，第 38 页。*Marx-Engels-Gesamtausgabe*，Bd. Ⅳ/2, Berlin: Dietz, 1981, S. 465.）这仍然是从个性出发，而不是从类出发，而且依然是一种人本学的假定。而且，马克思似乎不再有兴趣对人本学的假定做太多演绎。他只是对比式地陈述了现实中的劳动状态，很快转而摘录穆勒书中关于市场供需问题的论述。不久，这份摘录笔记便结束了。

学透视；其二，在哲学人本学阐述中，"对象化"被更加宽泛地用来描述人的本质力量的外在展现，构建起完整的异化史观。就前者而言，"对象化"为异化劳动批判提供了出发的基点；就后者而言，"对象化"为将异化批判提升到人本学高度、提出扬弃异化的共产主义主张提供了支撑。就"对象化"与"异化"的关系而言，它们不是截然相对的一枚硬币的两面，而是前后相继的两个逻辑环节。从"对象化"到"异化"，最终还是要"扬弃异化"。这种思路虽然是一种哲学人本学的精彩发挥，却也是青年马克思尚无更科学的批判方法、对经济现实的本质理解仍然不够深入的一种无奈之举。

随着经济学研究的推进，这种复调批判话语发生了双重变化：一方面，"基于经济学"的内在分析思路取得了新的进展；另一方面，"超出经济学"的人本学批判话语遭遇了挑战。二者的关系悄然发生着倒转：起初是经济学内在批判的不足通过人本学的外在批判来弥补，后来，凡是经济学内在批判有所进展的地方，都伴随着人本学的外在批判话语的悄然转变甚至逐步消隐。"劳动的对象化"曾是马克思在"基于经济学"的线索中取得的最初的也是唯一的经济哲学成果。但是，马克思对"货币""交换""分工"等问题的研究都表明，他逐渐具备了一种对经济学理论进行内在解析的哲学能力，这种内在的哲学解析开始取代人本学的外在批判的思路。简而言之，马克思的经济学批判不仅带来了经济学批判这一理论任务本身的进展，而且生发出一种新的哲学思考，它标志着马克思在哲学世界观方面孕育着变革。一方面，经济学批判的完成以哲学变革为前提；另一方面，经济学批判的思考推动着哲学变革的实现。这两点也可对应于恩格斯概括的马克思的"两个伟大发现"：马克思首先是在哲学层面超越人本学，创立历史唯物主义，然后在经济学层面发现了剩余价值,实现了政治经济学批判。而在本节中,我们主要看到的是经济学批判的内在进展及其在哲学上的效应。

表 3.1 青年马克思经济学批判的复调语境

经济学批判的双重话语	出发点	代表性表述	演变趋势
"基于经济学"的内在解析	经济学范畴	作为"对象化劳动"的劳动产品	不断发展提升 生发出一种新哲学思路
"超出经济学"的外在批判	人本学设定	人的本质的对象化与异化	构建起人本学异化史观 在经济学分析中改变、消隐

马克思对"货币""劳动"等问题的分析表明,他逐渐意识到现代经济关系总体与个体行为之间的复杂关系,意识到主客二元对立的异化批判模式的局限性,意识到人本学意义上的"对象化"话语只是一种理论上的假设。其一,马克思将以货币为中介的交换过程与作为交换前提的、同样以货币为中介的劳动结合起来,从而将他的劳动批判拓展到了生产之外的广义经济视域之中,把对劳动、分工、货币等经济范畴的理解更好地融合起来;其二,马克思更加明确地聚焦于现代分工和雇佣关系下的劳动,从而深化了对劳动背后的生产方式、生产关系的体认和理解,在哲学方法论层面更加强调现代经济的社会性、总体性特征对个体的影响,超越了主客二分的分析模式;其三,马克思明确将自己经济学批判的人本学基点指认为一种"假设",这可以视为马克思在经济学批判语境中自觉脱离哲学人本学的信号。这些思考不仅推进了马克思对于经济学理论的认识,而且意味着一种新哲学正在从经济学语境中破茧而出,促使其后来彻底放弃人本学的哲学思路,创立历史唯物主义这一"新世界观"。

第四章 "对象化"与"新世界观"的诞生

1845年2月,由于法国当局的驱逐,马克思离开巴黎,迁往布鲁塞尔。在旅居布鲁塞尔时期,马克思继续从事经济学研究,出版了此前完成的《神圣家族》,还和恩格斯一起到伦敦和曼彻斯特进行了为期六周的旅行,对现代工业生产和工人阶级的状况有了更加深入的感受。在此前后,即1845年到1846年,马克思创作了《关于费尔巴哈的提纲》(以下简称《提纲》)、《德意志意识形态》(以下简称《形态》),这些文本标志着他告别了人本学逻辑,形成了新唯物主义的哲学方法论。而在哲学逻辑的变革之际,他的经济学批判(主要体现在此时的经济学批判手稿以及《形态》中)也呈现出一种过渡性。

由于这种变革期与过渡期的特殊性,这一阶段文本中出现的"对象性""对象化"概念的内涵与性质需要加以仔细甄别。在第一节中,我们将梳理"实践"这一"对象性活动"从《手稿》到《提纲》的内涵转变,从中折射出马克思从人本学向后人本学的转变;在第二节中,我们将进一步考察马克思制定新世界观出发点的过程:从最初"工业"被解读为"人的本质的对象化",发展到用历史性的视角来评价"工业"的意义,再到放弃人本学的本原性设定,直接将"物质生产"作为考察社会历史的出发点;在第三节中,我们将解读马克思的新的社会批判理论的哲学方法论,基于社会关系建构论的视角,他的经济学批判方案呈现出新的变化,"对象化劳动"概念在其中偶然出现,理解有所深化。

第一节
作为"对象性活动"的"实践":
从人本学走向后人本学

1845年春,马克思在他的记事本中写下了"ad Feuerbach(关于费尔巴哈)"[1],随后写下十一段简短的哲学述评,恩格斯称之为"包含着新世界观的天才萌芽的第一个文献"[2],这就是《提纲》。从文本的原始情况来看,《提纲》的写作是马克思创作过程中的一个意外——马克思并不是在深思熟虑后专门撰写了对费尔巴哈的系统批判,而是在研究的过程中,灵光乍现地记录下他关于费尔巴哈哲学的新思考,同时也是对自己哲学的新思考。然而,如世所公认的那样,这是一个在马克思哲学思想历程中极为重要的、极富魅力的意外。在这十一条对费尔巴哈哲学的评点中,一种新的哲学从人本学唯物主义的旧思路中破茧而出了。马克思用"实践(Praxis)"概括这种新哲学的出发点,并且用"**对象性**活动(*gegenständliche* Thätigkeit)"[3]来说明"实践"的基本内涵。毋庸

1　*Marx-Engels-Gesamtausgabe*, Bd. Ⅳ/3, Berlin: Akademie, 1998, S. 19.
2　《马克思恩格斯文集》,第4卷,北京:人民出版社,2009年,第266页。
3　《马克思恩格斯文集》,第1卷,北京:人民出版社,2009年,第499页。*Marx-Engels-Gesamtausgabe*, Bd. Ⅳ/3, Berlin: Akademie, 1998, S. 19.

置疑,"实践"是《提纲》中最重要的概念,《提纲》的十一条中有七条提到了"实践"。不过,如何紧扣马克思关于"对象性活动"的界定来理解"实践",进而从"对象性活动"的内涵转变入手,深化理解马克思新世界观的革命性,仍是一个有待澄清的问题。为此,我们要回到马克思从《手稿》到《提纲》的德文语境,通过对"对象性活动"及"实践"的概念史考察,辨析其中发生的思想逻辑转变,以期重新理解作为新世界观出发点的"实践"的核心内涵。

一、初始建构:人本学视野中的"对象性活动"与"实践"

在《手稿》中,马克思将"对象""对象性"及"对象化"的哲学分析具体展现在政治经济学的语境之中,进而上升到人本学的高度,对此我们已经不再陌生。在马克思的逻辑中,正因为人首先具有一种"本质力量",他才能够将这种力量对象化;正是因为人的这种本质规定中有对象性的特征,他才能进行对象性活动。"当现实的、肉体的、站在坚实的呈圆形的地球上呼出和吸入一切自然力的人通过自己的外化把自己现实的、对象性的**本质力量**(wirklichen, gegenständlichen *Wesenskräfte*)**设定**为异己的对象时,**设定**并不是主体;它是**对象性的**本质力量(*gegenständlicher* Wesenskräfte)的主体性,因此它的行动(Action)也必然是**对象性的**(*gegenständliche*)行动。"[1]这表明,人的活动之所以表现为对象性的,归根结底是因为人的"本质力量"是对象性的。为了强调这一点,马克思继续写道:"对象性的本质(Gegenständliche Wesen)

---

[1] 《马克思恩格斯全集》,中文 2 版,第 3 卷,北京:人民出版社,2002 年,第 324 页。*Marx-Engels-Gesamtausgabe*, Bd. I/2, Berlin: Dietz, 1982, S. 295.

对象性地(Gegenständlich)发挥作用(wirkt),如果它的本质规定中不包含对象性的东西(Gegenständliche),它就不能对象性地发挥作用(gegenständlich wirken)。"[1]简而言之,人的基本存在方式就是"对象性"。"人只有凭借现实的、感性的对象才能**表现**自己的生命。"[2]没有这种"对象性",人就无法作为人而存在。马克思甚至说:"非对象性的存在物是**非存在**物。"[3]

不过,相比于费尔巴哈对于人的本质的静态设定,马克思更加明确地将"对象性的行动"或者"对象性的活动"嵌入人的本质规定之中。在这里,人的"对象性"的本质规定更加具体地表现为运用自然力来创造和设定自己的对象的活动过程。也就是说,人的本质的"对象性"不是思维中的、感性直观意义上的对象性,而是现实中的、在活动中体现出来的对象性。正是在这样的语境中,"对象性活动"在《手稿》中正式出场了:"在设定(对象)的行动(Akt)中,不是从其'纯粹的活动'达到**对象的创造**(*Schaffen des Gegenstandes*),而是其**对象性的**产物(*gegenständliches* Product)仅仅证实了其**对象性**活动(*gegenständliche* Thätigkeit),证实了其活动是对象性的自然的本质(*gegenständlichen natürlichen Wesens*)的活动。"[4]换言之,人通过对象性活动而创造出来的产物,不过是人自身的"对象性活动"这一自然本质的证明。当马克思用"活动(Thätigkeit)"来标定人的对象性本质的时候,他对"对象性"的思考已经开始和费尔巴哈拉开间距了。就此而言,《手稿》

---

1 《马克思恩格斯全集》,中文2版,第3卷,北京:人民出版社,2002年,第324页。 *Marx-Engels-Gesamtausgabe*, Bd. I/2, Berlin: Dietz, 1982, S. 295.

2 《马克思恩格斯全集》,中文2版,第3卷,北京:人民出版社,2002年,第324页。

3 《马克思恩格斯全集》,中文2版,第3卷,北京:人民出版社,2002年,第325页。

4 《马克思恩格斯全集》,中文2版,第3卷,北京:人民出版社,2002年,第324页。 *Marx-Engels-Gesamtausgabe*, Bd. I/2, Berlin: Dietz, 1982, S. 295.

中的"对象性活动"一方面停留在人本学的总体视域中,另一方面,又恰恰为马克思从哲学根基处超越费尔巴哈提供了最初的概念基础。[1]

总的来说,《手稿》中"对象性活动"的语境沿袭了费尔巴哈的人本学的分析逻辑,而没有想要批判费尔巴哈的人本学。这和马克思后来在《提纲》中使用"对象性活动"时的思想倾向是大相径庭的。在马克思此时的意识中,以上关于人的本质和"对象性活动"的论述正是对费尔巴哈所开创的"彻底的自然主义或人道主义"[2]的热情肯定。

在《手稿》中,马克思还没有将"对象性活动"和"实践"概念直接地联系起来,但他已经数十次地使用了"Praxis"和"praktisch"概念,前者是名词"实践",后者是其形容词和副词形式,可译为"实践性的""在实践上""实际上"等。总体来看,《手稿》中的"实践"主要有两种用法。一是在非哲学的意义上,用来形容与"理论"相对的现实领域和实际活动。例如,马克思要仿效经济学家"把工人的理论的和实践的(theoretischen und praktischen)要求比较一下"[3]。二是服务于关于人的活动的人本学说明。例如,在对异化劳动的第三重规定中,马克思提出,人作为一种"类存在(Gattungswesen)","在实践上和理论上(praktisch und theoretisch)都把类(Gattung)——他自身的类以及其他物的

---

[1] 吴晓明教授提出,"对象性活动"构成了《手稿》的哲学主线,后来的《提纲》中的"实践"概念是其直接的逻辑后承。应当从本体论高度来理解这一概念所体现出的马克思的哲学变革的性质,及其对费尔巴哈的感性对象性思想的超越。(吴晓明:《思入时代的深处:马克思哲学与当代世界》,北京:北京师范大学出版社,2006年,第214—219页。)

[2] 《马克思恩格斯全集》,中文2版,第3卷,北京:人民出版社,2002年,第324页。

[3] 《马克思恩格斯全集》,中文2版,第3卷,北京:人民出版社,2002年,第230页。Marx-Engels-Gesamtausgabe, Bd. I/2, Berlin: Dietz, 1982, S. 203.

类——当作自己的对象(Gegenstand)"[1]。具体来说,"**一个对象世界**(*gegenständlichen Welt*)的实践性创生(praktische Erzeugen),对无机自然的**加工**(*Bearbeitung*),是人作为一种有意识的类存在(Gattungswesens)的证明,就是说,作为这样一种存在,它把类(Gattung)看作自己的本质(Wesen),或者说把自身看作类存在(Gattungswesen)"[2]。在这里,"实践"已经指向了人面对自然的生产活动,只不过,这里仍是形容人作为一种对象性的类存在,通过自己所创造的对象而实现自我、认识自我的过程:人将其类本质对象化为外部世界,进而在这种对象中,意识到自己的类本质,意识到自己是人。这还是费尔巴哈人本学的逻辑。显然,经济学研究让马克思开始面对人的物质生产活动,但他仍然将这种生产实践拉回到人本学的思路中加以哲学诠释。此外,马克思还偶然地提出了一些说法,例如,理论之谜的解答"是实践的任务并以实践为中介"[3];"人的科学(Wissenschaft vom Menschen)是人的实践性的自主活动(praktischen Selbstbethätigung)的产物"[4]。如果结合上下文语境来分析,那么,这些"实践"和"实践性"的用法也都没有跳出人本学的思辨历史观,更没有明确成为马克思哲学思考的核心概念。因此,可以认为,《手稿》中的"实践"和"对象性活动"一样,都是服务于人本学逻辑的概念,反映了青年马克思在最初面对经济学课题时涌现出的人本学的哲学灵感。

---

[1] 《马克思恩格斯全集》,中文 2 版,第 3 卷,北京:人民出版社,2002 年,第 272 页。*Marx-Engels-Gesamtausgabe*, Bd. I/2, Berlin: Dietz, 1982, S. 239.

[2] 《马克思恩格斯全集》,中文 2 版,第 3 卷,北京:人民出版社,2002 年,第 273 页。*Marx-Engels-Gesamtausgabe*, Bd. I/2, Berlin: Dietz, 1982, S. 239.

[3] 《马克思恩格斯全集》,中文 2 版,第 3 卷,北京:人民出版社,2002 年,第 346 页。

[4] 《马克思恩格斯全集》,中文 2 版,第 3 卷,北京:人民出版社,2002 年,第 359 页。*Marx-Engels-Gesamtausgabe*, Bd. I/2, Berlin: Dietz, 1982, S. 318.

二、内在冲突:"对象性"的人本学内涵与现实性内涵

1844年11月,马克思和恩格斯完成了他们的第一部合著《神圣家族》。马克思承担了该书的大部分写作任务,并利用了自己在《手稿》中的研究成果。作为马克思思想转折期的著作,《神圣家族》将《手稿》中开始出现的双重逻辑——从人的本质出发的人本学逻辑,以及从经济现实出发的客观逻辑——的内在冲突进一步体现了出来[1]:一方面,马克思依循着费尔巴哈的人本学逻辑,而没有对其做出任何自觉的批判;另一方面,马克思越来越强调从现实的工业和经济实践出发来理解社会历史。就本书所关注的"对象性"和"实践"概念来说,马克思一方面继续从人的本质出发,深化了人的"对象性本质"的思想,另一方面又赋予了人的对象性、实践性活动以更加现实的内涵。

首先,马克思重申了人的"对象性本质",并继续以此为基础,批判经济学和黑格尔哲学中的异化。在经济学方面,这主要表现为马克思对蒲鲁东的国民经济学批判所做的评注。马克思认为,蒲鲁东"严肃地看待国民经济关系的**人性的假象**,并让这种假象同国民经济关系的**非人性的现实**形成鲜明的对照"[2]。这正是马克思在《手稿》中所做的事情。在马克思看来,蒲鲁东想要做的,无非是"扬弃人与自己的**对象性本质**的实际异化的关系,以及想扬弃人的自我异化在**国民经济学**上的表现"[3]。不难看出,马克思在肯定

---

1 张一兵:《回到马克思——经济学语境中的哲学话语》,南京:江苏人民出版社,2009年,第202—203、267—268页。
2 《马克思恩格斯文集》,第1卷,北京:人民出版社,2009年,第257页。
3 《马克思恩格斯文集》,第1卷,北京:人民出版社,2009年,第268页。

蒲鲁东的同时,再次确认了自己人本学的经济学异化批判思路——通过对人的"对象性本质"的理想化设定,与现实经济过程相对照,批判经济学所掩盖着的人的本质的丧失和异化。而在批判黑格尔哲学时,马克思也是基于同样的思路。他指出,《精神现象学》的问题就在于"人的自我意识的各种异化形式所具有的**物质的、感性的、对象性的基础被置之不理**"[1],这就是说,黑格尔只谈了意识的异化形式,却忽视了其背后的基础——人的感性的对象性本质。马克思明确指出,这种对人的本质的重新肯定,正是费尔巴哈的卓越贡献,只有他才"认识到人是本质、是人的全部活动和全部状况的基础"[2]。一言以蔽之,在人本学的分析框架中,"人"是第一位的,然后才有人的活动、人的精神、人的历史。

其次,马克思对人的"对象性存在"予以进一步阐发,指出了"对象"背后的社会关系内涵,由此开始赋予"对象性"以更加现实的规定性。例如,马克思认为,蒲鲁东想用"**占有**（*Besitz*）"概念来取代"拥有（*Habens*）的旧形式——**私有财产**"[3],从而改良经济学,这一方案缺乏现实性。因为"占有"总要以"对象"为前提,而"对象"从来不是中性的、独立的,而总是处于特定的关系之中。或者说,本就没有一种脱离了社会关系的、可以被单纯地"占有"的对象。马克思说:"**对象**（*Gegenstand*）作为**为了人的存在**（*Sein für den Menschen*）,作为**人的对象性存在**（*gegenständliches Sein*）,同时也就是**人为了他人的定在**（*Dasein*）,是他同他人的人的**联系**

---

[1] 《马克思恩格斯文集》,第1卷,北京:人民出版社,2009年,第357页。
[2] 《马克思恩格斯文集》,第1卷,北京:人民出版社,2009年,第295页。
[3] 《马克思恩格斯文集》,第1卷,北京:人民出版社,2009年,第268页。*Marx-Engels-Werke*, Bd. 2, Berlin: Dietz, 1962, S. 44.

(menschliche Beziehung),是**人同人的社会关系**(gesellschaftliche Verhalten)。"[1]这段论述包含三层意思:第一,"对象"总是相对于主体而存在的,即所谓"为了人的存在";第二,人所面对的"对象",正是人自身的对象性的存在方式,即所谓"人的对象性存在";第三,一个人的"对象性存在"同时也构成了他人眼中的"定在",因此,人就通过"对象"建构起与他人之间的联系,就此而言,"对象"成就了"人同人的社会关系"。比照《手稿》不难发现,前两层意思在此前的文本中已经出现过,第三层才是新的创见,而这种理解又与马克思此前对于货币作为"最突出的对象"的分析有着内在的一致性。如果"对象"处于异化的关系之中,不去改变这种关系,就不可能"**平等的**占有"对象。说到底,蒲鲁东还是没能跳出国民经济学的异化的范围。[2]

马克思何以能够获得这种新的认识?笔者认为,不是依靠其头脑中的思辨,而是经济学研究带来的启发:正是在以分工和交换为基本特征、以货币为中介的现代经济关系中,一个人所创造出的产品——他的"对象性存在"才会实际地成为他人所需要的"对象",成为"为了他人的定在",进而在市场中构建起人和人的关系。马克思清楚地提到了这一点:"每一个个人都同样要成为他人的需要和这种需要的对象之间的牵线者。可见,正是**自然必然性、人的本质特性**(不管它们是以怎样的异化形式表现出来)、**利益**把市民社会的成员联合起来。他们之间的**现实的**纽带是**市民生活**,而不是**政治生活**。"[3]乍看起来,马克思对社会关系的这种表述甚至和

---

[1] 《马克思恩格斯文集》,第1卷,北京:人民出版社,2009年,第268页。*Marx-Engels-Werke*, Bd. 2, Berlin: Dietz, 1962, S. 44.
[2] 《马克思恩格斯文集》,第1卷,北京:人民出版社,2009年,第268页。
[3] 《马克思恩格斯文集》,第1卷,北京:人民出版社,2009年,第322页。

《提纲》中的相关表述有些近似,但是,此时的马克思仍然是以人的"对象性本质"的设定为前提的:人正因为有对象性的本质,才会有对象性的存在,以及由此建构起来的社会关系。可见,马克思一方面明确将"对象性"的讨论放在现实的经济关系之中,另一方面却仍然固守在"人的本质特征"这一出发点上。在不久之后的《提纲》中,他才自觉地发现了二者之间存在的根本矛盾。

最后,马克思赋予了"对象性、实践性"的人类活动更现实的经济内涵。在《神圣家族》中,尽管马克思依然坚守人本学的逻辑,但在具体论述过程中,他已经不再过多地谈论"对象性"背后的主体性,反而越来越突出"对象性"所体现的现实性。在《手稿》中,马克思已经指出,"对象性"是人的存在方式和自我认识的前提;在《神圣家族》中,马克思更加强调的是,关键不在于人的主观上的认识,而在于客观上对现实的改变。"当我改变了我自己的主观意识而并没有用真正对象性的方式改变对象性现实,即并没有改变我自己的**对象性**现实和其他人的对象性现实的时候,这个世界仍然还像往昔一样继续存在。"[1]这已经透露出《提纲》中那种通过"对象性的活动"来"改变世界"的意思了。不仅如此,马克思还对"对象性活动"的现实场域有了更加具体的规定。他指出,鲍威尔兄弟不满于工人的思想观念,但问题并不出在工人的思想观念中,而是出在现实中。"财产、资本、金钱、雇佣劳动以及诸如此类的东西绝不是想象中的幻影,而是工人自我异化的特别实践性的(praktische)、特别对象性的(gegenständliche)产物,因此,也必须以实践性和对象性的方式(praktische, gegenständliche Weise)被扬弃(aufgehoben)。"[2]

---

[1] 《马克思恩格斯文集》,第1卷,北京:人民出版社,2009年,第358页。
[2] 《马克思恩格斯文集》,第1卷,北京:人民出版社,2009年,第273页。*Marx-Engels-Werke*, Bd. 2, Berlin: Dietz, 1962, S. 55.

这里讲的固然还是异化及其扬弃的逻辑,但新意在于,马克思将"实践性"和"对象性"作为同位语放在一起,这就为《提纲》中用"对象性"来解释"实践"做好了概念上的铺垫。更重要的是,这里的"实践",指的显然就是现代私有制经济进程中的实践,这里的"对象",指的也不是"类本质"这种思辨范畴,而是财产、资本、金钱这类具体的经济对象。可以说,这正是哲学概念体系背后马克思真正与鲍威尔兄弟拉开差距的现实性视野。在后文关于犹太精神的论述中,马克思还明确提出:"这种发展不是用神学家的眼睛,而是只有用世俗人的眼睛才能看到,因为这种发展不是在**宗教学说**中,而是只有在**商业与工业的实践**(*kommerziellen und industriellen Praxis*)中才能看到。"[1] 这就直接将实践的内涵标定为现实的工业与商业活动。可见,人的"对象性本质"的哲学设定的意义已经在减弱,现实的经济实践的意义在逐渐增强。这就为马克思彻底告别人本学的思辨话语奠定了基础。

在这样的语境之下,马克思在《神圣家族》中提出,过去的哲学缺乏对世界的现实性的理解,因而"未能**实践性地**(*praktisch*)干预世界,而至多只是不得不满足于抽象形式的实践(Praxis in abstracto)",就此而言,哲学的确"曾经漂浮在实践(Praxis)之上"。[2] 这里"实践"的用法,已经不只是表达一种面对世界的唯物主义立场,而是酝酿着新世界观的萌芽:"实践"不只是思辨的哲学范畴,而应被视为改变世界的现实力量。

---

[1] 《马克思恩格斯文集》,第1卷,北京:人民出版社,2009年,第308页。*Marx-Engels-Werke*, Bd. 2, Berlin: Dietz, 1962, S. 116.

[2] 《马克思恩格斯文集》,第1卷,北京:人民出版社,2009年,第264—265页。*Marx-Engels-Werke*, Bd. 2, Berlin: Dietz, 1962, S. 41.

三、革命突破：作为"对象性活动"的"实践"的后人本学内涵

尽管在此前的文本中，马克思已经逐渐展现出自己思想的原创性，但是直到《提纲》，他才自觉地意识到自己与费尔巴哈的哲学存在根本性差异。同时他才意识到，自己所理解的作为"对象性活动"的"实践"，已经不是费尔巴哈的人本学逻辑所能包容的了。因此，在《提纲》中，"对象性活动"成为马克思界划自己的新世界观与费尔巴哈思想之间差异性的重要规定，展现出一种"后人本学"的性质。

为了有助于准确理解相关概念，笔者根据《提纲》的德文原文，对中译文做了一些调整，以使其更接近于直译。在《提纲》的第一条中，马克思明确指出了一切旧唯物主义哲学的方法论缺陷："一切到目前为止的唯物主义(包括费尔巴哈的在内)的主要缺点是对象(Gegenstand)、现实(Wirklichkeit)、感性(Sinnlichkeit)，只是以**客体**(*Objekts*)的或者直观(*Anschauung*)的形式被把握(gefaßt)，而没有作为**感性的人的活动**(*sinnlich menschliche Thätigkeit*)、作为**实践**(*Praxis*)被把握，没有从主体性上(subjektiv)被把握。因此，**活动的**(*thätige*)方面倒是被唯心主义而不是唯物主义抽象地发展了，而唯心主义自然是不了解现实的、感性的活动本身的。费尔巴哈想要的是感性的、跟思想客体(Gedankenobjekten)现实地(wirklich)不同的客体(Objekte)，但是他没有把人的活动本身理解为**对象性的活动**(*gegenständliche* Thätigkeit)。"[1] 可见，马克

1　《马克思恩格斯文集》，第1卷，北京：人民出版社，2009年，第499页。*Marx-Engels-Gesamtausgabe*, Bd. IV/3, Berlin: Akademie, 1998, S. 19.

思与费尔巴哈的共同点在于强调现实、感性，而二者的差异在于是用直观的方式理解现实，停留在感性的直观的表层，还是用突破直观式的思维，将现实、感性理解为一种人的"活动"。在第五条中，马克思也说："不满意**抽象思维**（*abstrakten Denken*）的费尔巴哈想要**直观**（*Anschauung*）；但是他不把感性把握（faßt）为**实践性的**（*praktische*）、人的感性的活动。"[1] 换句话说，费尔巴哈只把外在的客体认定为主体的"对象"，只在直观的层面理解感性，不从活动的角度来理解人与对象的关系；而马克思现在要是从人的活动出发，进一步透析感性的对象"成为对象"的现实过程。在此，马克思将主体与对象通过"活动"联系起来，突破了主客二分的模式。这是以往的研究充分肯定过的地方。

问题在于，马克思这里的"实践"或者说"对象性的活动"是否只是个抽象的哲学范畴？它究竟在哪里超越了之前的哲学？马克思的"对象性""对象化"乃至"对象性活动"明明是从费尔巴哈的思路继承而来的，为什么马克思现在却说，费尔巴哈没有做到呢？笔者认为，关键不在于"对象性"所表现出的主体性思维方式，而在于"对象性的活动"这一过程本身；关键也不在于作为抽象范畴的"活动"，而在于，马克思具体想说的是什么样的"活动"。

如马克思所言，费尔巴哈已经成功地将"思想客体"归结为感性的客体。但问题是，这种感性客体最终又被归结为一个抽象的"人"的范畴。在费尔巴哈看来，从现实、感性出发，就是从"人"出发。这样，他所理解的人的活动，不过就是"人"的本质的呈现过程。"人"是第一性的，人的活动则是派生性的。这样一种人本学

---

[1]《马克思恩格斯文集》，第 1 卷，北京：人民出版社，2009 年，第 501 页。*Marx-Engels-Gesamtausgabe*, Bd. Ⅳ/3, Berlin: Akademie, 1998, S. 20.

的思路，在面对人的理论活动时比较有效，因为理论活动是人的主观性的直接表达，因此费尔巴哈可以将其用于神学和哲学批判。但是，在面对人与现实的外部世界打交道的、非理论性的活动时，这种人本学的"还原"便显露出其贫乏之处，而其所缺乏的恰恰是对"活动"本身的说明。笔者认为，"对象性活动"作为马克思界划新世界观与费尔巴哈差异的一个方法论概念，其关键在于，不再是人的"对象性本质"导引出"对象性活动"，恰恰相反，是现实的"对象性活动"塑造了包括人自身在内的对象性的世界。因此，马克思不再探讨人的"对象性本质"，并且直接地反对关于"人的本质"的抽象规定。可以说，《提纲》中的"对象性活动"恰恰表明了一种超越人本学出发点的"后人本学"的理论冲动。

在《提纲》接下来的论述中，马克思其实已经透露了作为"对象性活动"的"实践"的实质性内涵："他在《基督教的本质》中仅仅把理论性的行为（theoretische Verhalten）看作真正人的（echt menschliche）行为，而实践（Praxis）则只是在犹太人的表现形式（Erscheinungsform）中被把握和认定。因此，他不明白'革命性的（revolutionairen）''实践性-批判性的（praktisch-kritischen）'活动的意义。"[1] 可见，马克思所说的"实践"不是指一般的主体见之于客体的活动，而是指被费尔巴哈所论述的"犹太人的"活动的那种实践。费尔巴哈所不能理解的是，正是这种所谓犹太人的活动具有革命性，在实践层面具有批判性。那么，马克思所说的这种犹太人的活动是指什么呢？从《论犹太人问题》到《神圣家族》，答案其实非常清楚：犹太精神的发展，只有在"**商业与工业的实践**

---

[1] 《马克思恩格斯文集》，第 1 卷，北京：人民出版社，2009 年，第 499 页。*Marx-Engels-Gesamtausgabe*, Bd. Ⅳ/3, Berlin: Akademie, 1998, S. 19.

(*kommerziellen und industriellen Praxis*)中才能看到"[1];犹太人的解放,就是"从**做生意**和**金钱**中解放出来"[2]。一言以蔽之,"实践"的核心所指,就是人类社会中的现实生产与交换活动,或者说,就是人的经济实践。

如果仅从《提纲》的字面论述来看,"实践"的这一内涵表现得确实不明显,但如果从马克思整个思想发展进程来看,这种解释却是顺理成章的。从在巴黎时批判鲍威尔,到研究经济学,再到终于意识到自己与费尔巴哈也存在根本差别,马克思越来越重视鲍威尔、费尔巴哈等人甚至是以往的一切哲学都不重视的"实践",如果不是离哲学话语最遥远的世俗的、经济的实践,又是什么呢?从马克思的共产主义立场来说,马克思也一直强调,解放不仅是政治层面的解放,而且必须改变现实社会阶层结构、改变人的现实活动方式本身。因此,《提纲》中所谓的革命性、实践上的批判性,讲的也就不可能是理论活动、政治活动方面的革命,而是更为基础的社会经济层面的革命。当马克思在这里写下"对象性的活动"之前,他已经率先将对象性的分析模式、将"对象化"概念运用于经济学理论的分析和批判,他所面对的生产、交换、工业、分工、劳动等经济学概念所构成的现实场域,正是青年黑格尔派所看不到的"对象性的活动"的场域。可见,只有结合这样的理论背景来理解《提纲》,才不会错认为马克思的哲学革命只是一个哲学上的思想突变,才能准确把握马克思的哲学革命的思想历程和现实基础。

在《提纲》后续的论述中,马克思继续批评费尔巴哈哲学的不彻底性,更加具体地涉及如何理解现实社会的问题。马克思指出,

---

[1] 《马克思恩格斯文集》,第1卷,北京:人民出版社,2009年,第308页。*Marx-Engels-Werke*, Bd. 2, Berlin: Dietz, 1962, S. 116.

[2] 《马克思恩格斯全集》,中文2版,第3卷,北京:人民出版社,2002年,第192页。

费尔巴哈将宗教世界归结为世俗世界,但对于世俗世界为何会产生出一个彼岸世界,以及对于这个世俗世界本身,费尔巴哈都没有什么见地。"这个世俗基础本身必须在其自身中、从它的矛盾中被理解,并且被实践性地(praktisch)革命化(revolutionirt)。因此,例如,在世俗家族(irdische Familie)作为神圣家族(heiligen Familie)的秘密而得到揭示(entdeckt)之后,现在世俗家族本身就应当理论性地(theoretisch)和实践性地(praktisch)被消灭。"[1]这里的"实践性地"是副词,也可以意译为"在实践中",但为了更直接体现原词性质,避免被误认为名词,这里采取了直译。最后这一句点出了批判"神圣家族"之后更加重要的理论任务,即从理论和实践两个方面批判现实的经济社会本身。马克思在《提纲》中多次表达了这种转变思考视域与视角的决心:"全部社会生活在本质上是**实践性的**(praktisch)。一切把理论引向神秘主义的神秘东西,都能在人的实践(menschlichen Praxis)中以及对这种实践(Praxis)的理解中得到合理的破解(Lösung)。"[2]马克思已经意识到,只有跳出哲学思辨,直面社会生活中人的实践,而不是用理论去解释理论,才能克服理论层面的神秘主义,揭示作为一切理论之基础的世俗社会生活本身的矛盾。

综上可见,马克思的作为"对象性活动"的"实践"概念存在着从人本学向后人本学的转变,其内涵逐渐具体化为具有现实革命性的社会经济实践。在这一过程中,"对象性活动"原本所具有的人本学色彩也逐渐地消失了。在后来的《形态》中,这一哲学规定

---

[1] 《马克思恩格斯文集》,第1卷,北京:人民出版社,2009年,第500页。*Marx-Engels-Gesamtausgabe*, Bd. IV/3, Berlin: Akademie, 1998, S. 20.
[2] 《马克思恩格斯文集》,第1卷,北京:人民出版社,2009年,第501页。*Marx-Engels-Gesamtausgabe*, Bd. IV/3, Berlin: Akademie, 1998, S. 21.

让位于更加现实的"物质生产"概念。马克思之所以通过"对象性活动"(主要是"活动")来强调自己所理解的"实践"与费尔巴哈的区别,主要是对自己理解现实社会的新的出发点的一次自白:从现实的对象性活动出发,而不再从抽象的"人的对象性本质"的设定出发。他的最终目标是,不仅用实践来"**解释**世界",而且实践性地"**改变**世界"[1]。这当然已经不仅是对费尔巴哈哲学的批判,也是在方法论和基本视域上突破了一切旧哲学。因此,《提纲》中的"实践"之所以耐人寻味,与其说是因为"实践"所具有的哲学性,毋宁说是由于其非哲学的政治经济学基础和社会变革的现实指向性。以此出发,马克思不再需要以理想化的"人"作为理论依凭,而是基于物质生产实践,逐步构建起自己的历史唯物主义方法论。

第二节
哲学起点的转变:告别"人的本质的对象化"

《提纲》中作为"对象性活动"的"实践"概念在原则上表明了马克思的"新世界观"具有与人本学唯物主义截然不同的全新出发点,但是"实践"概念本身的抽象性不足以突出这一新出发点的核心内涵与革命性质。在哲学变革的过程中,马克思逐渐认识到世俗社会的经济实践所具有的根本性意义,在《手稿》中,他就用"工业"概念表达了这种意思,只是当时他还是坚持从人本学的角度,将其认定为"人的本质的对象化"。在当时马克思的思想中,这样一种界定才能赋予"工业"以理论上恰切的高度与合法性。随着研

---

[1] 《马克思恩格斯文集》,第1卷,北京:人民出版社,2009年,第502页。

究的推进和思想的变化,马克思逐渐意识到,他用"工业"所表达的那种经济实践活动本身的意义才是真正推动历史进步的力量,而人本学的设定倒是越来越无足轻重了。或者说,马克思从历史发展的角度重新评估了这种经济实践的现实意义。在后来的《神圣家族》《形态》等文本中,马克思对所谓"工业"的分析与评价越来越深刻,最终将其替换为"生产"概念,并直接将其作为新哲学的出发点。因此,想要理解马克思的新世界观的诞生,我们不能局限于"实践"概念,而是要重新梳理马克思在这一时期对于"工业"和"生产"概念的理解过程,从而把握马克思在哲学方法论层面告别"人的本质的对象化"的旧思路,走向从"物质生产"出发的历史唯物主义的过程。

一、巴黎时期:"工业"是"人的本质力量的对象化"

在巴黎时期,马克思在经济学研究中遇到了"工业"概念。从一开始将工业视为劳动者悲惨现状的客观前提,到随后在劳动价值论的历史线索中理解工业的地位,再到从人本学的高度阐发工业所具备的解放意义,《手稿》中对"工业"的阐释恰恰体现出马克思在经济学和人本学两个维度上的交织推进。而在《神圣家族》中,马克思更加强调理解工业对于理解历史的基础性意义。也就是说,一方面,马克思是基于人本学的尺度来面对经济学语境中的"工业"的,他起初只是打算揭示这种经济现实背后的非人性;另一方面,当他从经济学批判中抽离出来,回过头批判青年黑格尔派的时候,他意识到,"工业"提供了一个全新视角,与其用思辨的历史观来批判工业,不如以工业的尺度来重新理解历史。不过,马克思此时的"工业"并不等同于今天人们所惯常理解的机器大工业,而是有其特定的内涵和性质。

在《手稿》中,马克思通过国民经济学关于劳动价值论的理论演进线索,发现了经济学理论发展与现实经济发展之间的关联。在重农学派那里,财富还只是被归结为农业劳动,直到工业发展成为一个新的时代的主导性生产方式,而不再只是作为财产中的一个与地产相对立的特殊种类,财富才成为劳动的财富,一般劳动的概念才得到理论上的承认。[1] 因此,马克思说,将私有财产的本质归结为劳动的国民经济学是"现代**工业**(Industrie)的产物"[2]。在《手稿》中,马克思还没有清楚地意识到,宏观层面的"工业"和微观层面的"劳动"是不同层面的概念,前者是推动历史进步的力量,而后者是每个人具体从事的活动。马克思说,"工业(Industrie)是完成了的劳动(vollendete Arbeit)","工厂系统(Fabrikwesen)是工业(Industrie)的发展了的本质(ausgebildete Wesen)",而这里的"工业""也就是劳动(d. h. der Arbeit)"。[3] 这种混同不仅说明了马克思在经济学层面的认识局限,也反映了马克思的人本学逻辑的局限——对于人本学分析来说,关键在于揭示物的主体性本质,工业也好,劳动也罢,无非是这种主体性本质的经济学表达,亦即异化形式下的表达。换言之,马克思之所以要研究"工业",终归是要证明,在工业阶段,"私有财产才能完成它对人的统治,并以最普遍的形式成为世界历史性的力量"[4]。因此,只要在起点上将

---

[1] 《马克思恩格斯全集》,中文 2 版,第 3 卷,北京:人民出版社,2002 年,第 289—293 页。

[2] 《马克思恩格斯全集》,中文 2 版,第 3 卷,北京:人民出版社,2002 年,第 289 页。Marx-Engels-Gesamtausgabe, Bd. I/2, Berlin: Dietz, 1982, S. 257.

[3] 《马克思恩格斯全集》,中文 2 版,第 3 卷,北京:人民出版社,2002 年,第 293 页。Marx-Engels-Gesamtausgabe, Bd. I/2, Berlin: Dietz, 1982, S. 260.

[4] 《马克思恩格斯全集》,中文 2 版,第 3 卷,北京:人民出版社,2002 年,第 293 页。Marx-Engels-Gesamtausgabe, Bd. I/2, Berlin: Dietz, 1982, S. 260.

"工业"归结为"劳动",并最终落到对私有财产支配人的批判这一点上,那么异化批判就完成了。

然而,马克思不仅希望在"超出经济学"的层面实现异化批判,也希望说明人的本质的现实所指,找到从异化中解放出来的客观动力。因此,在不久之后论述到共产主义的段落时,马克思重新想到了"工业"。在第一笔记本最初的摘录中,工业还是使劳动者变得更加困苦、使资本优势更加集聚的罪魁祸首。此时的马克思站在人本学高度,对工业的必要性和进步性给出了新的阐释:"**工业的历史和工业的已经生成的对象性的**(*gegenständliche*)**存在,是一本打开了的人的本质力量**(*menschlichen Wesenskräfte*)**的书,是感性地摆在我们面前的人的心理学。**"[1]这是否推翻了他之前对经济学的工业所做的批判呢?答案是否定的。马克思强调,他这里所说的"工业"不同于一般所理解的"**通常的、物质的工业**(*gewöhnlichen, materiellen Industrie*)"[2],不是国民经济学所谈论的工业,而是经济学家们关于"工业"的分析中也没有出现的方面,"对这种心理学人们至今还没有从它同人的**本质**的联系,而总是仅仅从外在的有用性这种关系来理解"[3]。就本质而言,工业是人的本质力量的对象化,然而就现实而言,它却表现为异化:"人的**对象化的本质力量**(*vergegenständlichten Wesenskräfte*)**以感性的、异在的、有用的对象**的形式(Form *sinnlicher, fremder, nützlicher Gegenstände*),以异化的形式(Form der Entfremdung)

---

1 《马克思恩格斯全集》,中文 2 版,第 3 卷,北京:人民出版社,2002 年,第 306 页。*Marx-Engels-Gesamtausgabe*, Bd. I/2, Berlin: Dietz, 1982, S. 271.
2 《马克思恩格斯全集》,中文 2 版,第 3 卷,北京:人民出版社,2002 年,第 306 页。*Marx-Engels-Gesamtausgabe*, Bd. I/2, Berlin: Dietz, 1982, S. 271.
3 《马克思恩格斯全集》,中文 2 版,第 3 卷,北京:人民出版社,2002 年,第 306 页。

呈现在我们面前。"[1]马克思还说,迄今为止全部人类活动,都是同自身相异化的活动,这种活动在经济学话语中也就是劳动,或者工业。[2] 这里再次将"劳动"和"工业"混用了。但这里的论述也清楚表明:第一,人本学的对象化并不是一种曾经存在的本真状态,而只是现实异化状态的逻辑前提,至少就工业而言,从未存在过一个尚未异化的对象化阶段;第二,批判异化,并不是要消灭异化、保留对象化,而是要扬弃异化、扬弃对象性。换言之,不是回到某个不存在的人本学原初设定,真正的解放道路是向前铺展的,而这种解放力量恰恰来自工业。"如果把工业看成人的**本质力量**(menschliche Wesenskräfte)的**公开的**展示,那么自然界的**人的本质**(menschliche Wesen),或者人的**自然的**本质,也就可以理解了……通过工业——尽管以**异化**形态(in entfremdeter Gestalt)——形成的自然界,是真正的、**人本学的**(anthropologische)自然界。"[3]一方面,这仍然是人本学话语,但另一方面,又包含着马克思对工业的历史意义的积极肯定,从而潜藏着超越人本学的可能性。

在《神圣家族》中,马克思既对黑格尔的思辨哲学的唯心主义结构做了批判,更对鲍威尔等青年黑格尔派的唯心主义历史观展开了批判。就前者而言,他主要是依循了费尔巴哈的唯物主义立场和批判方法,与经济学研究关联不大。就后者而言,以"工业"概念的频繁出现为标志,经济学研究对马克思本人的历史观明显产生了重要的影响。

---

1 《马克思恩格斯全集》,中文2版,第3卷,北京:人民出版社,2002年,第307页。Marx-Engels-Gesamtausgabe, Bd. I/2, Berlin: Dietz, 1982, S. 271.
2 《马克思恩格斯全集》,中文2版,第3卷,北京:人民出版社,2002年,第306页。
3 《马克思恩格斯全集》,中文2版,第3卷,北京:人民出版社,2002年,第307页。Marx-Engels-Gesamtausgabe, Bd. I/2, Berlin: Dietz, 1982, S. 272.

"工业"在《神圣家族》中的第一次出现是在第五章批判施里加的部分。施里加主张,将贵族式的教养推广为普世的东西,在全球建立起基督教和道德的王国。马克思嘲讽道:"他看不到,**工业和商业**正在建立另一种包罗万象的王国,根本不同于基督教和道德、家庭幸福和小市民福利所建立的包罗万象的王国。"[1] 可见,马克思眼中的世界,他所聚焦的社会历史问题,已经与青年黑格尔派大相迥异了。施里加看不到构建起现实世界的工业和商业力量,鲍威尔也看不到。在第六章批判鲍威尔时,马克思再次强调了他在《论犹太人问题》中已经指出的观点:"鲍威尔先生**只了解犹太精神**(Judentums)[2] 的**宗教本质**,但不了解这一宗教本质的**世俗的实在的基础**(*weltliche, reale Grundlage*)。……现实的**世俗的**(*weltliche*)犹太精神,因而**也连同宗教的犹太精神**,是由**现今的市民生活**(*heutigen bürgerlichen Leben*)所不断地产生出来的,并且是在**货币制度**(*Geldsystem*)中最终形成的。"[3] 与之形成对比的是,马克思已经在《论犹太人问题》中证明,"犹太精神是**通过历史、在历史中并且同历史一起**保存下来和发展起来的"[4]。为什么马克思能够这样理解犹太精神,而鲍威尔做不到这一点?马克思指出,这恰恰是由于二者思考视角的差异性:"这种发展不是用神学家的眼睛,而是只有用世俗人的眼睛才能看到,因为这种发展不是在**宗教学说**中,而是只有在**商业与工业的实践**(*kommerziellen*

---

[1] 《马克思恩格斯全集》,中文1版,第2卷,北京:人民出版社,1957年,第88页。
[2] 如前文所述,这个词也可译为"犹太教"或者"唯利是图的精神"。
[3] 《马克思恩格斯文集》,第1卷,北京:人民出版社,2009年,第307页。*Marx-Engels-Werke*, Bd. 2, Berlin: Dietz, 1962, S. 115.
[4] 《马克思恩格斯文集》,第1卷,北京:人民出版社,2009年,第308页。

und *industriellen Praxis*)中才能看到。"¹ 简而言之,现实的世俗的基础,正是指市民社会的商业和工业实践;世俗人的视角,就是从这种商业和工业的经济实践出发的视角。在这里,马克思不仅将工业的重要性提升到空前的高度,而且直接地将"工业"与"实践"概念联系在了一起。基于"实践"的这种经济性的内涵,马克思说,"实践的犹太精神(praktische Judentum)"正是"**基督教世界本身**的完成了的**实践**(vollendete *Praxis*)"²,而犹太人解放的宗教任务也必须归结为从世俗的市民社会中解放这一"实践任务(praktische Aufgabe)"。具体来说,扬弃"**市民社会中的犹太精神**",就是要扬弃"当前的生活实践(heutigen Lebenspraxis)中的非人性"。³ 可见,此时的马克思已经在精神与现实、宗教与世俗的宏大视野下来谈论"工业"的基础性意义,而不再将其当作"劳动"的同义词了。不仅如此,他还引入"实践"这一更具有哲学概括性的概念,以此突出"工业"或者说人的现代经济活动在历史观层面的意义。

在《神圣家族》的第七章中,马克思对于人的现代经济实践又有了更深刻的表述。他批评鲍威尔等人对自然科学和工业缺乏认真的研究,这些内容在他们的思辨话语中并没有什么地位,却恰恰是人与自然的理论与实践关系的现实基础。马克思反问道:"难道批判的批判(kritische Kritik)以为,只要它把人对自然的理论及实践关系(theoretische und und praktische Verhalten),把自然科

---

1 《马克思恩格斯文集》,第 1 卷,北京:人民出版社,2009 年,第 308 页。*Marx-Engels-Werke*, Bd. 2, Berlin: Dietz, 1962, S. 116.
2 《马克思恩格斯文集》,第 1 卷,北京:人民出版社,2009 年,第 308 页。*Marx-Engels-Werke*, Bd. 2, Berlin: Dietz, 1962, S. 116.
3 《马克思恩格斯文集》,第 1 卷,北京:人民出版社,2009 年,第 308 页。*Marx-Engels-Werke*, Bd. 2, Berlin: Dietz, 1962, S. 116.

学和工业排除**在**历史性运动(geschichtlichen Bewegung)**之外**,它就能达到,哪怕只是**初步**达到对历史性现实(geschichtlichen Wirklichkeit)的认识吗?难道批判的批判以为,它不把比如说某一历史时期的工业,即生活本身(Lebens selbst)的直接的生产方式(unmittelbare Produktionsweise)认识清楚,它就能真正地认清这个历史时期吗?"[1]批判的批判的历史观的虚妄之处就在于"把历史同自然科学和工业分开,认为历史的诞生地不是地上的粗糙的**物质**生产(grob-*materiellen* Produktion),而是天上的迷蒙的云兴雾聚之处"[2]。在这一段中,马克思再次将"工业"界定为"人与自然的实践关系",并进一步提出"工业"就是"生活本身的直接生产方式",强调历史的诞生地在于"物质生产",这些表述在后来的《形态》中得到了系统性地阐发,构成了历史唯物主义的方法论基础。在这里,工业的历史意义已经直接地得到了肯定,而不再像《手稿》中那样,还掩藏在人本学的理解框架之中。

这样看起来,马克思几乎已经为新的唯物主义历史观搭建好了概念的框架。然而,一种新哲学的诞生并不是那么容易的事情。如果仅仅考察马克思此时对他的德国同胞们的批判,我们很容易发现马克思超越青年黑格尔派甚至黑格尔思辨哲学的地方。然而,如果转向考察马克思对经济学的批判,就会发现,人本学仍然是马克思不得不仰赖的武器,他还没有形成真正属于自己的、与形成中的唯物主义历史观真正契合起来的新的批判方法论。

---

[1] 《马克思恩格斯文集》,第1卷,北京:人民出版社,2009年,第350页。*Marx-Engels-Werke*, Bd. 2, Berlin: Dietz, 1962, S. 158-159.

[2] 《马克思恩格斯文集》,第1卷,北京:人民出版社,2009年,第350—351页。*Marx-Engels-Werke*, Bd. 2, Berlin: Dietz, 1962, S. 158-159.

二、《评李斯特》：历史性视角下的"人的本质的对象化"

巴黎时期的"工业"概念已经体现了马克思在人本学逻辑统摄下新的现实历史性视角的萌生过程。而通过对1845年到1846年相关文本的分析，我们可以更加清晰地看到，"工业"概念在马克思的新哲学诞生之际具有一种过渡性特征：一方面，人本学的内涵还有所延续；另一方面，一种对现实经济发展过程加以内在性、历史性的矛盾分析的思路正在颠覆人本学的基本逻辑。

1845年，马克思在布鲁塞尔还写下了一份重要的手稿——《评弗里德里希·李斯特的著作〈政治经济学的国民体系〉》（以下简称《评李斯特》）。在这一文本中，马克思对工业做出的新阐述在性质上鲜明体现了这种过渡性质。根据MEGA²版编者的研究，这份手稿应该是在马克思从英国返回布鲁塞尔之后才动笔的，即写于1845年8月底或秋季。[1] 如果是这样，也就意味着《评李斯特》写于《提纲》之后。无论是否认同这一点，我们可以这样定位《评李斯特》的创作背景：经过一个阶段的全面研究和考察，马克思对政治经济学的认识相较于《手稿》时期已经大大深化了，而且，马克思已经走到了告别人本学唯物主义的重要关头。《评李斯特》中的经济学批判可以分解为两个任务：其一，要批判李斯特和英法经济学家的不同之处，指出李斯特的错误；其二，还要批判李斯特与

---

[1] 从手稿内容上看，此前巴黎时期关于李嘉图的笔记、布鲁塞尔时期关于费里埃和尤尔的笔记、曼彻斯特时期关于布雷和格瑞克的笔记在其中有直接体现。2015年出版的MEGA²第四部分第5卷再次指认了曼彻斯特笔记中关于布雷、希尔迪奇、格瑞克的摘录对于这一手稿的影响。Vgl. *Marx-Engels-Jahrbuch*, Bd. 11, Berlin: Dietz, 1988, S. 225; *Marx-Engels-Gesamtausgabe*, Bd. IV/5, Berlin: Walter de Gruyter, 2015, S. 347.

英法经济学家的相同之处,也就是对他们共同的经济学理论基础加以批判。就前者而言,马克思已经切身感受到,被李斯特所批判的英法政治经济学,并不是他在《手稿》开端部分所批判的那样,是一种不人道的理论蓄意,也不是李斯特所设想的那种"研究室中编造出来的体系。像经济学这样一门科学的发展,是同社会的现实运动联系在一起的,或者仅仅是这种运动在理论上的表现"[1]。这种对经济学的新理解,很可能是直接受到了其英国考察见闻的触动。马克思还批判李斯特醉心于理论虚构,不去研究"现实的历史"[2]。这些表述已经完全是唯物主义的了。但更重要的是后一个批判任务,即找到李斯特和他所批判的自由主义经济学所共同遵循的理论基础,并加以批判。在这一层面上,马克思还没办法完全脱离此前的人本学话语。

在《手稿》的第三笔记本中,马克思曾区分了一般所理解的工业和人本学视角下的工业,将后者视为人的本质力量的对象化。在《评李斯特》中,他也首先重申了这一观点。他主张,要用与现实商业利益的视角"完全不同的观点来看待工业。工业可以被看作大作坊(Werkstätte),在这里人类自身(Mensch sich selbst)第一次占有他自己的和自然的力量,使自身对象化(sich vergegenständlicht),为自身创造一种人的生活(menschlichen Leben)的条件"[3]。到此为止,马克思的表述并未超出《手稿》的水平。但后面,马克思对他理解工业的方法论视角做了更加细致的说明:"如果这样看待工

---

1 《马克思恩格斯全集》,中文1版,第42卷,北京:人民出版社,1979年,第242页。
2 《马克思恩格斯全集》,中文1版,第42卷,北京:人民出版社,1979年,第242页。
3 《马克思恩格斯全集》,中文1版,第42卷,北京:人民出版社,1979年,第257页。Marx, K. "Über F. Lists Buch 'Das nationale System der politischen Ökonomie'", In: *Kritik der bürgerlichen Ökonomie*, Berlin: Verlag für das Studium der Arbeiterbewegung, 1972, S. 28.

业,那就撇开(abstrahiert)了当前工业所活动于其中的、**作为工业所存在**(existiert)于其中的**情境**(Umständen);那就**不是**处身于工业时代之中,而是在它**之上**;那就不是按照工业当前对人来说是什么,而是按照当前的人对**人类历史**(Menschengeschichte)来说是什么,即历史地说(geschichtlich)他是什么来看待工业;所认识的就不是**工业**本身,不是它当前的**存在**(heutige Existenz),而是工业意识不到的并违反工业的意志而存在于工业中的力量,这种力量**消灭**(vernichtet)工业并为**人的存在**(menschliche Existenz)奠定基础。"[1] 从这段话中可以看出:第一,人本学的色彩依然存在,马克思强调一种高于现实性的"人"的视角;第二,历史性的视角更加凸显,马克思不是在抽象的思辨逻辑中界定工业和人的本质,而是在历史发展的进程中理解工业和人的历史意义,应该说,这已经是对人本学思路的一种内在的颠覆;第三,矛盾性的视角与历史性的分析结合在了一起,马克思意识到,解放的力量不存在于批判对象(劳动-工业)之外,而恰恰就在批判对象之中,工业本身会历史地发展出违反工业意志的、消灭工业的力量。这就意味着,一种唯物主义的历史辩证法思想已经初露峥嵘。马克思虽然尚未完全放弃人本学色彩的表达,但他的批判方法论的实质已经发生了变化:在这里,"人的本质"的设定已经可有可无了,真正能够改变现实的是现实经济发展所产生的解放动力,是现实经济发展过程中的内在的、历史的矛盾。

基于这种以工业的矛盾运动为基础的新的历史观,马克思超

---

[1] 《马克思恩格斯全集》,中文 1 版,第 42 卷,北京:人民出版社,1979 年,第 257 页。Marx, K. "Über F. Lists Buch 'Das nationale System der politischen Ökonomie'", In: *Kritik der bürgerlichen Ökonomie*, Berlin: Verlag für das Studium der Arbeiterbewegung, 1972, S. 28.

越李斯特,站在了新的高度。第一,从世界历史的眼光来看,李斯特只看到国家间的经济竞争,却看不到工业在世界范围内历史性地建立起了一种支配地位。"英国之所以能统治我们,是因为工业统治了我们。"[1]第二,从改变这种支配地位的动力上看,正是工业本身唤起了消灭其自身的力量。第三,从现实的革命主体上看,解放也不是依靠一种外在于现实的政治或道德主张,私有制社会所产生出来的无产阶级正是消灭这种私有制的力量。[2] 马克思的不足只在于,此时他对这种历史变革的节点的估计还是太早了。[3]

三、新出发点的制定:从"工业"到"物质生产"

1845年春,也就是在写作《提纲》前后,马克思已经确立起历史唯物主义的新见解。他和恩格斯充分交流了彼此的想法,并决定合作一部新著作,阐明这种新的见解与当时流行的德国哲学的对立,同时也清算一下自己从前的哲学信仰。[4] 这部著作最终未能出版,但留下了一批重要的手稿,这就是《形态》。《形态》的写作大约是从1845年秋天开始的,在写作过程中,马克思、恩格斯逐渐调整、敲定了该书的结构:全书分两卷,第一卷针对的是费尔巴哈、鲍威尔和施蒂纳,第二卷批判"真正的社会主义"思潮。在现存的手稿中,最值得重视的,就是第一卷第一章,关于费尔巴哈的内容。

---

[1] 《马克思恩格斯全集》,中文1版,第42卷,北京:人民出版社,1979年,第260页。
[2] 《马克思恩格斯全集》,中文1版,第42卷,北京:人民出版社,1979年,第258—259页。
[3] 《马克思恩格斯全集》,中文1版,第42卷,北京:人民出版社,1979年,第257—258页。
[4] 《马克思恩格斯全集》,中文2版,第31卷,北京:人民出版社,1998年,第414页。

在这里，马克思[1]第一次对自己的唯物主义历史观做出了系统性的阐述。从现存手稿的写作顺序来看，马克思是在批判鲍威尔和施蒂纳的过程中，提炼出了一些专门批判费尔巴哈的段落，后来又为第一章专门撰写了开头部分。因此，概念出场的顺序是这样的：在今天人们所读到的第一章开头之前，在马克思从"生产"出发系统阐释唯物主义历史观之前，在本来用于批判鲍威尔的手稿中，"工业"就已经出场了。马克思批判鲍威尔只是想把人从哲学的词句中解放出来，却没有找到解放的动力。"只有在现实的世界中并使用现实的手段才能实现真正的解放；没有蒸汽机和珍妮走锭精纺机就不能消灭奴隶制；没有改良的农业就不能消灭农奴制。"[2]可见，马克思把生产方式甚至生产手段的变革作为解放的现实基础，也是在这一语境中谈到了工业："'解放'是一种历史行动(geschichtliche Tat)，不是思想行动，'解放'是由历史的关系(geschichtliche Verhältnisse)，是由工业状况(Stand der Industrie)、商业状况、农业状况、交往状况促成的。"[3]正如在《神圣家族》中那样，马克思有时会将工业和商业并列起来，这时，"工业"指的是一个不同于农业和商业的经济领域或经济部门。而当马克思强调工业和商业的时候，他往往是在强调一个全新的观察社会历史的视角，即德国哲学家们所不予考虑的现实的经济实践。例如，费尔巴哈强调感性直观，却没有意识到，他周围的感性世界并不是天然存

---

[1] 现存手稿大部分为恩格斯的笔迹，但一般认为，这些手稿总的来说并非《形态》的原初草稿，而更可能是恩格斯执笔的誊清稿。因此，除了明确出自马克思的修改和边注外，无法区分开马克思、恩格斯的表述。以下为论述方便，将"马克思、恩格斯"的思考和表达均简称为"马克思"的思考和表达。

[2] ［德］英格·陶伯特编：《MEGA：陶伯特版〈德意志意识形态·费尔巴哈〉》，李乾坤等编译，南京：南京大学出版社，2014年，第21页。

[3] ［德］英格·陶伯特编：《MEGA：陶伯特版〈德意志意识形态·费尔巴哈〉》，李乾坤等编译，南京：南京大学出版社，2014年，第21、170页。

在的东西,"而是工业(Industrie)和社会状况(Gesellschaftszustandes)的产物,是历史的产物,是世世代代活动的结果……甚至连最简单的'感性确定性'的对象(Gegenstände)也只是由于社会发展、由于工业(Industrie)和商业交往(commerziellen Verkehr)才提供给他的"[1]。在这里,工业和商业一方面是并列的,另一方面又显然分别指向了物质生产和交换两个环节。不久之后,这种区分便更加明显了:"工业(Industrie)和商业(Handel)、生活必需品的生产(Produktion)和交换(Austausch),一方面制约着分配和不同社会阶级的划分,同时它们在自己的运动形式上又受着后者的制约。"[2] 在这种语境中,"工业"逐渐成为现实物质生产的代名词,那种关于人的本质的对象化的话语已经荡然无存。

马克思在这里还提到一个重要的哲学问题:人与自然的关系问题。然而,马克思此时理解这一问题的思路是迥然不同于哲学家们的:"如果懂得在工业(Industrie)中向来就有那个很著名的'人和自然的统一(Einheit des Menschen mit der Natur)',而且这种统一在每一个时代都随着工业(Industrie)或慢或快的发展而不断改变,就像人与自然的'斗争'促进其生产力(Productivkräfte)在相应基础上的发展一样,那么上述问题也就自行消失了。"[3] 如果马克思严格地将"工业"限定为工业革命意义上的那种机器大工业,就不会有"每一个时代"的工业这种表述。这里已经可以明显地看到,当马克思谈论"工业"的时候,他所指的就是在现实历史中

---

[1] [德]英格·陶伯特编:《MEGA:陶伯特版〈德意志意识形态·费尔巴哈〉》,李乾坤等编译,南京:南京大学出版社,2014年,第22、172页。

[2] [德]英格·陶伯特编:《MEGA:陶伯特版〈德意志意识形态·费尔巴哈〉》,李乾坤等编译,南京:南京大学出版社,2014年,第23、173页。

[3] [德]英格·陶伯特编:《MEGA:陶伯特版〈德意志意识形态·费尔巴哈〉》,李乾坤等编译,南京:南京大学出版社,2014年,第23、173页。

真正将人与自然关联在一起的、改变了人与自然的关系格局的物质生产活动。"甚至这个'纯粹的'自然科学也只是由于商业(Handel)和工业(Industrie)、由于人们的感性活动(sinnliche Thätigkeit)才达到自己的目的和获得自己的材料的。这种活动,这种连续不断的感性劳动(sinnliche Arbeiten)和创造(Schaffen)、生产(Produktion),正是整个现存的感性世界的基础。"[1] 在这里,马克思已经接近于正面提出唯物主义历史观的基本原则了,即物质生产是意识形态的基础。不过,马克思似乎还没有最终确定恰当的概念,他还在"感性活动""工业""生产"等概念之间有所游移。

行文至此,马克思写下了那段有名的对费尔巴哈的评价:"当费尔巴哈是一个唯物主义者的时候,历史(Geschichte)在他的视野之外;当他去探讨历史的时候,他不是一个唯物主义者。"[2] 这样,马克思再次正式划开了他的新唯物主义和费尔巴哈的唯物主义的界限。这个界限,就视域差异而言,其核心就是"历史";而就理解"历史"的具体视角差异而言,其核心则是费尔巴哈所看不到的"工业(Industrie)和社会结构(gesellschaftlichen Gliederung)"[3],或者说,就是"感性活动"或"生产"。这一次,马克思没有使用"实践"。紧接着,马克思写了一小段话,批判德国人虽然惯于谈及"历史"的字眼,却无法切中现实。[4] 在下一张手稿中,马克思在正文右侧写下一个大大的"历史(Geschichte)",似乎是想要做一个提醒:现在,

---

[1] [德]英格·陶伯特编:《MEGA:陶伯特版〈德意志意识形态·费尔巴哈〉》,李乾坤等编译,南京:南京大学出版社,2014年,第23、174页。
[2] [德]英格·陶伯特编:《MEGA:陶伯特版〈德意志意识形态·费尔巴哈〉》,李乾坤等编译,南京:南京大学出版社,2014年,第25、176页。
[3] [德]英格·陶伯特编:《MEGA:陶伯特版〈德意志意识形态·费尔巴哈〉》,李乾坤等编译,南京:南京大学出版社,2014年,第24、175页。
[4] 这段话后来被删掉了。参见[日]广松涉编注:《文献学语境中的〈德意志意识形态〉》,彭曦译,南京:南京大学出版社,2005年,第20、22页。

是时候以"历史"为核心，系统地阐明他的唯物主义的基本方法与原则了。而在这次系统性的阐述中，马克思也终于确立了新的哲学方法论的出发点——"物质生产"。而随着"物质生产"的正式出场，人本学意义上的"对象性""对象化"概念都消失了。

前文已经提到，《形态》现存的手稿情况非常复杂，几乎不可能从文献学信息本身得出一个确定无疑的写作顺序。但可以确定的是，马克思先写了上文所分析过的一批较多的手稿，后来又为第一章撰写了几个不同版本的开头。[1] 总的来说，马克思正面阐发了如下的历史唯物主义的基本论证逻辑。

第一，马克思确立了人类历史的"第一个前提"——人的生命的持存。在后来完成的小束手稿中，马克思写道："全部人类历史(aller Menschengeschichte)的第一个前提(erste Voraussetzung)当然是活着的人类的诸个人(lebendiger menschlicher Individuen)的存在(Existenz)。"[2]这完全是对大束手稿论述起点的确认。[3] 马克思两次以人的生命的持存("活着")作为人的一切历史发展的前提。这

---

[1] 日本学者广松涉将《形态》第一章的手稿分为两个部分：前期完成的十七张称为"大束手稿"，上文分析过的段落即属于这一部分，马克思后来标注了页码；后期主要是修订、增补第一章的七张称为"小束手稿"，其中五张有"1"到"5"的纸张编号，广松涉将其标为{1}～{5}，同时将另两张标为{1?}{2?}。广松涉版《形态》对文本的逻辑结构提出了自己的独特理解：第一，小束手稿中的{1?}{2?}不仅明显是{1}{2}两张誊清稿的基底稿，而且，{1?}{2?}和{5}三张手稿具有内容上的连贯性；第二，这三张手稿中引言以下的部分，即"1.一般意识形态，特别是德国哲学"以下的论述与大束手稿中马克思编为第11—16页的内容具有对应性。广松涉将之对应起来编排，为我们具体考察马克思的思考和写作过程提供了新的可能，本书对相关段落的分析也以这一版的编排为参照。参见［日］广松涉编注：《文献学语境中的〈德意志意识形态〉》，彭曦译，南京：南京大学出版社，2005年，编者序言第5页、正文第354—355页。

[2] ［日］广松涉编注：《文献学语境中的〈德意志意识形态〉》，彭曦译，南京：南京大学出版社，2005年，第23、197页。

[3] ［日］广松涉编注：《文献学语境中的〈德意志意识形态〉》，彭曦译，南京：南京大学出版社，2005年，第22、196页。

一前提是对如何理解"人"的问题的一种呼应,但这里已经完全放弃了关于人的本质的任何预先设定,只留下"活着"这样一个相当无可辩驳的事实性前提。

第二,马克思提出了"第一个历史行动"——物质生活的生产。"为了生活(Zum Leben),首先就需要饮食、居住、衣被以及其他一些东西。因此第一个历史行动(erste geschichtliche Tat)就是满足这些需要的资料的创生(Erzeugung),即物质生活(materiellen Lebens selbst)本身的生产(Produktion)。"[1] 这一段在小束手稿中也得到了重申。[2] 马克思两次论述的逻辑高度一致:都是从历史的第一个前提(人要活着)出发,证明人的第一个历史行动是为了活着而生产;都是从生产各种物质生活资料,进一步得出生产人的物质生活本身。"生产"让人得以存活下去,这种创生性的活动构成历史的基础。

第三,马克思给出了一个理解"生产"的具体范式——"生产方式"。马克思所关注的"生产"不仅是主体性的、对象性的活动,而且是有着具体的结构性、历史性特征,以特定方式进行的生产。"人们之所以有历史(Geschichte),是因为他们必须**生产**(*produzieren*)他们的生活(Leben),而且必须用**特定的**方式(*bestimmte* Weise)来进行。"[3] 历史不是同一的生产活动的简单重复,而是由发展着的生产方式所推动变化的历史。这样看来,生产方式就不仅是对生产概念的具体化,更上升为理解社会历史的一

---

[1] [日]广松涉编注:《文献学语境中的〈德意志意识形态〉》,彭曦译,南京:南京大学出版社,2005年,第22、196页。

[2] [日]广松涉编注:《文献学语境中的〈德意志意识形态〉》,彭曦译,南京:南京大学出版社,2005年,第23、25、197、199页。

[3] [日]广松涉编注:《文献学语境中的〈德意志意识形态〉》,彭曦译,南京:南京大学出版社,2005年,第26、200页。

个核心范式。

第四，对"生产方式"的考察不仅是理解宏观历史的基础，也是理解现实的个人的核心范式。"这种生产方式（Weise der Produktion）……是这些个人（Individuen）的活动（Tätigkeit）的特定形式（bestimmte Art），是他们表现自己生活（Leben）的特定形式（bestimmte Art），他们的特定的**生活方式**（bestimmte *Lebensweise*）。个人怎样表现自己的生活，他们自己也就是怎样的。因此，他们是什么样的，这同他们的生产（Produktion）是一致的——既和他们生产**什么**（*was*）一致，又和他们**怎样**（*wie*）生产一致。"[1]马克思还指出了"生产方式"与"社会关系"的关联："以特定的方式（bestimmte Weise）生产性地（produktiv）活动着的（tätig）特定的诸个人（bestimmte Individuen），发生特定的（bestimmte）社会和政治关系。"[2]可见，对生产方式的考察绝不只是实证性的经济学的工作，它不仅具有深刻的哲学意味，而且对于理解现实的社会历史结构和置身其中的现实的个人都深具要义。这已经不再只是新的方法论的"起点"，而是涉及马克思理解社会历史的新的"逻辑"，在本章第三节中将集中阐述。

如果按照马克思之前的思路，"生产"完全可以被再次形容为"对象化"，因为"人的本质的对象化"固然是一种思辨表述，但透过这种思辨表述所意指的人的现实活动正是"生产"。为什么马克思在此没有这样表述？理由至少有两个。其一，"对象化"的说法突出的是主体性的实现，而马克思这里更加强调，人的历史性存续即

---

[1] ［日］广松涉编注：《文献学语境中的〈德意志意识形态〉》，彭曦译，南京：南京大学出版社，2005年，第25、199页。
[2] ［日］广松涉编注：《文献学语境中的〈德意志意识形态〉》，彭曦译，南京：南京大学出版社，2005年，第27、201页。

便有主动性的部分,仍然是以其背后的客观需要为驱动的,这是更加唯物主义的基础。如果聚焦于人的主体性,那么这种主体性可以对象化为无穷形式,其中唯有为了满足生活需要而进行的物质生产才是最基础的。这种基础意义在《资本论》中被马克思形容为"永恒的自然必然性"[1]。其二,"人的本质的对象化"的论述存在一种还原性的倾向,似乎将对象性的问题转化为人的本质的问题,就大功告成了。马克思此时恰恰反对这样一种还原,在他看来,真正重要的是了解"对象化"的具体机制,即对"生产方式"本身加以分析,进而探察社会发展与个人生活的肌理,因此"对象化"的表述不仅不会帮助澄清问题,反而会将重点引导到错误的方面,故而被舍弃不用。但是,这不代表马克思不看重"对象化"概念的真实所指:马克思从走上哲学之路开始,便始终强调主体性的现实化、对象化。即便是谈论人为了生活而生产这一过程,唯心主义者也可以强调生产者的思想意识,而马克思强调的是"生产"本身对人的生活的物质性满足。因此,如果在突出物质性的"生产"和突出主体性的"对象化"这两种表述之间选择,此时的马克思会选择前者;如果在"非对象化"的主体性和"对象化"的过程或结果之间选择,马克思还是会选择后者,这也是《提纲》中马克思以"对象性活动"区别于旧唯心主义乃至旧唯物主义的原因。总之,马克思要走出一条不同于德国思辨传统、从世俗的物质生产实践出发的新道路:"德国哲学从天国降到人间;和它完全相反,这里我们是从人间升到天国。"[2]

可见,马克思不是突然选中"生产"作为新哲学的出发点。在

---

1 《马克思恩格斯文集》,第5卷,北京:人民出版社,2009年,第56页。
2 [日]广松涉编注:《文献学语境中的〈德意志意识形态〉》,彭曦译,南京:南京大学出版社,2005年,第31、205页。

此之前,《神圣家族》中的"商业与工业实践""生活本身的生产方式",《提纲》中的"革命性的实践"、宗教的"世俗基础",《评李斯特》甚至《形态》之前手稿中关于"工业"的历史性意义的系列论述,都已经在不同程度上指向了这种新的方法论的核心,为"生产"的正式出场做足了准备,也为我们理解马克思的哲学变革提供了概念线索。当然,新哲学仍然需要面对如何理解"人"的问题。马克思选择从人类历史的发生与发展角度来加以论述,而与那种设定一种本原性的"人的本质"的思路彻底告别。这样,"人的本质的对象化"的逻辑也就失去了理论地位。用黑格尔的语言来说,"人的本质的对象化"的逻辑不是被直接否定了,而是被"扬弃"了——"生产"当然也是人将自己的主体性的东西转变为对象性的东西的过程,这仍然是一种"对象化",而且马克思很看重这种"对象化"过程对于人类历史的意义,但是,"人的本质"的设定被抛弃了,人与生产的关系被倒转了:不是某种先在的"人"进行"生产",而是人的现实的生产塑造现实的人及其社会历史。当"生产"本身成为新哲学的出发点,它便不再需要被套进人本学的"对象化"话语当中了。

第三节
批判方法论的转变与"对象化劳动"的偶现

通过前两节的分析,我们梳理了马克思逐步告别人本学逻辑、确立新哲学的出发点的过程。这一出发点在《提纲》中被界定为作为"对象性活动"的"实践",而在《形态》中被进一步具体化为"生产",并且导向对于"生产方式"的全面考察。由此说明,出发点的转变也带来了整个分析构架的变化。在巴黎时期,马克思在经济学批判的过程中建构起完整的异化批判理论。现在,马克思如何基于生产实践这一新的出发点来理解社会历史,并开展经济学批判?在《手稿》中,除了人本学的"对象化"外,马克思还用"对象化劳动"说明劳动产品的经济学本原,进而批判劳动产品与劳动的现实异化关系。这一短语在后续文本中有怎样的变化?马克思对于"劳动"与"私有财产"的对立有怎样的新理解?这就是本节要研究的问题。

一、社会关系建构论:一种新的社会批判方法论

马克思不仅仅扬弃了人本学意义上的"对象化"的概念,更颠覆了人本学的逻辑本身,即不再以"人"为核心,基于人的"对象化—异化—扬弃异化"来理解社会生活。取而代之的,是一种基于生产实践来考察人所受制于其中的多重物质关联与社会关系境遇的分析逻辑。两种逻辑的根本差异在于究竟是从"人"出发来理解人所遭遇的社会关系,还是反过来,通过对社会关系的分析来理解人与社会。在《提纲》中,马克思解构了人本学逻辑的核心,即"人的本质"的问题,提出了一种颠覆性的"社会关系建构论"。而《形态》中关于原初历史关系和"现实的个人"的阐述则是对这种关系建构论更详尽的阐明和更深入的发展。以此为基础,马克思不仅批判了费尔巴哈的人本学,而且批判了德国唯心主义历史观,也为批判性地理解政治经济学提供了新的基础。

任何理论都有其不容置疑的前提预设。对于人本学来说,这个前提预设就是"人"本身,即关于人的本质的规定。在《提纲》之前,马克思已经熟练地运用这种从"人"出发的逻辑,来面对社会历史发展,来进行经济学批判和共产主义阐发。但从另一方面来看,

这种逻辑的充分展开也暴露出其局限性:从"人"出发,现实的活动及其产物就是人的本质的"对象化",经济过程中人与其产物的颠倒性支配关系就是"异化",理想的应然状态就是"扬弃异化",从而确证"人"本身;从"人"出发,"社会"不过是人所组成的共同体,是"类"的代名词,"社会关系"不过就是"人"的类关系;从"人"出发,"历史"不过就是人追求着自己目的的活动,历史的发展就是"人"的发展;从"人"出发,"个人"不过就是以个体方式存在着的"人",这种个人的存在,要么与人的类本质直接等同,要么与人的类本质相异化。总而言之,凡是与"人"有关的问题,"人"都是一个无所不包的万能钥匙。

然而,随着经济学研究和个人哲学思考的推进,马克思逐渐发现,这种从"人"出发的逻辑在遭遇"货币""分工""工业"等现实问题时,屡屡暴露出其自身的贫乏性与不切题性。从"人"出发,马克思固然可以通过调整对"人"的本质的界定,来勉强应对不同的主题,但这种批判并没有让他获得对社会历史和"人"本身更深入的理解。相反,倒是他所试图用人本学话语打发掉的经济事实和历史事实本身,不断充实和冲击着他,给了他新的灵感。在第三章最后一节中,已经可以看到这一过程。在《穆勒摘要》中,马克思甚至明确承认,在批判异化劳动时,他所依凭的"人的本质的对象化"、人的"自由的生命表现",都不过是一种"假定"。在马克思心里,"人的本质"这一人本学逻辑的预设和出发点,已经不可靠了。

直到1845年春天,马克思终于决定彻底告别人本学唯物主义,而标示这次告别的文本就是《提纲》。要告别人本学,核心就是不再从"人的本质"出发。这样一来,马克思就要回答两个问题。其一,如果不再从"人的本质"出发,那么,从哪里出发?其二,如果不再将"人的本质"作为前提,那么,又该如何理解"人的本质"?以及,"人的本质"何以丧失了作为前提的资格?对于第一个问题,马克思的回答很清楚:从"实践"出发。这主要体现在《提纲》的前半部分,本章前两节也已经重点分析过了。对于第二个问题,马克思的回答也很清楚:理解"人"的关键词是"社会关系"。

马克思说:"费尔巴哈把宗教的本质归结于人的(menschliche)本质。但是,人的本质不是单个的个人(einzelnen Individuum)所固有的抽象的东西(Abstractum),在其现实性(Wirklichkeit)上,它是社会关系(gesellschaftlichen Verhältnisse)的总和(ensemble)。"[1] 在这段话中,"Abstractum"即"抽象"之意,并不指有形的"物",考虑到语句通顺,改译为"抽象的东西"。笔者认为,这一段话不是关于人的本质问题的平铺直叙,而是极富颠覆意义。首先,费尔巴哈认为,宗教的本质不过就是人的本质;马克思却说费尔巴哈所谓的"人的本质"不过是从宗教学说中得来的。这是对费尔巴哈的人本学的基础的颠覆。对此,马克思在下文中有进一步的阐释。其次,马克思指出,在单个的个人身上,本不存在一种可以被称为"人的本质"的抽象的东西,换言之,对个人来说,抽象的"人的本质"是不存在的! 从人本学的角度来说,这真是一个颠覆性的断言。在这里,马克思还特别将"人(Mensch)"与"个人(Individuum)"概念区分开来,这也说明马克思在人的问题上有了更加细致的思考。最后,在马克思看来,就算正面地谈论"人的本质",也只能在其现实性的层面,把握人在社会关系中的规定性。这里的言外之意是,抽象的、同一的"人的本质"是不具有现实性的,因而也不再被马克思所考虑。因此,这段话意味着马克思明明白白地否定了人本学的

---

[1] 《马克思恩格斯文集》,第1卷,北京:人民出版社,2009年,第501页。*Marx-Engels-Gesamtausgabe*, Bd. Ⅳ/3, Berlin: Akademie, 1998, S. 20-21.

基础,拒绝再对"人的本质"做出抽象的前提性预设。

由此可见,马克思不再从"人的本质"出发来理解"社会",不再将"社会"作为"类"的代名词,而是反过来从"社会"出发来理解"人",具体来说,是通过"社会关系的总和"来理解"人"。这里的这个"总和"即"Ensemble",它不是一个完全抽象的概念,它常常被用来指一个乐团的全体、全体演出者,也有合奏、合唱的意思。换言之,这个用"Ensemble"来表达的总和,是一个包含着内在秩序性和互动性的概念。在人的现实生活中,各种社会关系并不是杂乱的,而总是以某种特定的秩序和方式,构建起一个人的现实的存在方式。这种特定的"合奏"方式,也就塑造出了一个人的现实规定性。简而言之,对现实的人来说,社会关系是一种"先验"存在。

应该说,"社会关系的总和"这个表述太著名了,以至于人们在理解《提纲》第六条时,往往只看到这一句,并将之解读为马克思对人的本质的新规定,或者说,是马克思对人的社会属性的界定。笔者倒认为,这种理解是值得推敲的。第一,马克思在这里的表述,仅仅是肯定意义上的规定吗?换言之,对马克思来说,最重要的究竟是提出"人的本质"的一种新的界定,还是反思人本学所无法脱离的这一提问方式本身?当马克思说单个的个人并没有什么抽象的本质规定的时候,他不是反对关于人的本质的"某种"规定,而是根本不再认为人有一种先验的本质规定。[1] 第二,更重要的是,当马克思说人的本质"在其现实性上"如何的时候,他只是描述现实中人的真实存在方式,这并不代表他认同这种现实,也不代表他认为人的现实存在永远是"社会关系的总和"。实际上,马克思接下

---

[1] 孙伯鍨、张一兵、仰海峰:《体系哲学还是科学的革命的方法论——关于马克思主义哲学特质的思考》,《天津社会科学》1997年第6期,第32页。

来就指出，费尔巴哈的错误就在于"没有对这种现实的本质进行批判"[1]。——试问：如果人的现实的本质是客观的、永恒的存在，"人的本质是社会关系的总和"是一条无批判的真理，马克思又何谈批判它呢？可见，马克思一方面提出，人没有固有的本质，其现实存在方式只是社会关系的总和，另一方面也流露出这样的态度：在这种社会关系支配下的所谓"本质"并不是值得肯定的状态，倒是需要被批判的状态。因此，马克思的新理解绝不是一种以"社会关系"概念代替"类"概念的新的人本学，而是从根本上反对一切人本学逻辑的"社会关系建构论"。进一步来说，这又是一种具有历史性自觉的、包含着批判和超越维度的社会关系建构论。

《提纲》中所提出的"社会关系"标志着马克思在理解社会历史和人的问题上，走向了一种全新的社会关系建构论。一方面，现实的社会历史进程不是抽象的"人"的活动的过程，而是社会关系变化发展的过程；另一方面，现实的个人只在社会关系的视域中才能被理解。这种新的思路，在《形态》中得到了更为系统化的阐发。而且，在《形态》中，马克思同时使用了多个表示"联系""关系"的概念，形成了一套层次更为分明的批判德国哲学、观察社会历史的方案。这种多层次的关系性视域在《提纲》中已初现端倪，它与马克思哲学逻辑变革的多重任务联系在一起：首先，要将宗教世界归结为世俗世界，换言之，就是要突出现实社会历史与哲学历史思辨之间的内在关联，揭示"德意志意识形态"的现实基础；其次，要进入世俗世界内部，也就是要分析作为历史之基础的现实社会的内在结构。如果说现实的社会历史发展是"原本"，那么德国思想家们的理论不过是"副本"。而马克思既要对"副本"进行批判，还要对

---

[1] 《马克思恩格斯文集》，第1卷，北京：人民出版社，2009年，第505页。

"原本"进行批判。[1]

就"副本"批判而言,马克思强调"意识形态"与现实社会历史具有内在性的"关联(Zusammenhang)"。"Zusammenhang"的前半段"zusammen"是"联结、共同"之意,后半段"hang"来自动词"hängen(悬、挂)",进而有"附着、紧跟着"等意思,"Zusammenhang"就是指事物之间存在的内在联结、整体关联。马克思批判德国哲学家们看不到这种"关联":"这些哲学家没有一个想到去追问德国哲学和德国现实(Wirklichkeit)之间的关联(Zusammenhange),去追问他们的批判和他们自身的物质环境(materiellen Umgebung)之间的关联(Zusammenhange)。"[2] 可见,马克思批判理论的第一个层面,就是重建理论与现实的唯物主义关联,为社会历史理论找回世俗基础,具体来说,就是阐明物质生产实践的基础性、前提性。"人们之间一开始就有一种唯物主义的关联(materialistischer Zusammenhang)。这种关联是由需要和生产方式(Weise der Produktion)决定的,它和人本身有同样长久的历史。"[3]

在"原本"批判中,马克思更多地用"联系(Beziehung)"和"关系(Verhältnis)"概念。"Beziehung"源于动词"ziehen(拉、牵)",指事物之间的联系以及人之间的特定的政治、商业、人情等关系。而"Verhältnis"源于动词"verhalten(持……的态度、处于……的情况)",它是指人与人、人与物、物与物的相对关系与态势,常见意思有"关系、比例"等。马克思具体阐明了"生产"领域内部所发生的

---

1 孙伯鍨、刘怀玉:《"存在论转向"与方法论革命——关于马克思主义哲学本体论研究中的几个问题》,《中国社会科学》2002年第5期,第23—24页。
2 [日]广松涉编注:《文献学语境中的〈德意志意识形态〉》,彭曦译,南京:南京大学出版社,2005年,第14、188页。
3 [日]广松涉编注:《文献学语境中的〈德意志意识形态〉》,彭曦译,南京:南京大学出版社,2005年,第26、200页。

事情,完整地建构起一套从生产出发理解社会关系的逻辑。其中,"联系(Beziehung)"是基于生产层面的关于个人、地区、民族之间关联度的说明性概念[1],它侧重于"有没有"联系、联系"有多紧密",而不涉及这种联系之中的各方之间的具体"关系"。"关系(Verhältnis)"则不再满足于强调"有"联系了,而是要阐明,在存在联系的人类社会中,人和人之间究竟形成了"怎样的"关系,这些关系具有怎样的意义。

从人的历史的初期开始,就出现了四种关系,或者说,形成了"原初的历史的关系(ursprünglichen, geschichtlichen Verhältnisse)的四个因素(Momente)、四个方面(Seiten)"[2]。马克思强调,这种四重关系是同时性的、结构性的,应当被理解为社会性的活动(sozialen Tätigkeit)的不同方面,而不是历史发展的不同阶段。[3] 第一重关系,是人对原初自然的创造性关系,或者说,是人的直接物质生活的生产;第二重关系,就是人与被改变了的自然的关系,或者说,是新需要的形成和物质再生产。[4] 以上两重关系是同时发生的。生产不仅是人与原初自然的关系,更是人面对被改造的自然、面对人的产物的过程。第三重关系,是人与人的最原始的关系,或者说,是人对他人生命的生产。[5] 在这里,"生产"的内涵被进一步拓宽了:人为了维系自己的生命而进行的生产,表现为人与

---

1 [日]广松涉编注:《文献学语境中的〈德意志意识形态〉》,彭曦译,南京:南京大学出版社,2005年,第42、80、88、216、252、260页。
2 [日]广松涉编注:《文献学语境中的〈德意志意识形态〉》,彭曦译,南京:南京大学出版社,2005年,第26、200页。
3 [日]广松涉编注:《文献学语境中的〈德意志意识形态〉》,彭曦译,南京:南京大学出版社,2005年,第24页。
4 [日]广松涉编注:《文献学语境中的〈德意志意识形态〉》,彭曦译,南京:南京大学出版社,2005年,第24、198页。
5 [日]广松涉编注:《文献学语境中的〈德意志意识形态〉》,彭曦译,南京:南京大学出版社,2005年,第24、198页。

自然（包括原初自然与改造过的自然）的关系；而人对他人的生命的生产以及维系，即繁育后代，则表现为最原始的人与人的关系的形式。[1] 这样，马克思就从人的自然本性和自然关系出发，进入到历史的第四重关系——社会关系中了。第四重关系，就是以上生产过程中形成的社会关系，或者说，是社会关系本身的生产。马克思在这里对"社会关系"做了更加明确的定位："生命的生产（Produktion des Lebens），无论是通过劳动（Arbeit）而达到的自己生命的生产，或是通过生育（Zeugung）而达到的他人生命的生产，就立即表现为一种双重关系（doppeltes Verhältnis）——一方面是自然（natürliches）关系，另一方面是社会（gesellschaftliches）关系——社会（gesellschaftlich）在这里的含义是指许多个人（Individuen）的共同活动（Zusammenwirken），而不论其在何种条件（Bedingungen）下用何种方式（Weise）为何种目的（Zweck）而进行。"[2] 这样，马克思就将"社会关系"概念彻底地放在了"生产"的视域中来理解。反过来说，马克思将"生产"彻底地诠释成了一个关系性的概念。

总之，马克思不是从抽象的"生产"或者"自然"的范畴出发来理解"人"，而是在现实生产的多重关系性视域中来理解人的现实存在状态。大写的"人"不见了，取而代之的是真正活动着的"现实的个人（wirklichen Individuen）"[3]。几年之后，马克思对"社会关系"和"生产关系"做出更加清晰的区分：所谓"社会""社会关

---

[1] ［日］广松涉编注：《文献学语境中的〈德意志意识形态〉》，彭曦译，南京：南京大学出版社，2005年，第24、198页。

[2] ［日］广松涉编注：《文献学语境中的〈德意志意识形态〉》，彭曦译，南京：南京大学出版社，2005年，第24、26、198、200页。

[3] ［日］广松涉编注：《文献学语境中的〈德意志意识形态〉》，彭曦译，南京：南京大学出版社，2005年，第23、197页。

系"，正是以"生产关系"为基础的，反过来，只有在特定的方式和关系中，才会有现实的生产。[1] 至于对"生产关系"做出透彻的解析，则是很久之后的事情了。在这一阶段，马克思完成了方法论的总体变革，但尚未建立起一套全新的政治经济学批判话语。那么，此时的马克思是如何推进经济学批判的呢？这也就是下一节重点分析的问题。

二、"对象化劳动"的偶现与理解的深化

《手稿》中出现的"对象化劳动"从一开始就不是形容劳动的活动过程，而是形容劳动所生产出的对象——劳动产品。在对象中，劳动不再以主体性、活动性的方式存在，这使得人们在经验层面往往只能看到物性的财富，却遗忘了事情的本质，即一切物性财富、劳动产品的本原皆是人的劳动。如果考虑到财富的分配，那么也就可以说，私有财产的本质是人的劳动。这不是马克思独立的发现，而是基于从斯密到李嘉图关于劳动创造价值的经济学基本观点。马克思认为，将私有财产重新理解为劳动，对于正确理解私有财产、进行经济学批判具有重要意义。在后来的《神圣家族》中，马克思继续使用"对象化"概念，不过用得不多。在对蒲鲁东的批判性评注中，马克思提到："付给单个劳动者的工资的总和，即使在每一单个人的劳动都完全得到了报酬的情况下，也还是不足以偿付对象化（vergegenständigt）在其产品中的集体力量（Kollektivkraft）；因此，劳动者不是作为**集体劳动力**（*gemeinschaftlichen Arbeitskraft*）的一

---

[1] 《马克思恩格斯文集》，第 1 卷，北京：人民出版社，2009 年，第 724 页。

部分被雇佣的。"[1]这里,马克思将劳动者生产的产品之总和称为劳动者集体力量的对象化,这显然是延续了"劳动产品是劳动的对象化"的判断。马克思进而指出,这种对象化的力量的总价值高于资本家支付给劳动者的工资。通俗地说,劳动者生产出来的财富要多于其所获得的报酬。在这里,马克思指出了这个财富分配的法权事实,但显然无意也无力分析其背后的实现机制。相对于《手稿》,这里更加明确地将劳动对象化的问题置于资本雇佣关系的语境之中,这是一个进步。总的来说,《神圣家族》在"对象化"概念方面没有什么新的理解,只是偶尔提及,也基本还是延续之前的用法。

在1845年创作的《评李斯特》中,马克思仍然没有完全走出人本学的话语,但他已经强烈地感受到,现实的经济发展才是政治经济学理论发展的内在支撑,也是最终超越私有制社会的真正动力,一种从客观的经济过程的矛盾运动出发的批判思路已经有所展露。在这里,马克思不仅在人本学的意义上再次使用"对象化"来形容工业,也在经济哲学的意义上再次使用"对象化"来理解劳动和私有财产。只不过,这一点在旧的汉译本中被遮蔽了。

马克思认为,李斯特的理论之所以值得批判,一方面是因为他不同于斯密,另一方面又是因为他在理论的深层仍与斯密如出一辙,对"劳动"的理解就是其中的关键。就前一方面而言,李斯特批判斯密的价值理论,强调财富的来源不是劳动,而是"生产力(Produktivkraft)",以此反对将有差别的劳动等同为一般劳动,强调生产的民族性和历史性特征。李斯特没有认识到,有差别的劳动成

---

[1]《马克思恩格斯文集》,第1卷,北京:人民出版社,2009年,第272—273页。*Marx-Engels-Werke*, Bd. 2, Berlin: Dietz, 1962, S. 55. 在这里马克思不仅使用了对象化,还唯一一次使用了劳动力概念。对于后者,笔者将在后面的章节予以集中分析。

为一般劳动不是经济学家们的理论构建，而是现实经济运动的结果。"把物质财富变为交换价值是现存社会秩序(gesellschaftlichen Ordnung)的结果，是发达的私有制社会(Gesellschaft des entwickelten Privateigentums)的结果。"[1] 就后一方面而言，李斯特其实不是想要否定劳动本身。他只是希望，通过对生产力和国家状况的研究，为劳动发挥力量、国家积累财富提供更恰切的组织形式。[2] 因此，李斯特尽管在民族性上和斯密等人立场不同，但站在一个更高的层面来看，却是和斯密等人是一致的：无论是为德国创造财富，还是为英国、法国创造财富，经济学家们所推崇的劳动只是为私有者创造财富，却给劳动者自身带来穷困。斯密也好，李斯特也罢，政治经济学家都不打算改变私有制，因此，纵然是李斯特也不可能彻底地批判价值理论，因为"**扬弃交换价值**就是**扬弃私有制**(*Privateigentums*)和**私有收益**(*Privaterwerbs*)"[3]。基于此，马克思决定以李斯特批判斯密的段落为例，通过对劳动和私有财产的再次批判，实现对李斯特和斯密理论的共同批判。这也就是"对象化劳动"再次出场的基本语境。

马克思说，斯密学说中连李斯特也不反对的部分，恰恰是工人即劳动者受到奴役的部分。"工人是资本的奴隶，是一种'**商品**'，一种交换价值……他的活动(Tätigkeit)不是他的人的生命

1　《马克思恩格斯全集》，中文1版，第42卷，北京：人民出版社，1979年，第254页。Marx, K. "Über F. Lists Buch 'Das nationale System der politischen Ökonomie'", In: *Kritik der bürgerlichen Ökonomie*, Berlin: Verlag für das Studium der Arbeiterbewegung, 1972, S. 25.

2　［德］李斯特：《政治经济学的国民体系》，陈万煦译，北京：商务印书馆，1961年，第121—125页。

3　《马克思恩格斯全集》，中文1版，第42卷，北京：人民出版社，1979年，第254页。Marx, K. "Über F. Lists Buch 'Das nationale System der politischen Ökonomie'", In: *Kritik der bürgerlichen Ökonomie*, Berlin: Verlag für das Studium der Arbeiterbewegung, 1972, S. 25.

(menschlichen Lebens)的自由表现(freie Äußerung),而是把他的力量(Kräfte)售卖给资本,把他的片面发展的能力(Fähigkeiten)让渡(售卖)给资本,一句话,他的活动就是'**劳动**'。"[1] 马克思所不平之处在于:凭什么在经济学家眼中,工人的"活动"偏偏只能是"劳动"？乍看起来,这里的批判与《手稿》的异化劳动批判似乎并无不同。如果仔细分析的话,可以发现,这里的批判有两个方面的理论进步:其一,马克思不再把人本学的"活动"和经济学的"劳动"截然对立,而是承认"劳动"也是一种"活动",只不过是一种特殊的"活动",这是人本学逻辑在概念设定方面的一个松动;其二,这个"劳动"的核心规定在于,工人把自己的活动的能力和力量售卖给了资本。可见,马克思更加明确地认识到,劳动概念的关键在于雇佣关系。也就是说,劳动异化之症结不是在劳动产品与劳动者的物与人的压迫姿态之中,而是深植于资本家雇佣工人的关系之中,换言之,深植于资本主导的私有制关系之中。在这里,马克思重申了他对劳动与私有财产的关系的判断:"'**劳动**'是私有财产的活生生的基础,作为创造私有财产的源泉的私有财产。私有财产无非是**对象化**的劳动(*vergegenständlichte* Arbeit)。"[2] 请注意:马克思已经不再仅仅将工人所生产出来的具体"产品"指认为"对象化劳动",而是直接地将"私有财产"指认为"对象化劳动"! 而且,这里的"私有财产"已经不仅是法权关系上的"私有财产",而是作为"源

---

[1] 《马克思恩格斯全集》,中文1版,第42卷,北京:人民出版社,1979年,第254页。Marx, K. "Über F. Lists Buch 'Das nationale System der politischen Ökonomie'", In: *Kritik der bürgerlichen Ökonomie*, Berlin: Verlag für das Studium der Arbeiterbewegung, 1972, S. 25.

[2] 《马克思恩格斯全集》,中文1版,第42卷,北京:人民出版社,1979年,第254页。Marx, K. "Über F. Lists Buch 'Das nationale System der politischen Ökonomie'", In: *Kritik der bürgerlichen Ökonomie*, Berlin: Verlag für das Studium der Arbeiterbewegung, 1972, S. 25.

泉"的、能够创造新的私有财产的那种私有财产,也就是"资本"。换言之,这里的"对象化劳动"已经指向了与工人的劳动相交换的"资本"。相比于《手稿》和《神圣家族》,《评李斯特》对"对象化劳动"的分析是对这一概念的经济哲学内涵的重要延展,它为后来马克思将"资本"概念直接指认为"对象化劳动"奠定了理论基础。

既然私有财产就是劳动,批判私有财产也就必然要批判劳动。"如果要给私有财产以致命的打击,那就不仅必须把它当作**事物状态**(*sachlichen Zustand*),而且也必须把它当作**活动**(*Tätigkeit*),当作**劳动**(*Arbeit*)来攻击。……扬弃(Aufhebung)私有财产只有被理解为扬弃'劳动'(Aufhebung der "Arbeit"),才能成为现实。"[1]而反过来说,如果要改变劳动,却不改变私有制,也是不可能的。因为劳动仍然是私有制下、雇佣关系中的劳动,这种制度和关系决定了劳动的奴役性。因此,"谈论自由的、人的、社会的劳动,谈论脱离私有财产(ohne Privateigentum)的劳动,是一种最大的误解。'劳动',按其本质来说,是非自由的、非人的、非社会的、被私有财产所决定的并且创造私有财产的活动"[2]。这段话非常重要,它直接地肯定了劳动的私有制本质,也直接地否定了一种自由的劳动概念的可能性,它清晰地表明,青年马克思所谈论的劳动概念不能被泛化为哲学概念,它根属于政治经济学的理论语境和私有制的经济运动。这也是马克思一开始面对经济学的劳动概念时

---

[1] 《马克思恩格斯全集》,中文1版,第42卷,北京:人民出版社,1979年,第254—255页。Marx, K. "Über F. Lists Buch 'Das nationale System der politischen Ökonomie'", In: *Kritik der bürgerlichen Ökonomie*, Berlin: Verlag für das Studium der Arbeiterbewegung, 1972, S. 26.

[2] 《马克思恩格斯全集》,中文1版,第42卷,北京:人民出版社,1979年,第254—255页。Marx, K. "Über F. Lists Buch 'Das nationale System der politischen Ökonomie'", In: *Kritik der bürgerlichen Ökonomie*, Berlin: Verlag für das Studium der Arbeiterbewegung, 1972, S. 26.

就秉持的态度。因为劳动概念总是与私有制下的特定组织形式联系在一起的，因此，像李斯特那样设想一种不同于现存私有制形式的"劳动组织"就形成了一个矛盾。[1] 不仅如此，马克思还强调，想要扬弃劳动和私有财产，"只有通过社会的物质活动（materielle Tätigkeit der Gesellschaft）才有可能，而绝不能把它理解为用一种范畴（Kategorie）代替另一种范畴"[2]。仔细想想，马克思在此固然批判了生造出"现代人类的精神资本"等范畴的李斯特，但何尝不也批判了当年那个用"自由活动""类活动"以及"共同本质"等范畴来试图超越"异化劳动"的自己呢？

不难看出，一方面，尽管马克思在《提纲》中已经可以高屋建瓴地彻底批判费尔巴哈的人本学，但是，当他回过头来批判政治经济学时，旧的批判话语的退场、新的批判逻辑的建立还需要一个过程。另一方面，新的哲学方法论推动着马克思的经济学批判抵达了人本学所无法包容的新的层面。马克思对劳动与私有财产的批判发展到这里，一种用社会的物质活动来解释私有制经济的新的批判意向已经显现出来了。在此之前，马克思已经在经济学研究中遭遇了"工业""分工"等其他概念。而在《形态》中，马克思为新的历史观确立起现实基础和理论分析的出发点，这就是"物质生产"。但是，出发点本身并不提供结构性的解释社会变迁的方案。当"生产方式"所推动的历史运转起来，马克思就要考察具体的生产方式的变化是如何带来现代的私有财产与劳动的对立的。这一次，他不再用关于"对象化劳动"的本原性分析作为逻辑的开端，而

---

1 《马克思恩格斯全集》，中文1版，第42卷，北京：人民出版社，1979年，第255页。
2 《马克思恩格斯全集》，中文1版，第42卷，北京：人民出版社，1979年，第255页。Marx, K. "Über F. Lists Buch 'Das nationale System der politischen Ökonomie'", In: *Kritik der bürgerlichen Ökonomie*, Berlin: Verlag für das Studium der Arbeiterbewegung, 1972, S. 26.

是尝试用一个与"劳动"相关的词组——"分工"作为切入口，来说明现代经济世界诞生的历史进程。这样看来，在《手稿》与《形态》之间的《评李斯特》的经济学批判是具有过渡性质的。

三、历史性视角下的"分工"与"劳动"

众所周知，《形态》的主要理论目标是对"德意志意识形态"的批判，而非经济学批判，因此，在这一文本中，马克思对劳动和私有财产的批判并不像在《手稿》或者《评李斯特》中那样，在具体的经济学理论分析中详加展开。但是，马克思没有改变他批判政治经济学、批判私有制的理论初衷。《形态》中关于历史演进的分析，并没有停留于实证性的历史描述，而是催生出一套新的经济学批判的话语。在这一过程中，"分工"的反复出现是一个很容易被注意到的概念事实，对此应当予以认真的分析。如前所述，"分工"即"劳动的分开（Theilung der Arbeit）"，因此，非常自然的是，马克思所理解的分工总是与劳动概念本身有着密切的联系。在《手稿》的后段以及《穆勒摘要》中，马克思已经开始从分工这种特定的劳动的组织形式出发，分析个体为了谋生而领取工资的劳动与社会总体需要之间的关系，批判分工基础之上的生产与交换过程所蕴藏的自私、欺骗、片面发展与异化。也就是说，在《形态》之前，马克思已经不仅用劳动的异化来解读分工的异化，而且反过来从分工出发，批判现代经济系统对从事劳动的个体的支配。这些论述尽管还在人本学逻辑的统摄之下，但已经为马克思在《形态》中从分工出发开展经济学批判打下了基础。

在《形态》中，马克思正面阐述了历史的物质生产基础，以及由此形成的历史原初关系的四个方面。在此基础上，马克思指出，意识总是社会的产物,它是随着生产的进步而发展起来的。在人从动物式的本能向人的意识的发展过程中,"分工"扮演了重要的角色。"分工(Theilung der Arbeit)起初只是性行为中的分工,后来是由于天赋(例如体力)、需要、偶然性等才自发地或'自然形成(naturwüchsig)'分工。分工只是从物质的和精神的劳动(materiellen & geistigen Arbeit)分开(Theilung)的时候起才现实地成为分工。"[1]在这里,无论是"劳动"本身,还是"劳动的分开"即"分工",都显然不再是现代经济学意义上的概念,而是被马克思进一步演绎为对人类的生产活动(这个生产也不是经济学意义上的生产)的历史性说明。这里的所谓"精神劳动",并不是指今天人们所说的经济学的"脑力劳动",而就是指人的高级的意识活动,换言之,是指人在精神层面、意识形态层面具有相对独立的、高出现实的思维活动。"从这时候起,意识才能摆脱世界而去构造'纯粹的'理论、神学、哲学、道德等。"[2]可以说,这里的"分工"其实算不上名副其实的"分工",马克思此举是为了把关于历史基础及其意识形态机制的阐述与后面关于现代经济社会发展机制的阐述联系在一起,或者说,为理解现代社会勾勒一个具有人类学、发生学色彩的原初图景。

在对意识的分工基础进行了以上解读之后,马克思得出一个结论:"上述三个因素即生产力(Produktionskraft)、社会状况(gesellschaftliche Zustand)和意识(Bewußtsein),彼此之间可能而且一定会发生矛盾(Widerspruch),因为**分工**(Theilung der

---

[1] [德]英格·陶伯特编:《MEGA:陶伯特版〈德意志意识形态·费尔巴哈〉》,李乾坤等编译,南京:南京大学出版社,2014年,第28、181页。

[2] [德]英格·陶伯特编:《MEGA:陶伯特版〈德意志意识形态·费尔巴哈〉》,李乾坤等编译,南京:南京大学出版社,2014年,第28页。

Arbeit）不仅使精神的和物质的活动（geistige & materielle Thätigkeit）、享受（Genuß）和劳动（Arbeit）、生产和消费由不同的个人来分担这种情况成为可能，而且成为现实，而要使这三个因素彼此不发生矛盾，则只有再扬弃（aufgehoben）分工。"[1]从这一段话中，可以看出，首先，"物质生产"在马克思的语境中是一个具有结构性内涵的概念，而不仅仅是生产活动本身，生产以及生产中形成的关系可以被理解为生产力和社会状况，而且它们彼此之间会产生矛盾运动。其次，这种矛盾的基础性原因是物质生产，但直接的原因是分工的发展，或者说，分工作为生产发展的一种具体化的表现形式，直接导引出了社会的分化和矛盾：一部分人从事物质活动、从事劳动、从事生产，另一部分人则可以进行精神活动，可以享受和消费。再次，马克思提出了扬弃分工的主张，而不再仅仅强调扬弃劳动，从方法论上说，这是以结构性的变革主张超越主体性活动本身的变革主张。最后，可以看出，马克思对于"劳动"和"活动"的概念已经不再进行严格的区分了，但仍然将劳动和享受视为对立的两种行为。也就是说，马克思对"劳动"概念的总体批判性态度没有改变，但已经不再像《手稿》中那样重视在范畴上做出现实劳动与某种理想化状态的区隔。以上四点都清晰地表明，马克思开始以"分工"作为其经济学批判的新的切入口，通过"分工"阐发现实的矛盾运动，并在"分工"以及矛盾的自我发展中探索超越现实的道路。不过，必须同时指出的是，马克思此时将生产方式考察具体化为对"分工"的考察，也说明了马克思的经济学认识水平仍然主要停留在手工业资本主义的阶段，和后来他对机器大工业时

---

[1] ［德］英格·陶伯特编：《MEGA·陶伯特版〈德意志意识形态·费尔巴哈〉》，李乾坤等编译，南京：南京大学出版社，2014年，第29、182页。

代的资本主义的认识不可同日而语。

以"分工"为切入口,马克思对"私有制"的理解也有了重要的推进。德语的"私有制"和"私有财产"是同一个词"Privateigenthum",汉译本根据马克思的具体使用语境予以区别翻译。从《手稿》到《评李斯特》,马克思将"Privateigenthum"指认为"对象化的劳动",虽然是一种理论进步,但也恰恰说明,当时他所理解的"Privateigenthum"还只是实物性的"私有财产",而不是一种作为分配制度的"私有制"。在《形态》中,马克思用"分工"而不是"劳动"来理解"Privateigenthum",得出的结论也就不一样了。马克思说:"与这种分工同时出现的还有**分配**(Vertheilung),而且是劳动及其产品的**不平等**的分配(无论在数量上或质量上);因而产生了所有制(Eigenthum)。"[1] 在这里,马克思非常自然地由劳动的"分开(Theilung)"过渡到"分配(Vertheilung)",而由此所产生的"Eigenthum"也显然不只是指"财产",也指"所有制"。以此为基础,马克思对"Privateigenthum"的理解也就上升到了"私有制"的层面。"其实,分工(Theilung der Arbeit)和私有制(Privateigenthum)是同一的表达(identische Ausdrücke),对同一件事情,一个是就活动而言,另一个是就活动的产品而言。"[2] 马克思的这句表述非常直接,但在论述逻辑上也露了"马脚":说到底,"分工"仍然是和"私有制"这种不平等的现代"所有制"联系在一起,而不是泛化地和一切形式的"所有制"联系在一起。政治经济学家们的理论漏洞也在于此:尽管他们常常从人的天性和本原状态出发,论证分工的天然合

1　[德]英格·陶伯特编:《MEGA:陶伯特版〈德意志意识形态·费尔巴哈〉》,李乾坤等编译,南京:南京大学出版社,2014年,第29、183页。

2　[德]英格·陶伯特编:《MEGA:陶伯特版〈德意志意识形态·费尔巴哈〉》,李乾坤等编译,南京:南京大学出版社,2014年,第29、183页。

理性，但最终总是要落到"私有制"上面，其最终目的是要论证私有制的合理性。有趣的是，马克思在这里恰是要反其道而行之，论证分工从一开始就带来不平等的分配，一开始就是现实矛盾的渊薮，从而论证私有制本身的不合理性。

当马克思从"分工"这种劳动的组织形式来理解"所有制"的时候，"所有制"或者"财产"便不再仅仅是分配环节的范畴，而与生产环节产生了内在的联系。马克思提出，在分工和所有制的萌芽形式中，便已经表现出现代经济学家们所定义的所有制的一个重要特征："所有制（Eigenthum）是对他者的（fremde）劳动力（Arbeitskraft）的支配（Verfügung）。"[1]其实，马克思从一开始研究经济学时就意识到，财产绝不仅仅是劳动的事后结果，更是支配着劳动者和劳动过程的力量。他的进步在于，起初，他只是强调物性的财产对于劳动过程的"异化"支配；而到这里，他直接道出了作为一种财产制度的所有制恰恰是与特定的生产制度绑定在一起的。一方面，正因为有"分工"，有生产过程中对劳动的支配，才会有不公平的财产分配；另一方面，特定的财产制度恰恰又是维系这种支配性生产的内在保证。这样，马克思的劳动批判的核心便进一步跳出了可见的物对人的颠倒支配关系，进展到一种宏观的制度安排对个体劳动活动的支配关系。这是马克思在巴黎研究货币和分工与交换时开始意识到的事情。

紧接着上文，马克思就直接提出了分工所导致的个人与总体之间的矛盾："随着分工（Theilung der Arbeit）的发展也产生了单个人（einzelnen Individuums）的利益或单个家庭的利益与互相交

---

[1] ［德］英格・陶伯特编：《MEGA：陶伯特版〈德意志意识形态・费尔巴哈〉》，李乾坤等编译，南京：南京大学出版社，2014年，第29、183页。

往的所有个人(aller Individuen)的共同(gemeinschaftlichen)利益之间的矛盾；而且这种共同利益不是仅仅作为一种'普遍的东西(Allgemeines)'存在于观念之中，而首先是作为分工了(die Arbeit getheilt ist)的个人(Individuen)的相互依赖性(Abhängigkeit)存在于现实之中。"[1]分工了的个人无法作为单个人满足自己的需要，而必须要在相互依赖中满足彼此的需要，这样，公共的利益就与单个人的利益产生了分裂。这种高于个人的公共性往往被理解为观念上的普遍性，但其本质是人与人之间的依赖关系，其起源则是分工。正是这种分工所导致的分裂，构成了现代经济过程的奴役性关系格局。"最后，分工(Theilung der Arbeit)立即给我们提供了第一个例证，说明只要人们还处在自然形成的(naturwüchsigen)社会中，就是说，只要特殊利益和共同利益之间还有分裂，也就是说，只要活动(Thätigkeit)还不是自愿的(freiwillig)，而是以自然形成的方式(naturwüchsig)被分开的(getheilt)，那么人本身的行为(Tat)对人来说就成为一种异己的(fremden)、同他对立的力量(gegenüberstehenden Macht)，这种力量压迫着人，而不是人驾驭着(beherrscht)这种力量。"[2]这里的"自然形成"指的是人的自由尚未实现的历史阶段，分工还不是出于自愿，对每个人来说，他最多只能选择以怎样的姿态参与到分工体系之中，而不可能不参与到分工体系之中。因此，个人的行为在本质上只是分工下的被动行为，这种行为对个人来说成了一种支配性的力量。如果从经济学的角度来说，这里说的分工之下人的行为，就是指人为了谋生而

---

[1] [德]英格·陶伯特编：《MEGA:陶伯特版〈德意志意识形态·费尔巴哈〉》，李乾坤等编译，南京：南京大学出版社，2014年，第29—30、183—184页。

[2] [德]英格·陶伯特编：《MEGA:陶伯特版〈德意志意识形态·费尔巴哈〉》，李乾坤等编译，南京：南京大学出版社，2014年，第30、184页。

从事的特定的劳动。"一旦劳动开始被分配（Arbeit vertheilt zu werden anfängt），每个人都有一个特定的（bestimmten）、专门的（ausschließlichen）活动范围（Kreis der Thätigkeit），这个范围是强加于他的，他不能超出这个范围：他是一个猎人、渔夫或牧人，或者是一个批判的批判者，只要他不想失去生活资料（Mittel zum Leben），就必须始终是这样（muß es bleiben）。"[1] 分工所导致的奴役，不仅是指分配层面的不公平的私有制，而且直接就是生产层面的不自由的机制。在分工中，人的活动被窄化了：从目的来说，它总是与谋生的需要绑定在一起；从方式来说，它始终只是某种特定的劳动。

行文至此，马克思再次从分工出发，提到了异己的力量、人的行为的被压迫，似乎又有回到人本学的迹象。但这种判断可以被马克思接下来的论述所否定。揭示现实中存在的、人所受到的支配，并不必然走向人本学，关键要看马克思是以怎样的视角来看待这种支配关系。马克思说："社会活动（sozialen Thätigkeit）的这种固定化（Sichfestsetzen），我们本身的产物（Produkts）聚合为一种统治我们、不受我们控制、使我们的愿望不能实现并使我们的打算落空的事物性的强制力（sachlichen Gewalt），这是迄今为止历史发展的主要因素之一。受分工（Theilung der Arbeit）制约的不同个人（Individuen）的共同活动（Zusammenwirken）产生了一种社会力量（soziale Macht），即扩大了的生产力（Produktionskraft）。因为共同活动（Zusammenwirken）本身不是自愿的（freiwillig），而是自然形成的（naturwüchsig），所以这种社会力量在这些个人看来就不是

---

[1] ［德］英格·陶伯特编：《MEGA：陶伯特版〈德意志意识形态·费尔巴哈〉》，李乾坤等编译，南京：南京大学出版社，2014年，第30、184页。

他们自身的联合力量(vereinte Macht),而是某种异己的(fremde)、在他们之外的强制力(Gewalt)。"[1]在这段关键性的表述中,马克思完全没有对人的应然状态做出任何设定,而是对"分工"的历史性意义做出了辩证的阐发:从肯定方面看,通过不同种的劳动的社会协作,分工产生了一种推动历史发展的力量,也正是分工推动了生产力的发展。后来,马克思还再次确认"分工是迄今为止历史的主要力量之一"[2]。从否定方面看,这种生产力与历史的发展,恰恰又是现代个人受到支配的原因,分工所带来的协作并不是个人自愿、主动的协作,个人活动的产物没有促成个人的联合,反而表现为压制个人外在的、事物性的强制力。具体来说,马克思批判的就是分工带来的私有财产和私有制对个人的压制。人们不能理解这种压制性力量在生产层面的起源,只是受到这种力量的支配。马克思在这里做了一个关键的边注:"用哲学家易懂的话来说",这个过程就是**异化**(*Entfremdung*)"[3]。这种语气恰恰表明,马克思已经以不同于异化的逻辑,揭示了那种被哲学家们称之为"异化"的现象的现实基础,即推动着生产力和社会结构发展的分工。

在后续手稿中,马克思具体阐释了"分工"在城市和乡村相分离、工场手工业向机器大工业转化、传统自然经济向以货币为中介

---

[1] [德]英格·陶伯特编:《MEGA:陶伯特版〈德意志意识形态·费尔巴哈〉》,李乾坤等编译,南京:南京大学出版社,2014年,第30、185页。在这一段话中出现了三个和"力量"有关的词,一是"生产力"中的"力"即"Kraft",往往搭配某种具体的力量,如兵力、电力、劳动力;二是一般也译为"力量"的"Macht",相对来说更加侧重在抽象层面谈论一种权力、力量;三是"Gewalt",这个词有权力、强权、暴力的意思,在这里为了与"Macht"区别,笔者将其译为"强制力"。

[2] [德]英格·陶伯特编:《MEGA:陶伯特版〈德意志意识形态·费尔巴哈〉》,李乾坤等编译,南京:南京大学出版社,2014年,第43页。

[3] [德]英格·陶伯特编:《MEGA:陶伯特版〈德意志意识形态·费尔巴哈〉》,李乾坤等编译,南京:南京大学出版社,2014年,第31、185页。

的现代商品经济的发展过程中的作用和意义。尽管从今天的眼光看，这些分析在历史学的角度存在着许多不足，但马克思在哲学逻辑层面的变革已经是相当清晰了。马克思用"分工"详细解释了无产阶级和资产阶级的历史形成过程，他要以此与德国哲学家们的历史观做一个清晰的划界："如果**哲学地**（*philosophisch*）考察这种发展，当然就很容易设想，在这些个人（Individuen）中，类（Gattung）或人（Menschen）得到了发展，或者这些个人发展了人；这样设想，是对历史的莫大侮辱。"[1] 显然，马克思针对的主要是费尔巴哈的人本学历史观。他对此进行纠正，认为历史的动力在于分工，改变异化关系也要首先改变分工："人格性力量（persönlichen Mächte）（关系）由于分工而转化为事物性（sachliche）力量这一现象，不能靠人们从头脑里抛开关于这一现象的一般观念来得到扬弃（aufgehoben werden），而是只能靠个人（Individuen）重新驾驭这些事物性力量（sachlichen Mächte），靠扬弃分工（aufheben）来得到扬弃。"[2]

一言以蔽之，马克思此时的历史观是从生产方式（此时的关键词是"分工"）出发的历史观，与之相一致的，他的经济学批判是以生产方式变迁为解释基础的批判，他的共产主义主张是以改变生产方式为现实前提的主张。基于此，马克思对费尔巴哈等人的批判，同时也是对他自己的旧的人本学历史观和异化批判逻辑的彻底告别："哲学家们在不再屈从于分工（Theilung der Arbeit）的个人（Individuen）身上看到了他们名之为'人（Mensch）'的那种理想

---

[1] ［德］英格·陶伯特编：《MEGA：陶伯特版〈德意志意识形态·费尔巴哈〉》，李乾坤等编译，南京：南京大学出版社，2014年，第64、236—237页。
[2] ［德］英格·陶伯特编：《MEGA：陶伯特版〈德意志意识形态·费尔巴哈〉》，李乾坤等编译，南京：南京大学出版社，2014年，第64、237页。

型(Ideal),他们把我们所阐述的整个发展过程看作'人'的发展过程,从而把'人'强加于迄今每一历史阶段中所存在的个人,并把'人'描述成历史的原动力(treibende Kraft)。这样,整个过程被把握为'人'的自我异化过程(Selbstentfremdungsprozeß)。"[1] 马克思批判这种做法是撇开了现实条件的本末倒置[2],他从分工这样一种生产方式的特性出发,不仅要说明个人在历史中是如何发展的,也要说明现代阶级对立的形成过程,更要说明现实的个人是怎样受到私有制经济的压迫的,进而在历史中找到一条扬弃分工、劳动和私有制,实现个人自由发展的道路。不过,对于经济学的劳动概念本身,马克思显然还缺乏进一步的研究和思考。总的来看,在初创历史唯物主义之际,马克思清楚地告别了他曾经倚重的人本学,但不可能足够具体地给出政治经济学批判的全新方案。多年之后,他才有能力将新的哲学方法论和经济学研究更好地融合在一起,重新启用"对象化劳动"概念,并在政治经济学批判的理论事业中不断取得突破。这是后续几章所要详细讨论的问题,从中我们会看到"对象化"概念在马克思政治经济学批判背后不为人所关注的支撑性作用。

四、小结:马克思哲学革命之际的"对象化"概念

前文已经指出,在青年马克思初次研究政治经济学并写作《手稿》的前后,"对象化"概念出现了复调内涵:以"对象化劳动"为标

1　[德]英格・陶伯特编:《MEGA:陶伯特版〈德意志意识形态・费尔巴哈〉》,李乾坤等编译,南京:南京大学出版社,2014年,第76、256页。

2　[德]英格・陶伯特编:《MEGA:陶伯特版〈德意志意识形态・费尔巴哈〉》,李乾坤等编译,南京:南京大学出版社,2014年,第76页。

志的经济哲学内涵,和以"人的本质的对象化"等表述为标志的人本学内涵。马克思在前一方面尚未能够深入下去,此时占据其思想主导地位的仍然是人本学的方面。在本章中我们看到,在马克思告别包括人本学唯物主义在内的一切旧哲学的时刻,"对象化"概念在《提纲》和《形态》这两个标志性文本中出现了短暂的消隐,而这种概念的暂时消隐反映出马克思此时哲学思维方式以及批判策略的转变——

一方面,新哲学扬弃了"人的本质的对象化"的逻辑,取而代之的是物质生产基础上的社会关系建构论,即不再从"人的本质"出发,构建"对象化—异化—扬弃异化"的异化史观,而是从物质生产实践出发,通过社会关系的建构来考察人与社会。

以《提纲》为标志,马克思宣告了他与人本学逻辑的决裂。一方面,马克思不再从抽象的"人"出发来考察社会历史,而是通过"实践"概念表明了一种思路的翻转:从现实活动出发去考察的人的存在状态,换言之,不是从人的应然的设定出发,而是从人的实然的规定出发。人的实然状态的基础是其实践,而构成人的现实规定的要素是社会关系,社会关系建构论与从实践出发的分析方法是内在一致的,这是《提纲》已经表明的事情。这样,《提纲》就不仅是在逻辑出发点上用作为"对象性活动"的"实践"取代了作为"人的本质对象化"的"类活动",而且解构了"人的本质"问题,颠覆了人本学逻辑的核心。对于这种革命性的"实践"的具体内涵,马克思经过"工业"等概念的尝试,在《形态》中将其明确为"物质生产",并且不再用"对象性""对象化"等概念来加以描述,以突出其现实性、历史性、革命性。取而代之的是一批新概念:推动历史变革的结构性动力是"生产方式",而构成社会生活基本面貌的是生产基础上人的多重"联系"和"关系"。也就是说,马克思不仅确立起全新的历史分析的出发点，而且建构起了一套以生产为基础的关系建构论的分析逻辑，取代了以人的本质为基础的"对象化—异化—扬弃异化"的分析逻辑和异化史观。

回头来看，如果没有费尔巴哈的人本学唯物主义思路，没有"人的本质的对象化"这一哲学武器的帮助，马克思可能无法顺利破除思辨哲学的唯心主义痼疾，并且逐渐关注现实经济活动的历史性意义。如果没有"对象化—异化—扬弃异化"的分析逻辑，马克思也无法实现对现代经济异化现象的初步指认、对政治经济学的初步批判。但是，随着经济学研究的推进，人本学的外在批判逐渐遭遇其自身局限，马克思越发认识到现实经济运动内在的意义，这是无须也无法被人本学逻辑所涵盖的。作为"对象性活动"的生产实践成为新的出发点，这意味着关于"对象化"的人本学话语中合理的部分被保留了下来，但总的人本学哲学构架已经发生了转换。我们可以把"生产实践"说成是一种"对象化"，但重点在于其现实性、过程性，而不在于背后的主体性；重点在于进一步对这种对象化的具体方式和具体关系加以解析，而不在于还原。

另一方面，由"对象化劳动"所实现的对经济学理论的内在透视在这一阶段没有重大的突破，但其偶然的出现仍然体现出马克思在经济学批判方面的思想进展。

哲学方法论的变革对马克思政治经济学批判的推进也有着重要意义。在《形态》中，马克思有意识地要和自己此前的经济学批判话语拉开间距，他开始构思新的经济学批判策略，不再从"劳动的对象化"出发，而是以"分工"为切入口，揭示了现代经济关系总体对个体的支配，从而初步破解了人本学异化话语的生成之谜。至于具体的劳动过程中人们所发生的关系，马克思此时还没有更加清晰的理解。"对象化劳动"概念只在此前不久的《评李斯特》中偶然出现，它被用来指认作为实际上是资本的"私有财产"，这标志着马克思对于雇佣关系的认识有所推进。马克思的这些努力说明，在新世界观形成之际，他开始用新的视角考察劳动、考察人以生产为基础的社会关系，但这当然不是一蹴而就的事情。

简而言之，"对象化"概念对于马克思的"第一个伟大发现"的意义在于：其一，为青年马克思从唯心主义转向唯物主义，揭示唯心主义理论的现实基础、批判理论和现实中的异化现象提供了概念支撑；其二，促使马克思重视现实经济运动对于人类历史发展的意义，进而内在地突破异化史观的逻辑构架，开展出一条从"对象性活动"即现实生产实践出发的新的哲学思路。前者以"对象化"概念的集中出场为标志，后者以"对象化"概念的悄然消隐为印证。与此同时，马克思对"对象化劳动"的经济哲学透视的逐步深入，又为马克思的"第二个伟大发现"奠定了基础。

下 篇
"对象化"与政治经济学批判的生成

第五章 "对象化"与马克思价值理论的哲学基础

从本章开始,我们重点分析"对象化"概念对于马克思后期经济学批判的方法论意义。[1] 在马克思经济学手稿中大量出现的"对象化"曾被译为"物化",以致汉语学界至今没有完整地理解这一概念的内涵、性质和地位,没有充分意识到"对象化"概念对马克思政治经济学批判理论的重要意义:很难想象,如果没有"对象化"概念的支撑,马克思能否顺利地实现经济学与哲学的融合,能否清晰地表达出他对政治经济学的理论核心——价值理论的理解,能否成功地探索形成自己政治经济学批判的核心——剩余价值理论。对此,马克思本人有明确的指认:"把价值看做只是劳动时间的凝结,只是对象化的劳动,这对于认识价值本身具有决定性的意义,同样,把剩余价值看做只是剩余劳动时间的凝结,只是对象化的剩余劳动,这对于认识剩余价值也具有决定性的意义。"[2] 可以说,"对象化"概念是马克思在批判方法论层面极为倚重的概念,也

---

[1] 我们所面对的文本是马克思政治经济学批判的多部手稿以及马克思生前出版的《资本论》第一卷的多个版本。在人们最熟悉的《资本论》中,"对象化"概念的出现频次远低于其经济学批判手稿。究其原因,可能与这一概念本来所具有的浓厚哲学色彩和不同文本类型(研究性手稿与已出版著作)在表达策略上的差异有关。
[2] 《马克思恩格斯文集》,第5卷,北京:人民出版社,2009年,第251页。

理应成为我们必须认真对待的概念。本章将集中说明"对象化"概念对马克思理解和发展价值理论的决定性意义,下一章再集中说明这一概念对马克思剩余价值理论的决定性意义,从而完整展现"对象化"概念对马克思的"第二个伟大发现"即政治经济学批判的支撑性意义。

第一节
正视"劳动"与"对象化劳动"的重现

在确立历史唯物主义的过程中,马克思逐渐改变了对经济学的"劳动"概念的完全否定态度,不再刻意地区隔"劳动"的概念与理想化的人的"活动"的概念,开始以历史性视角承认经济学的"劳动"概念的客观意义。在锤炼新哲学的同时,马克思在经济学研究的线索中一步步逼近了对"劳动"的科学理解。在《形态》之后,马克思通过《哲学的贫困。答蒲鲁东先生的〈贫困的哲学〉》(以下简称《哲学的贫困》)集中表现出对劳动价值论的新的理解,这是其正视"劳动"概念的理论开端。而在《1857—1858年经济学手稿》的《导言》中,马克思又从方法论高度对"劳动"概念进行了科学定位。由此出发,马克思的经济学批判进入一个新的阶段,很快提出了关于价值理论甚至是剩余价值理论的新观点。"对象化劳动"概念也在这一系列文本中重新涌现出来。

一、正视"劳动"的开端:对劳动价值论的肯定

1846年底,马克思决定对蒲鲁东刚出版不久的《经济矛盾的

体系,或贫困的哲学》(Système des contradictions économiques ou Philosophie de la misère)进行批判,同时进一步阐发自己新的历史和经济见解。他用三个月的时间写作了《哲学的贫困》。根据马克思后来的回忆,这部著作是其"见解中有决定性意义的论点"[1]的第一次科学概述,也是他在哲学变革之后第一次对经济学公开、系统地发表意见。在该书中,马克思首先针对蒲鲁东的经济哲学构想提出批判,由此也第一次比较具体地肯定了李嘉图的经济学见解,站到了肯定劳动价值论的立场上来。这对马克思的经济学研究来说意义重大。在此基础上,马克思还批判了蒲鲁东和政治经济学家们共同的形而上学的方法论错误,进一步阐明了自己的经济学批判的方法论特质。

马克思为什么会肯定李嘉图及其劳动价值论?在巴黎时期,马克思已经觉察到,从斯密到李嘉图,政治经济学并非铁板一块,而是存在内在发展的过程,而贯穿这一过程的原则是对"劳动"的抽象,继而将一切财富归结为"劳动"。青年马克思无法接受这样一种把人的自由活动窄化为"劳动"、把一切财富抽象为"劳动"的理论,他指责政治经济学"**彻底地**发挥了关于**劳动**是**财富**的惟一**本质**的论点,然而它表明,这个学说的结论与上述原来的观点相反,不如说是**敌视人的**"[2]。但是,经过一段时间的经济学研究,特别是经过了历史观转变之后,马克思对劳动价值论的态度发生了变化。他意识到,从斯密到李嘉图的劳动价值论之所以越来越"抽象"、越来越"敌视人",只是因为现实的经济发展本身越来越"抽象"和"敌视人"而已,政治经济学只是经济的"现实运动的理论表

---

[1] 《马克思恩格斯文集》,第2卷,北京:人民出版社,2009年,第593页。
[2] 《马克思恩格斯全集》,中文2版,第3卷,北京:人民出版社,2002年,第290页。

现"[1]。基于这一点，马克思转而肯定李嘉图在劳动价值论问题上的理论突破，因为这种突破恰恰揭示了现实的问题本身。马克思坦然承认，由于坚持了劳动价值论的观点："李嘉图的话是极为刻薄的。把帽子的生产费用和人的生活费用混为一谈，这就是把人变成帽子。但是用不着对刻薄大声叫嚷！刻薄在于事实本身，而不在于表明事实的字句！"[2]李嘉图的刻薄言辞恰恰赤裸裸地揭露了"现代经济关系"，客观上戳穿了"资产阶级最大的秘密"[3]。相比之下，蒲鲁东的经济学体系虽然看上去更加和谐，却只不过是把经济学的概念和黑格尔的思辨方式套在一起，虽然有模有样，却毫无现实的根基，反而搞乱了经济学理论本身的科学之处。在对比中，马克思给了李嘉图特别是其劳动价值论以空前的高度评价："在李嘉图看来，劳动时间确定价值这是交换价值的规律，而蒲鲁东先生却认为这是使用价值和交换价值的综合。李嘉图的价值论是对现代经济生活的科学解释；而蒲鲁东先生的价值论却是对李嘉图理论的乌托邦式的解释。李嘉图从一切经济关系中得出他的公式，并用来解释一切现象……这就使他的理论成为科学的体系。"[4]

可见，马克思之所以能对劳动价值论重新给予正面评价与阐释，是与其历史唯物主义的哲学变革分不开的。从经济学内容上说，马克思认为，李嘉图在斯密的基础上科学地将一切交换价值归结为劳动时间，从而提出了"**交换价值**的科学公式"[5]。这一公式不仅适用于一般商品，也适用于作为商品的工人的"劳动"："劳动

---

1 《马克思恩格斯全集》，中文1版，第4卷，北京：人民出版社，1958年，第93页。
2 《马克思恩格斯全集》，中文1版，第4卷，北京：人民出版社，1958年，第94页。
3 《马克思恩格斯全集》，中文1版，第4卷，北京：人民出版社，1958年，第94页。
4 《马克思恩格斯全集》，中文1版，第4卷，北京：人民出版社，1958年，第93页。
5 《马克思恩格斯全集》，中文1版，第4卷，北京：人民出版社，1958年，第90页。

本身就是商品,它是作为商品由生产劳动这种商品所必需的劳动时间来衡量的。而要生产这种劳动商品需要什么呢?需要为了生产维持不断的劳动即供给工人活命和延续后代所必需的物品的劳动时间。"[1]他还指出,蒲鲁东延续了斯密价值理论的一个错误,即混同了生产某种商品的必要劳动时间和劳动本身的价值,即工资,而李嘉图已经揭露了这一错误。[2] 这些观点显然为马克思后来走向科学的价值理论奠定了基础。不过,马克思此时在经济学上仍然是不成熟的,他还没有区分清楚价值、交换价值和价格的概念,也还没有意识到商品的价值与其生产费用、生产价格的差别。[3]只能说,马克思在《哲学的贫困》中迈出了正面理解"劳动"以及劳动价值论的第一步,其哲学基础是对经济学与现代经济关系的"唯物主义关联"的理论自觉,其经济学基础则主要是李嘉图及其学派的相关理论。

在《哲学的贫困》的第二部分,马克思从方法论层面着手,对政治经济学展开了批判。他指出:"经济范畴只不过是生产方面社会关系的理论表现,即其抽象。……人们按照自己的物质生产的发展建立相应的社会关系,正是这些人又按照自己的社会关系创造了相应的原理、观念和范畴。所以,这些观念、范畴也同它们所表现的关系一样,不是永恒的。它们是**历史的暂时的产物。**"[4]在这里,《形态》中关于社会关系的历史发展的分析具有了批判性的力

---

1 《马克思恩格斯全集》,中文 1 版,第 4 卷,北京:人民出版社,1958 年,第 94 页。
2 《马克思恩格斯全集》,中文 1 版,第 4 卷,北京:人民出版社,1958 年,第 98—99 页。
3 [德]图赫舍雷尔:《马克思经济理论的形成和发展》,马经青译,北京:人民出版社,1981 年,第 217、223 页。
4 《马克思恩格斯全集》,中文 1 版,第 4 卷,北京:人民出版社,1958 年,第 143—144 页。

量:如果看不到范畴背后的社会关系,就会停留于对范畴的批判,而脱离了社会关系的经济范畴批判,归根结底只能是一种隐性唯心主义的批判(包括青年马克思的人本学异化批判,以及蒲鲁东此时黑格尔式的思辨批判);如果看不到社会关系本身是在历史中发展的,因而观念、范畴也是历史的、暂时的,就会赋予这些观念、范畴以永恒性,从而把关于现代经济社会的理论诠释为天然合理、永恒有效的理论,这就是资产阶级政治经济学的方法论秘密之所在。因此,通过揭示范畴的关系本质,马克思批判了蒲鲁东;通过揭示现代生产关系的历史性,马克思批判了政治经济学。"经济学家们向我们解释了生产怎样在上述关系下进行,但是没有说明这些关系本身是怎样产生的,也就是说,没有说明产生这些关系的历史运动。"[1]"经济学家所以说现存的关系(资产阶级生产关系)是天然的,是想以此说明,这些关系正是使生产财富和发展生产力得以按照自然规律进行的那些关系。因此,这些关系是不受时间影响的自然规律。这是应当永远支配社会的永恒规律。于是,以前是有历史的,现在再也没有历史了。"[2]

可以说,对现代生产关系的历史性、批判性分析,正是马克思经济学批判的核心。这种现代生产关系的核心内容,就是资本与雇佣劳动的关系。在这种关系中理解"劳动",也是马克思从经济学研究的开端就始终坚持的事情。在《手稿》中,他曾从劳动价值论出发,从雇佣关系中工人与其产品的关系出发,做出了"对象化劳动"的经济哲学指认;在《神圣家族》和《评李斯特》中,他关于"对象化劳动"的分析越来越接近于对"资本"的界定;而在《哲学的贫

---

[1] 《马克思恩格斯全集》,中文1版,第4卷,北京:人民出版社,1958年,第139—140页。
[2] 《马克思恩格斯全集》,中文1版,第4卷,北京:人民出版社,1958年,第154页。

困》出版(1847年7月)不久之后,1847年12月,马克思在布鲁塞尔发表了关于"雇佣劳动与资本"的演说,第一次明确将资本界定为"对象化的劳动"[1]。可见,当马克思确立了历史唯物主义的新视角,并重新基于劳动价值论来理解现代生产关系的历史性本质之时,"对象化劳动"也合乎逻辑地再度出场了。

二、正视"劳动"的基础:对经济学批判方法论的阐述

1848年革命失败之后,马克思移居伦敦并重新开始政治经济学研究,留下了二十四本《伦敦笔记》的摘录以及《金银条块。完成的货币体系》《反思》《货币、信用、危机》等手稿。[2] 在新一轮的研究中,马克思特别关注货币、信用和危机等问题,但并没有针对劳动概念和劳动价值论做出新的集中阐释,只是在对李嘉图的货币数量论的批判中推进了自己对价值生产、价值余额、货币价值等问题的理解。[3] 19世纪50年代后期新的经济危机的到来,促使马克思将自己的研究结果整理出来,这就有了1857—1858年的经济学手稿。其中除了未完成的一篇原本作为书评的《巴师夏和凯里》[4]之外,其他手稿都与马克思的新著作《政治经济学批判》(Zur Kritik der politischen Ökonomie)直接相关,其中最重要的是《政

---

[1] 《马克思恩格斯文集》,第1卷,北京:人民出版社,2009年,第726页。对于这一观点,下一章将予以具体考察。

[2] 张一兵:《回到马克思——经济学语境中的哲学话语》,南京:江苏人民出版社,2009年,第497—506页。

[3] 张一兵主编:《马克思哲学的历史原像》,北京:人民出版社,2009年,第379—382页;周艳辉主编:《马克思主义研究资料·经济学笔记研究Ⅱ》,北京:中央编译出版社,2014年,第136页。

[4] 《马克思恩格斯全集》,中文2版,第30卷,北京:人民出版社,1995年,第627页。

治经济学批判》最初的《导言》(Einleitung)¹和草稿,该草稿在1939年首次全文发表,题为《政治经济学批判大纲》(Grundrisse der Kritik der politischen Ökonomie,以下简称《大纲》)²。在《导言》中,马克思集中阐释了三个主题:一是如何在经济学语境中理解"生产",二是"从抽象到具体"的方法,三是如何理解政治经济学的"劳动"。而前两个问题又为马克思科学阐明"劳动"概念、夯实"对象化劳动"概念奠定了方法论基础。

马克思首先强调"**物质生产**(*materielle Production*)"³的前提性,这也是对历史唯物主义方法论的再次确认。马克思指出,对"生产"的观察必须是历史性的观察,必须注意到特定历史阶段的"社会性":"在社会(Gesellschaft)中进行生产的个人,——因而,这些个人的社会性的(gesellschaftlich)特定的(bestimmte)生产,当然是出发点。"⁴可见,对特定社会性的考察,就是坚持历史性原则的具体体现,"社会性"与"历史性"是一体的:"说到生产,总是指在特定的(bestimmten)社会发展阶段上的生产——社会性的个人(gesellschaftlicher Individuen)的生产。"⁵马克思要研究的"生产"

---

1 根据马克思后来的表述,该《导言》是《政治经济学批判》的"总的导言"(《马克思恩格斯文集》,第2卷,北京:人民出版社,2009年,第588页),但 MEGA² 版将其命名为《政治经济学批判大纲〉导言》(*Einleitung zu den "Grundrissen der Kritik der politischen Ökonomie"*),参见 *Marx-Engels-Gesamtausgabe*, Bd. II/1, Berlin:Akademie, 2006, S. 17.

2 这份草稿的最后一部分为《金称量机》的摘录,汉译本将其独立出来,编排在草稿之后,参见《马克思恩格斯全集》,中文2版,第31卷,北京:人民出版社,1998年,第295页。

3 《马克思恩格斯全集》,中文2版,第30卷,北京:人民出版社,1995年,第22页。*Marx-Engels-Gesamtausgabe*, Bd. II/1, Berlin:Akademie, 2006, S. 21.

4 《马克思恩格斯全集》,中文2版,第30卷,北京:人民出版社,1995年,第22页。*Marx-Engels-Gesamtausgabe*, Bd. II/1, Berlin:Akademie, 2006, S. 21.

5 《马克思恩格斯全集》,中文2版,第30卷,北京:人民出版社,1995年,第26页。*Marx-Engels-Gesamtausgabe*, Bd. II/1, Berlin:Akademie, 2006, S. 26.

绝不是每一个时代的生产，而是"某个特定的(bestimmten)历史时代，例如，是现代资产阶级生产——这种生产事实上是我们研究的本题"[1]。这里彰显了他与政治经济学在方法论上的第一个差别。政治经济学只是停留于"生产一般"的永恒的一致性，却忽略了不同社会中的生产的"本质的差别"[2]。这样，现代生产过程本身的特定的关系(核心即资本与雇佣劳动的关系)便被遮掩掉了，资本不过是"过去的(vergangne)、客体化了的(objektivirte)劳动。可见资本是一种一般的、永存的自然关系；这样说是因为恰好抛开了正是使'生产工具''积累的(aufgehäufte)劳动'成为资本的那个特殊"[3]。这里的"客体化劳动""积累劳动"可以理解为"对象化劳动"的同位语。在现代经济学家那里，对资本的分析只到将其归结为"生产"为止，而马克思要揭示生产中的特定的"关系"。因为用关于生产的一般条件的抽象要素"不可能理解任何一个现实的历史的(geschichtliche)生产阶段"[4]。

马克思与政治经济学的另一个方法论差别在于如何理解"生产"与"分配""交换"等其他经济环节的关系。政治经济学家们停留在经验层面，将"生产"与其他环节割裂开，结果，分配领域的不公便无从在特定的生产(例如资本关系)中寻找原因，"于是**资产阶级关系**(*bürgerliche* Verhältnisse)就被乘机当作抽象化的社会

---

[1] 《马克思恩格斯全集》，中文2版，第30卷，北京：人民出版社，1995年，第26页。*Marx-Engels-Gesamtausgabe*，Bd. Ⅱ/1，Berlin：Akademie，2006，S. 22-23。

[2] 《马克思恩格斯全集》，中文2版，第30卷，北京：人民出版社，1995年，第26页。

[3] 《马克思恩格斯全集》，中文2版，第30卷，北京：人民出版社，1995年，第26—27页。*Marx-Engels-Gesamtausgabe*，Bd. Ⅱ/1，Berlin：Akademie，2006，S. 23。

[4] 《马克思恩格斯全集》，中文2版，第30卷，北京：人民出版社，1995年，第29页。*Marx-Engels-Gesamtausgabe*，Bd. Ⅱ/1，Berlin：Akademie，2006，S. 26。

(Gesellschaft in abstracto)的颠扑不破的自然规律偷偷地塞了进来"[1]。资产阶级经济学家们擅长的就是通过抽象的概括,"把一切历史的(historischen)差别混合或融化在**一般的人类的**(*allgemein menschlichen*)规律之中"[2]。而在马克思看来,生产、分配、交换和消费"构成一个总体(Totalität)的各个环节",其中,"特定的(bestimmte)生产规定着(bestimmt)特定的(bestimmte)消费、分配、交换和**这些不同要素相互间的特定关系**(*bestimmte Verhältnisse*)"[3]。也就是说,他的经济学批判既是历史性、关系性的,也是总体性的;既从特定的生产出发,考察特定的生产关系,也从总体性视角理解生产与其他经济环节之间的相互关系。

接下来,马克思正式地提出了"政治经济学的方法"问题,并且出人意料地重提黑格尔。这一次,马克思的重点不在于批判其唯心主义,而是要重新肯定其辩证法:"黑格尔陷入幻觉,把实在的东西(Reale)理解为自我综合、自我深化和自我运动的思维(Denkens)的结果,其实,从抽象上升到具体(vom Abstrakten zum Concreten aufzusteigen)的方法,只是思维用来掌握具体,把它当作一个精神上的具体(geistig Concretes)再生产(reproduciren)出来的方式(Art)。但绝不是具体本身的形成过程(Entstehungsprocess)。"[4] 这就是著名的"从抽象到具体"的方法论的出处。马克思强调,作为一种理论层面的"再生产",科学的研究过程和现实社会生活的

---

[1] 《马克思恩格斯全集》,中文2版,第30卷,北京:人民出版社,1995年,第28页。*Marx-Engels-Gesamtausgabe*, Bd. II/1, Berlin: Akademie, 2006, S. 24.

[2] 《马克思恩格斯全集》,中文2版,第30卷,北京:人民出版社,1995年,第28页。*Marx-Engels-Gesamtausgabe*, Bd. II/1, Berlin: Akademie, 2006, S. 24-25.

[3] 《马克思恩格斯全集》,中文2版,第30卷,北京:人民出版社,1995年,第40页。*Marx-Engels-Gesamtausgabe*, Bd. II/1, Berlin: Akademie, 2006, S. 35.

[4] 《马克思恩格斯全集》,中文2版,第30卷,北京:人民出版社,1995年,第42页。*Marx-Engels-Gesamtausgabe*, Bd. II/1, Berlin: Akademie, 2006, S. 36.

发展过程并不是同序的。早期的经济学研究总是从现实的"鲜活的整体(lebendigen Ganzen)"出发,得出一些"抽象的一般的联系(abstrakte, allgemeine Beziehungen)"[1],这只是对现实生活过程的一种低层次的再现;而真正科学的方法绝不能只是把"完整的表象(Vorstellung)蒸发为抽象的规定(abstrakter Bestimmung)",而是要进一步使"抽象的规定(abstrakten Bestimmungen)在思维之路上导出具体(Concreten)的再生产(Reproduction)"[2]。"具体"本来是现实的起点,但马克思所说的这种思维具体、精神具体却是思维综合的结果,这种"具体"才是具有科学深度的,因为它是对现实的总体性的理解。"具体的总体(konkrete Totalität)作为思维总体(Gedankentotalität)、作为思维具体(Gedankenconcretum),事实上是思维(Denkens)的、理解的产物。"[3] 想要理解这种具体的总体,不是从感性杂多出发,而要从非总体的抽象出发,即从简单范畴出发。

在马克思看来,完整的政治经济学研究包含两个阶段。首先,现实的具体发展带来理论的抽象。现实是"一个既定的(gegebnen)、具体的(concreten)、鲜活的整体(lebendigen Ganzen)"[4],通过对它的分析得出了一些抽象的范畴,这些范畴只是这一整体的"抽象的(abstrakte)、片面的(einseitige)联系

---

[1] 《马克思恩格斯全集》,中文 2 版,第 30 卷,北京:人民出版社,1995 年,第 41—42 页。*Marx-Engels-Gesamtausgabe*, Bd. Ⅱ/1, Berlin: Akademie, 2006, S. 36.

[2] 《马克思恩格斯全集》,中文 2 版,第 30 卷,北京:人民出版社,1995 年,第 42 页。*Marx-Engels-Gesamtausgabe*, Bd. Ⅱ/1, Berlin: Akademie, 2006, S. 36.

[3] 《马克思恩格斯全集》,中文 2 版,第 30 卷,北京:人民出版社,1995 年,第 42 页。*Marx-Engels-Gesamtausgabe*, Bd. Ⅱ/1, Berlin: Akademie, 2006, S. 37.

[4] 《马克思恩格斯全集》,中文 2 版,第 30 卷,北京:人民出版社,1995 年,第 42 页。*Marx-Engels-Gesamtausgabe*, Bd. Ⅱ/1, Berlin: Akademie, 2006, S. 37.

(Beziehung)"[1]。其次,作为现实的具体的产物,理论的抽象必须再次被思维加工、综合,再生产出一个思维上的"具体的总体"。因此,"从抽象到具体"的方法也就是在经济学既有的抽象范畴和理论的基础上,超越经济学的实证性,达至前述的历史性、关系性、总体性理解的具体路径。政治经济学的流行做法是从"生产一般"出发,把"劳动"理解为对于人类历史而言永恒的、一般的范畴,并通过将一切财富归结为"劳动"来终结对生产的分析;马克思则要从"劳动"这种抽象重新出发,在思维中"再生产"出使得"劳动"抽象成为可能的"具体的、鲜活的整体",也就是要最终达到对现代的生产关系和社会生产的"具体的总体"的理解,从而揭穿资产阶级经济学把起点当作终点、把具有特定社会性的"劳动"和"生产"包装成永恒的天然规律的理论把戏。

对比《手稿》中马克思将黑格尔思辨哲学和政治经济学置于同一立场的做法,可以看出马克思在经济学批判方法论上的进步:在《手稿》中,马克思认识到,政治经济学所得出的范畴是抽象的,这种抽象范畴表现为天然而永恒的东西,就此而言显现出与黑格尔思辨哲学相似的唯心主义特性;在这里,马克思认识到,借助黑格尔的辩证分析,可以从政治经济学终止的地方起步,以历史的具体性破除范畴的抽象性。与其外在地批判"抽象"的非人性,不如正视这种"抽象"的合理性,并由此开展内在的批判性分析。

三、"劳动"的科学定位与"对象化劳动"的重现

如前所述,马克思已经决定从经济学的"抽象"出发,从作为抽

---

[1] 《马克思恩格斯全集》,中文 2 版,第 30 卷,北京:人民出版社,1995 年,第 42 页。*Marx-Engels-Gesamtausgabe*, Bd. II/1, Berlin: Akademie, 2006, S. 37.

象范畴的"劳动"出发,这当然是基于马克思对"劳动"这一抽象范畴的新的理解。从政治经济学的常见叙事来看,"劳动"就是人类自古以来所要从事的生产劳作,就是对各种具体的生产劳作的抽象概括,因此,用劳动来理解劳动产物,从劳动到劳动价值论,似乎是一个自古而来的自然的逻辑。马克思却恰恰在这一点上持有不同意见。他说:"劳动似乎是一个十分简单的范畴(einfache Categorie)。它在这种一般性上——作为劳动一般(Arbeit überhaupt)——的表象(Vorstellung)也是古老的。但是,经济学上(ökonomisch)从这种简单性(Einfachheit)中来把握的'劳动',和创造出(erzeugen)这个简单抽象(einfache Abstraction)的那些关系(Verhältnisse)一样,是现代的范畴(moderne Categorie)。"[1] 马克思在何种意义上说,经济学的"劳动"是一个"现代的范畴"?

想要理解"劳动"这一范畴的历史性,先要理解的是,为什么在人们看到一个抽象范畴的永恒性的地方,马克思却能看到其背后的历史性?这当然是基于马克思的历史唯物主义的哲学方法论的革命,同时也离不开黑格尔的辩证法思想的影响,或者说,马克思是以历史性的视角重新肯定了黑格尔对"抽象"的理解。关于抽象范畴与现实历史发展的关系,马克思再次以他所熟悉的黑格尔的法哲学为例子:黑格尔从"占有(Besitz)"开始,将其作为最简单的法的联系。马克思说:"这是对的。但是,在家庭或主奴关系这些具体得多的关系(concretre Verhältnisse)之前,占有(Besitz)并不存在。"[2] 这是什么意思?作为一个如此简单的概念,"占有

---

[1] 《马克思恩格斯全集》,中文2版,第30卷,北京:人民出版社,1995年,第44—45页。*Marx-Engels-Gesamtausgabe*, Bd. II/1, Berlin: Akademie, 2006, S. 38.
[2] 《马克思恩格斯全集》,中文2版,第30卷,北京:人民出版社,1995年,第43页。*Marx-Engels-Gesamtausgabe*, Bd. II/1, Berlin: Akademie, 2006, S. 37.

(Besitz)"当然古已有之,在家庭或主奴关系出现之前,我们完全可以用这个词形容某个原始部落中的野人"占有"某物。这也是现代经济学家们常见的叙事方式。马克思强调的是:固然可以将"占有"这个词套用到任何历史时代,却不可能将"占有"这种现代的法权关系及其观念一并套用过去。从"占有"出发,固然可以理解更为复杂的家庭关系,但在历史上,具体的家庭却不是从简单的"占有"发展出来的。[1] 恰恰相反,"占有"这个法哲学中最简单的抽象却总是相对于现代法权关系的具体而言的,并以后者作为前提。[2] 因此,在经济学中道理也是一样的:从抽象的范畴出发,可以理解更为具体的经济关系,但这种抽象范畴之所以具有了人们所熟悉的意义,却恰恰是以更为具体的经济关系为历史前提的。政治经济学家们无法理解这一点,结果,在他们的伪历史叙事中,抽象范畴往往被颠倒地当作了具体的经济关系的天然前提,于是,这些经济范畴及其背后的经济关系的历史性便消失了。这段分析也说明,马克思的辩证法不是将黑格尔辩证法中的抽象范畴、逻辑关系还原为感性经验、历史关系,实现一种简单的"颠倒",而是在历史的特定总体中,对抽象范畴及其逻辑关系的有效性加以历史性的限定。[3] 把逻辑前提直接当成历史前提不是马克思的唯物主义观点,而恰恰是他要批判的观点。

正是基于这种思考,马克思第一次指出,"劳动"虽然是科学的经济学研究的起点,却是现实经济复杂运作的结果。因此,经济学的"劳动"固然是一种抽象,却不是古已有之的、贯穿历史的抽象,

---

1 《马克思恩格斯全集》,中文2版,第30卷,北京:人民出版社,1995年,第43页。
2 《马克思恩格斯全集》,中文2版,第30卷,北京:人民出版社,1995年,第43页。
3 Arndt, Andreas. *Karl Marx*: *Versuch über den Zusammenhang seiner Theorie*. Bochum: Germinal, 1985, S. 140.

而只是一种现代社会才有的抽象。

首先,从概念的层面来说,"劳动"是一个现代的理论抽象。马克思回顾了政治经济学历史上人们对于财富的理解:起初,货币主义者们认为,财富就是物性的金银;而后,重商主义、重农主义的主张先后形成,这才逐渐把探寻财富的目光从外物转向人的劳动活动,即认为特定的劳动方式是财富的源泉;到了斯密这里,他"大大地前进了一步,他抛开了创造财富的活动的一切规定性,——干脆就是劳动,既不是工业劳动,又不是商业劳动,也不是农业劳动,而既是这种劳动,又是那种劳动。有了创造财富的活动的抽象一般性(abstrakten Allgemeinheit),也就有了被规定为财富的对象(Gegenstandes)的一般性(Allgemeinheit),这就是产品一般,或者说是劳动一般(Arbeit überhaupt),不过是作为过去的、对象化的(vergegenständlichte)劳动"[1]。虽然劳动活动古已有之,但是,将财富的源泉理解为抽象的"劳动",在理论思维中抽象出"劳动一般",却不是一件容易的事,这是政治经济学艰辛探索的成果,是一次艰难而巨大的跨越。[2] 可见,马克思恰恰是在劳动价值论的理论发展线索中来理解"劳动"的抽象规定性的。换言之,经济学意义上的劳动,本来就不关心各种具体的生产劳作活动,而是从对财富源泉的探索出发的,探讨的就是创造财富(更准确地说是创造价值)的劳动。也可以进一步说,政治经济学不是从抽象的"劳动"出发,进而得出了劳动价值论,而是恰恰以劳动价值论的探索为前提,才得出了"劳动"这一抽象概念。

其次,从生产活动的层面来说,"劳动"更是一种只有现代社会

---

[1] 《马克思恩格斯全集》,中文2版,第30卷,北京:人民出版社,1995年,第45页。*Marx-Engels-Gesamtausgabe*, Bd. II/1, Berlin: Akademie, 2006, S. 39.

[2] 《马克思恩格斯全集》,中文2版,第30卷,北京:人民出版社,1995年,第45页。

才有的"客观的"抽象。如何理解这一点呢？从历史唯物主义的角度来看，政治经济学的理论进步过程，反映的正是现代生产方式的历史发展过程；作为概念抽象的"劳动"的现实基础在于，在现代生产中，形形色色的物质生产活动在社会总体关系中、在复杂的交往实践中，历史性地化为了可以被等同视之、可以被统一计量的"劳动"。马克思说："劳动的任一特定方式（eine bestimmte Art）的无关紧要性（Gleichgültigkeit），以一个各种现实劳动方式（wirklicher Arbeitsarten）的十分发达的总体（Totalität）为前提……最一般的抽象（allgemeinsten Abstraktionen）总只是产生在最丰富的具体发展（reichsten concreten Entwicklung）之中。"[1] 这里的"Gleichgültigkeit"是马克思后来常用的一个概念，它的常见意思是"漠不关心""毫不相干""无关紧要"，但马克思并不用它表示某种主观的态度，而是表示现代生产的同一性、各种劳动的等同性特征。这也是在上一点的分析中已经涉及的内容。这里所谓劳动的特定方式的无关紧要性，也就是说，在现代生产中，各种劳动都在抽象的"劳动"的意义上被同等对待。借用马克思后来的话说，这就是现代生产中**人类劳动的等同性**（*Gleichheit*）"[2]，而这种等同性是以各种劳动得到充分发展的比较发达的生产阶段作为前提的。只有"农业劳动""商业劳动"或者任何一种劳动都不再具有特殊的重要性的时候，"劳动"本身才能在历史中脱颖而出。

马克思接下来的阐释就更加清楚了："劳动一般（Arbeit überhaupt）这个抽象（Abstraktion），不仅仅是一个劳动的具体总体

---

[1] 《马克思恩格斯全集》，中文 2 版，第 30 卷，北京：人民出版社，1995 年，第 45 页。*Marx-Engels-Gesamtausgabe*, Bd. Ⅱ/1, Berlin: Akademie, 2006, S. 39.

[2] 《马克思恩格斯全集》，中文 2 版，第 30 卷，北京：人民出版社，1995 年，第 45 页。*Marx-Engels-Gesamtausgabe*, Bd. Ⅱ/6, Berlin: Dietz, 1987, S. 39.

(konkreten Totalität von Arbeiten)的精神结果(geistige Resultat)。特定的劳动(bestimmte Arbeit)的无关紧要性(Gleichgültigkeit),适合于这样一种社会形式(Gesellschaftsform),在这种社会形式中,个人很容易从一种劳动转到另一种劳动,劳动的特定方式(bestimmte Art)对他们说来是偶然的,因而是无关紧要的(gleichgültig)。这里,劳动不仅在范畴上,而且在现实中都成了创造财富一般的手段,它不再是同具有某种特殊性的个人结合在一起的规定了。"[1]马克思还举了个例子来说明这一问题:"在资产阶级社会(bürgerlichen Gesellschaft)的最现代的定在形式(Daseinsform)——美国,这种情况最为发达。所以,在这里,'劳动''劳动一般'、直截了当的劳动这个范畴的抽象,这个现代经济学的出发点,才成为实践上真实的东西(praktisch wahr)。"[2]一言以蔽之,抽象劳动是发达的社会生产的实践上的结果。

总而言之,看似最简单的经济学的"劳动"概念,无论在理论上还是现实上,都不是天然存在的东西,而是现代社会生产实践的系统性结果。"这个被现代经济学提到首位的、表现出一种古老而适用于一切社会形式的联系(Beziehung)的最简单的抽象(einfachste Abstraktion),只有作为最现代的社会(modernsten Gesellschaft)的范畴,才在这种抽象中表现为实践上真实的东西(praktisch wahr)。"[3]从理论上说,"劳动"这一抽象恰恰以劳动价值论的经济学发展历程为前提,而这里出现的"对象化劳动"恰恰

---

[1] 《马克思恩格斯全集》,中文2版,第30卷,北京:人民出版社,1995年,第45—46页。*Marx-Engels-Gesamtausgabe*, Bd. II/1, Berlin: Akademie, 2006, S. 39.
[2] 《马克思恩格斯全集》,中文2版,第30卷,北京:人民出版社,1995年,第46页。*Marx-Engels-Gesamtausgabe*, Bd. II/1, Berlin: Akademie, 2006, S. 39.
[3] 《马克思恩格斯全集》,中文2版,第30卷,北京:人民出版社,1995年,第46页。*Marx-Engels-Gesamtausgabe*, Bd. II/1, Berlin: Akademie, 2006, S. 39-40.

反映出斯密的劳动价值论的突破,因此,"劳动"固然是"对象化劳动"的逻辑前提,"对象化劳动"这种基于劳动价值论的思考却也是"劳动"获得现代的抽象规定性的基础;从实践上说,"劳动"这一抽象又以发达的现代社会生产为前提,就此而言,也可以说,在现代社会中,不仅抽象的"劳动"是在实践上真实的东西,劳动的产物也在实践上真实地表现为"对象化劳动"。

当然,马克思对现代生产和社会形式的历史性分析并不是要割裂历史。他反对将现代的范畴套用到前现代的历史当中,而只承认,从现代的视角出发,历史会呈现出不一样的意义。一般的观点认为,猴体解剖可以帮助我们理解人体,但马克思提出了一个恰恰相反的说法:"人体解剖对于猴体解剖是一把钥匙。"[1] 这就是说,理解了高等动物之后,低等动物身上的一些东西才会被"在事后"理解为高等动物的征兆;理解了现代经济之后,古代经济中的某些元素才呈现出其历史意义。这种意义不是在古代就已经展现出来的,也不是以目的论思维从古代经济中推论出来的。[2] 马克思既反对非历史性的理解,也反对目的论的历史观。

四、小结:"对象化劳动"方法论意义的深化

从本节的分析可以看出,马克思在确立了历史唯物主义之后,经过十多年的探索,逐渐找到了将经济学批判与历史性的哲学方法论相融合的道路。这种融合,是以马克思正面看待劳动价值论为开端的。回顾《手稿》中的经济学批判的复调语境,当时以"对象

---

1 《马克思恩格斯全集》,中文2版,第30卷,北京:人民出版社,1995年,第47页。
2 《马克思恩格斯全集》,中文2版,第30卷,北京:人民出版社,1995年,第47页。

化劳动"为标志的基于劳动价值论的内在性批判思路只是偶现端倪,很快被人本学的外在性批判话语所覆盖。而在《哲学的贫困》之后,马克思重新回到劳动价值论这个政治经济学的出发点上,进而在《雇佣劳动与资本》中将"资本"指认为"对象化劳动",实现了劳动价值论基础上对资本与劳动关系的最初分析,"对象化劳动"也由此明确地体现出其非人本学的经济哲学性质。通过"对象化劳动"这一概念,马克思不仅贯彻了劳动价值论的基本原则,而且贯彻了历史性的关系建构论的哲学立场,揭示了物性财富背后、物与人的关系背后特定的社会生产关系,从而使历史唯物主义不仅成为一种新的哲学,而且成为一种新的经济学批判方法论。这种方法论在《导言》中得到了集中说明,突出体现了历史性、关系性和总体性的维度,基于此方法论,抽象的"劳动"被理解为现代的范畴、现代生产的发达总体的产物,"对象化劳动"也第一次在关于劳动价值论的说明中出场,从而印证了其经济学理论底色。

在第三章中,笔者已经指出了"对象化劳动"作为马克思独创的经济哲学概念所包含的跨学科的方法论性质。现在,基于以上分析,可以对其方法论意义有更加深入的理解。

第一,"对象化劳动"是马克思以哲学视角理解和阐释经济学"劳动"以及劳动价值论的一个功能性表述,这一跨学科概念直接体现出马克思哲学与经济学思考的融合,这种融合集中表现为对"劳动"的抽象性的肯定与发挥。实际上,马克思早就已经意识到,政治经济学的"劳动"概念不是现实中经验性的劳动。早在1844年,年轻的马克思初次系统接触政治经济学时就已经发现,经济学语境中的"劳动"与现实工人所从事的劳动不是一回事,前者的最重要弊病就在于"抽象"。当时的马克思还基于人本学的哲学立场,指责这种抽象是经济学家们的非人道的理论故意,当经济学家们谈论劳动的时候,恰恰是他们蔑视甚至遮掩活生生的人的活动的时候。现在,马克思正面肯定了经济学的劳动概念的意义,与此相应地,他意识到,经济学语境中的"劳动"固然不同于经验层面的劳动,固然是一种理论上的抽象,却是一种应该被肯定的理论抽象,是经济学的重要进步和成就。假如马克思始终拒斥"劳动"的抽象性,坚持将"劳动"放在经验层面来理解,那么,最终只能回归各种特定的劳动方式,即使将现实形态迥异的各种劳作统称为"劳动",也不过是一种纯然思维上的空洞概括;当劳动过程结束,人们所看到的就只是各种物性财富,而不可能将其视为另一种形态的"劳动",更不可能将形态迥异的各种财富统一归结为"被对象化了的劳动"。现在,马克思意识到,这种化归不是故弄玄虚的理论运作,而正是接近于事情本质的历史过程——劳动作为一个"现代的范畴",绝不只是理论上的刻意,更是现实中私人生产的社会化机制在无数次实践中所构建出的一种客观的抽象进程。现代生产和交换之所以能顺利运行,正是因为所有当事人都用行动承认了这样一种看不见的抽象的客观存在:如果"劳动"不能被客观地抽象化,如果没有这样一种看不见的"劳动"作为支撑,人们所生产出来的形形色色的财富就不可能在某种同一性的尺度下被交换。实际上,政治经济学在谈论"劳动"时,并没有真的将其与经验层面的劳动完全切分开来。而哲学背景出身的马克思倒真的更进了一步:"对象化"总是服务于某种非对象性的、抽象的东西的。就"对象化劳动"的现实所指来说,"对象"有着看得见的经验支撑,而"劳动"则是看不见的,马克思用这个概念,把看得见的对象性财富化归为看不见的东西。当他将私人劳动者生产出来的各种物性财富阐释为"对象化劳动"的时候,他就一举跃出了经验层面,不仅是贯彻了劳动价值论,而且从哲学的高度更加强化了这个"劳动"的抽象性、同一性、不可见性。

第二，"对象化劳动"表明了马克思对政治经济学所蕴含的抽象方法论的肯定和推进。也就是说，马克思不仅肯定了政治经济学关于劳动价值论的观点，更肯定其背后的抽象方法。当马克思用一个德国人的哲学视角来理解劳动价值论的基本原则，把经济世界的一切物性财富阐释为"对象化劳动"的时候，这不仅说明马克思认同政治经济学的核心原则，更表明政治经济学和德国古典哲学在方法论层面相互融通的一种可能性。如前所述，劳动价值论不是一个对经验性的经济事实加以概括而形成的实证产物，而是一个超越了经验事实层面的理论抽象的产物。马克思之所以高度肯定斯密、李嘉图对劳动价值论的相关阐释，正是基于这一点；反过来，他将那些只盯着经验事实，拒绝做出进一步的理论抽象的经济学家归为所谓的"庸俗经济学"，也是基于这一点。换言之，马克思评判政治经济学的关键不在于观点之别，而在于方法之分，方法决定了理论的性质。是否能够超越经验层面，在数量关系分析的基础上进入质性分析，是马克思衡量"庸俗"与"非庸俗"经济学的方法论尺度，也是马克思的政治经济学批判的方法论特质——斯密、李嘉图没有提出质性的劳动价值论分析，这是他们与庸俗经济学的共同之处，但不同的是，他们至少对劳动价值论做出了一些超经验性的界定，这就为马克思进一步的质性分析做好了准备。而从量化分析走向质性分析，显然并不是经济学们本身的方法论自觉和理论目标，而是马克思从黑格尔的辩证法中汲取的资源。于是，成熟的马克思不再像年轻时那样批判经济学太"抽象"了，相反，他以批判性的视角和哲学的高度，批判李嘉图这样的经济学家仍然不够"抽象"，因而无法透视经验，至于完全不懂"抽象"的经济学，更是不足为道的了。当然，在后世的西方主流经济学的眼光看来,这种超经验性的抽象恰恰成了被抛弃的形而上学残余。就此我们发现,如何在历史唯物主义的视域中看待劳动价值论,如何理解马克思对劳动价值论的新阐释,就不仅是一个经济学问题,而且事关马克思政治经济学批判的方法论——如果坚持经验实证立场,那么劳动价值论就只能是一种"越界"的理论产物,是应当被现代经济学所取代和抛弃的东西;如果坚持马克思的批判性立场和透视经验现象的抽象方法,那么,就必须重新审视马克思所理解的劳动价值论的致思语境和理论地位,而不能简单地将其视为一种缺乏直接经验支持的经济学理论。

第三,"对象化劳动"具体地展现了马克思是如何从生产关系的视角切入对政治经济学的理解的,这既是历史唯物主义(主要是社会关系建构论)在政治经济学批判中的具体化,也是对政治经济学抽象方法的批判性继承。当马克思重新肯定政治经济学的抽象时,他并不是停留于对旧式思辨话语的偏爱,或者说,不是站在德国古典哲学的思辨传统中肯定政治经济学的方法,而是基于历史唯物主义的生产关系建构论,将政治经济学对现代生产过程和经济运作的理解提升到哲学的高度。之所以要将财富归结为"对象化劳动",正是为了更好地理解财富与生产之间的关系,理解积累的劳动与工人的劳动的关系,理解现代生产关系。与《手稿》中那种人本学的哲学提升相比,这一次,马克思不是将劳动过程直接形容为人与物的颠倒和异化关系,而是将人与物的关系理解为不同形态的劳动的关系,理解为人与人在现代生产总体中的关系。马克思从这种关系性视角出发,反观政治经济学的劳动价值论及其背后的抽象方法,他发现,当经济学家们用抽象性、同一性、不可见的劳动概念串联起全部物质财富的时候,他们已经无意中承认并彰显了现代经济关系本身的总体性特征,正是这种经济关系的千万次重复建构起这种抽象性。简而言之，这种抽象之所以不同于经验具体，是因为它不是来自人的头脑，而是来自现实中无形的关系。然而，古典政治经济学终究受制于其理论目标，无法真正摆脱经验层面的数量关系的牵绊，没办法意识到，这种抽象不仅存在于理论层面，更是一种现实存在——不仅是一个现代的"范畴"，更是一个现代的"非范畴"，是独属于现代经济的某种不可见的实在。它不是凭空臆想，也不是固有之物，而是由人们日复一日的经济活动和经济关系不断地重构出来，成为独立于每一个个人之外的、财富运作背后的无形尺度。就此而言，"劳动"本质上是一个关系性的概念，"对象化劳动"中的这个"劳动"，即作为财富之来源的抽象的劳动，本质上是现代经济关系繁复运作的产物。在这里，马克思不仅揭示了经济学的抽象范畴本身的关系性，而且从这种"抽象"出发，最终上升到对现代经济关系的"具体的总体"的指认，从而实现其政治经济学批判。当然，现实的抽象不只有"劳动"，还有更具经验外观的商品、货币以及以货币形态出现而又不同于货币的资本。正是从这些抽象范畴出发，或者说，通过对这些抽象范畴的批判性阐释，马克思具体地贯彻了对政治经济学的历史性的、关系建构论的理解，最终"从抽象到具体"地形成了自己的经济学批判的科学体系。

  总而言之，"对象化劳动"在马克思晚期的政治经济学批判中的高频次、多层次的使用，表明了政治经济学批判本身具有深刻的哲学意义。从物质生产出发的社会关系建构论，不仅颠覆了人本学性质的对象化逻辑（以费尔巴哈为代表），也颠覆了一切主体性的对象化逻辑（以黑格尔为代表），然而却在方法论层面保留、发展了对象化逻辑本身：不是将事物看作自在之物，而是将其理解为某种不可见的抽象的实现方式；这种不可见的抽象，不是思辨头脑中的主体性力量,而是现实经济运作中的关系性凝结;这种现实的经济关系抽象,不是以个体之间的有意识的相互关联为前提,反而是对其中的个体来说具有先在性的总体。这就是马克思的对象化逻辑不同于前人之处:在德国古典哲学的线索中,主体性是第一位的,它被不断强化,绝对的主体继而编织出关系性和总体性;在历史唯物主义的政治经济学批判中,关系性成为核心,它来自个体实践,却不断生成一种超越个体的总体性规定,现实的主体性恰恰是这种总体性之下的次生性建构。"对象化"概念将马克思的"两个伟大发现"内在地联系在一起,成为我们深入理解马克思哲学方法论与经济学批判的一个枢纽性概念。

第二节
"劳动"对象化为"价值":
商品和劳动二重性理论的哲学基础

在上一节中,我们已经初步揭示了"对象化劳动"对马克思的价值理论与生产关系批判的意义。按照马克思自己的构想,政治经济学批判是一个庞大的理论体系,这一体系的核心和基础是对资本生产过程的理解。在生前出版的《资本论》第一卷中,马克思"从抽象到具体"地阐释了从"商品"到"货币"最终到"资本"的过程,勾勒出资本主义生产的核心逻辑。其中,从"商品"到"货币"的分析是以他对劳动价值论的科学阐释为基础的,而"货币"到"资本"的分析则伴随着剩余价值理论的出场。本章将说明的是从"商品"到"货币"的分析中,即在马克思形成自己价值理论的过程中,"对象化"概念扮演了怎样的角色。这一过程又分为两个部分:本节要说明的是，马克思是如何重新理解政治经济学的劳动价值论，并逐渐形成自己的商品及劳动二重性的理论；下一节则将说明马克思是如何在上述思考的基础上，独创性地系统地阐释了从"商品"到"货币"的发展逻辑，并形成价值形式理论。

一、"对象化劳动时间"：货币分析中生发出的价值反思

从实际写作顺序来说，马克思起初并不是像《资本论》中那样，从"商品"开始进展到"货币"，从而提出自己的价值理论，反倒是从"货币"开始，进而回到"商品"层面。这就是《导言》之后的《大纲》的实际情况。《大纲》以《货币章》开头，首先回应当时的经济学热点，批判蒲鲁东主义者达里蒙关于经济危机的见解。在批判的同时，马克思正面提出了自己关于价值、商品、货币的新理解。也就是说，马克思是在分析"货币"的过程中初步形成自己关于价值、商品的新主张的。

《大纲》是从批判达里蒙1856年新出版的《论银行改革》开始的。达里蒙认为，造成经济危机的原因是金银形态的货币在市场中获得了不应具有的优势，因此主张通过银行改革来挽救危机。[1] 马克思不仅批判这部著作，更批判蒲鲁东主义关于货币的错误理解，批判其用"小时券"或"劳动货币"废除贵金属货币的主张。从表面上看，这种主张也是从劳动价值论的基本原则出发的：既然商品的价值来自劳动，那为什么不能直接将商品所耗费的劳动时间标示出来，让商品直接交换，而非要依靠货币的中介？金银本来也只是普通的商品，为什么作为"货币"就具有了特殊性？想要回应

---

1 《马克思恩格斯全集》，中文2版，第30卷，北京：人民出版社，1995年，第59页。

这一主张,马克思就必须回答:货币究竟是什么?货币的存在为什么是必要的、不可取消的?为什么从"商品"必然发展到"货币"?一言以蔽之,如何正确地理解货币的本质及其存在的必然性?

马克思先是给出了一个历史唯物主义的哲学解答。首先,货币的本质是一种生产关系,不改变生产本身,就不可能克服货币本身的矛盾。在蒲鲁东主义者看来,贵金属货币是一种不必要的流通工具,马克思反问道:"是否能够通过改变流通工具——改变流通组织——而使现存的生产关系和与这些关系相适应的分配关系发生革命?进一步要问的是:如果不触动现存的生产关系和建立在这些关系上的社会关系,是否能够对流通进行这样的改造?"[1]在马克思看来,货币采取的物性形态总是与其背后的社会生产相适应的,想要解决经济的危机,关键不在于改变货币的形态,而在于理解其背后的生产关系。"只要货币仍然是一种重要的生产关系,那么,任何货币形式都不可能消除货币关系固有的矛盾,而只能在这种或那种形式上代表这些矛盾。"[2]蒲鲁东主义者不想触动生产与分配,只想调整流通政策,不触动货币背后的本质,只想改变其形式[3],这不过是把货币的特性分散到了每一个商品之中[4]。其次,货币不仅根植于特定的生产关系之中,而且必然从现代的交换过程中发展出来。马克思这样就从关于货币的本质定性进展到对其制度性起源的思考:"资产阶级交换制度本身是否需要一种特有的交换工具?它是否必然会创造一种一切价值的等价物?"[5]当

---

[1]《马克思恩格斯全集》,中文2版,第30卷,北京:人民出版社,1995年,第69页。
[2]《马克思恩格斯全集》,中文2版,第30卷,北京:人民出版社,1995年,第69—70页。
[3]《马克思恩格斯全集》,中文2版,第30卷,北京:人民出版社,1995年,第74页。
[4]《马克思恩格斯全集》,中文2版,第30卷,北京:人民出版社,1995年,第74页。
[5]《马克思恩格斯全集》,中文2版,第30卷,北京:人民出版社,1995年,第74页。

追问到这一层面的时候，蒲鲁东主义者的主张便暴露出其模糊性。[1] 马克思用苏格兰货币制度和经济危机表明，即使废除了贵金属的货币特权，经济危机依然无法克服，想要从本质上废除货币，就要废除资产阶级的商品交换体系本身。[2] 马克思以反证法提出了他的理解：只要现代商品交换的经济体系存在，就必然会产生一种作为一切商品的等价物的特有的交换工具，即"货币"。

由此可见，货币是现代生产关系的体现、现代商品交换的必然产物。因此，想在不改变现代生产和交换体系的前提下改变货币，既是不现实的，也不可能真正克服经济危机。不过，以上的回答，主要仍然是基于历史唯物主义的方法论立场，还没有进入具体经济学的探讨，或者说，还没有正式在劳动价值论的层面与蒲鲁东主义者展开交锋。在这一层面还不能看出马克思在货币问题上有什么新的推进，因为，早在《哲学的贫困》中，马克思便已经将货币指认为社会生产关系，强调货币与特定的生产方式的内在关联性。[3] 所以，想要领会马克思对货币本质和必然性的比较成熟的理解，也必须深入到接下来马克思对价值问题的经济哲学的新思考中。"对象化"概念也是在这一分析过程中出场的。

按照蒲鲁东主义者的思路，既然商品的价值来自劳动，就可以直接用生产一个商品所耗费的劳动时间来标示其价值。按照这种思路，一定量的金的价值也就是生产这些金所耗费的劳动时间，那么，"1/x 盎司金无非是物质化的（materialisiert）、对象化的（vergegenständlicht）x 小时劳动时间。但是，金是过去的（vergangne）劳动时间，是特定的（bestimmte）劳动时间。它的名

---

[1] 《马克思恩格斯全集》，中文 2 版，第 30 卷，北京：人民出版社，1995 年，第 74 页。
[2] 《马克思恩格斯全集》，中文 2 版，第 30 卷，北京：人民出版社，1995 年，第 82 页。
[3] 《马克思恩格斯全集》，中文 1 版，第 4 卷，北京：人民出版社，1958 年，第 119 页。

称使特定量(bestimmtes Quantum)的劳动成为它的标准"[1]。这里的"对象化"本身的意思,我们也很熟悉了。不同之处在于,被对象化的不再是定性式的"劳动",而是定量式的"劳动时间"。显然,马克思借由"对象化"概念来表述蒲鲁东主义的经济学思路,这再次说明了"对象化劳动"不是外在于经济学理论的哲学创见,而恰恰是对经济学理论的哲学表述。按照蒲鲁东主义者的这种逻辑,既然金是特定量的劳动时间的对象化,特定量的金所耗费的劳动时间也将直接成为其交换的尺度,"一磅金必须能兑现为 x 小时劳动时间,必须能够随时购买这些劳动时间"[2]。乍看起来,等量交换,顺理成章。

然而,马克思指出,这是不现实的。假设一磅金本来是 20 小时劳动时间的产品。但是,随着生产的变动,"后来生产一磅金只需要 10 小时。一磅金的名称表明它＝20 小时劳动时间,现在它只＝10 小时劳动时间……也就是说,一磅金不能再交换 20 劳动小时"[3]。道理其实不难理解:不仅是金的生产,一切商品生产都会不断发生生产率的变动,生产某种商品所需的个别劳动时间也总是不同的。如果直接用个别的劳动时间来理解商品各自的价值,并据以交换,那么,哪怕是两个生产者的两个同种商品,可能也无法实现交换。特别是随着生产率的提高,过去生产的商品将不断贬值,关于小时券或者劳动货币的整个设想就会遭遇现实的打击:"一般经济规律是,生产费用不断地降低,活劳动的生产率不断地提高,以致对象化在产品中的劳动时间不断地贬值,因此,不断

---

[1] 《马克思恩格斯全集》,中文 2 版,第 30 卷,北京:人民出版社,1995 年,第 82 页。
 Marx-Engels-Gesamtausgabe, Bd. II/1, Berlin: Akademie, 2006, S. 70.
[2] 《马克思恩格斯全集》,中文 2 版,第 30 卷,北京:人民出版社,1995 年,第 82 页。
 Marx-Engels-Gesamtausgabe, Bd. II/1, Berlin: Akademie, 2006, S. 70.
[3] 《马克思恩格斯全集》,中文 2 版,第 30 卷,北京:人民出版社,1995 年,第 83 页。

贬值就会是这种金劳动货币不可避免的命运。"[1]

蒲鲁东主义者基于劳动价值论所提出的这种设想，问题出在哪里？诚然，他们对于劳动价值论的总体原则、思维方式的理解并没有什么错：商品的价值来自劳动，因此，可以将商品视为"对象化的劳动"，将其价值理解为"对象化的劳动时间"。问题在于，如何理解这个"劳动时间"？按照蒲鲁东主义者的思路，作为"对象化"宾语的"劳动时间"指的就是在特定产品的生产中所耗费的实际劳动时间。然而，这种理解却导致了商品交换的不可能性。针对这一点，马克思提出一个重要的观点："决定价值的东西（Werthbestimmende），不是注入（incorporirte）到产品中的劳动时间，而是当前（gegenwärtig）必要的（nöthige）劳动时间。"[2]这种表述虽然还不够精确，但已经触及对于个别劳动时间和社会必要劳动时间的区分。所谓"当前必要的"就是强调：既然经济学所讨论的"劳动"不是指个别的劳动，而是一个总体性、关系性、社会性的抽象，那么"劳动时间"也不是指个别的经验中可以衡量的物理时间，而是基于社会生产的总体状况，对当前某类商品生产所需的必要的劳动时间的抽象。就此而言，"劳动时间"也是一个总体性、关系性的规定。显然，马克思对"必要劳动时间"的这种抽象理解，只有在其科学地理解了"劳动"的抽象性之后才是可能的。从这里直到《资本论》，"必要劳动时间"都是马克思理解价值问题的一个常用的固定表述。

蒲鲁东主义者对于劳动价值论的第二个错误理解是，将商品的价值与交换价值、价格等同起来。在现实中，一个商品本身的价值和价格往往不相等，这不难理解。马克思强调的是，价值和价格

---

[1] 《马克思恩格斯全集》，中文2版，第30卷，北京：人民出版社，1995年，第83页。
[2] 《马克思恩格斯全集》，中文2版，第30卷，北京：人民出版社，1995年，第83页。Marx-Engels-Gesamtausgabe, Bd. II/1, Berlin: Akademie, 2006, S. 71.

的差异性是不可能被"劳动货币"这样将二者相等同的浪漫主义幻想所抹掉的,而恰恰是现实存在的、符合规律的。"由劳动时间决定的商品价值,只是商品的**平均价值**。"[1] 这个"平均价值"的说法,实际上从另一个角度确证了"劳动时间"本身的社会总体性。马克思强调,这种平均价值不是外在的抽象,而是推动着商品价格的现实波动的原则:"如果把平均值(Durchschnittszahl)同时理解为商品价格在一定时期内所经历的波动的推动力和起推动作用的原则,那么它就是十分实在的(real)。"[2] 马克思对这个来自李嘉图的"平均值(Durchschnittszahl)"概念并不陌生,早在《巴黎笔记》中,他曾经愤怒地指责"**平均值**(*Durchschnittszahlen*)是对单个的现实的个人(einzelnen wirklichen Individuen)真正的侮辱、伤害"[3]。现在,马克思已经从正面肯定了李嘉图政治经济学背后的抽象方法论,由此,他也能够正面阐明抽象的价值和经验性的商品价格之间的不一致性。在这里,马克思提出了价格围绕价值波动的规律。"**价格**和**价值**的差别不只是像名和实的差别;不只是由于以金和银为名称,而是由于价值表现为价格运动的规律。但是它们不断地不同,从来不一致,或者只是在完全偶然和例外的情况下才一致。商品价格不断高于或低于商品价值,商品价值本身只存在于商品价格的上涨和下跌之中。"[4] 通过这段论述,马克思不仅批判了将价值等同于价格的蒲鲁东式的错误,而且也批判了李嘉图,后者把价格、供求的波动视为偶然的东西,试图用"平均值"的抽象来掩盖现实中的不一致。马克思则认为,这种不一致恰恰就是价值作用

---

1 《马克思恩格斯全集》,中文2版,第30卷,北京:人民出版社,1995年,第85页。
2 《马克思恩格斯全集》,中文2版,第30卷,北京:人民出版社,1995年,第85页。*Marx-Engels-Gesamtausgabe*, Bd. II/1, Berlin: Akademie, 2006, S. 72.
3 *Marx-Engels-Gesamtausgabe*, Bd. IV/2, Berlin: Dietz, 1981, S. 480.
4 《马克思恩格斯全集》,中文2版,第30卷,北京:人民出版社,1995年,第86页。

于价格的规律本身。这是以辩证思维对李嘉图理论困境的一种破解。[1]

基于对劳动价值论的这种新的理解,马克思从经济学角度初步解答了货币的本质及其必然性问题。金银货币本身固然"是特定量的(bestimmtes Maaß)物质化的(materialisirter)劳动时间"[2],但当它们被用来表现商品的价格时,它们并不是与商品进行交换的另一种商品,而是一种"非商品",是商品的价格表现形式。为了表现商品的价格,货币本身当然需要有价值,但商品的价格却不取决于货币背后的价值或"劳动时间",而只是借助货币的"物质"形态将其表现出来。因此,金银货币本身的波动牵动着、反映着商品世界的波动,后者才是危机的原生地。而且,由于价值和价格的不一致,货币所表现出来的商品价格总是"不断地高于或低于由劳动时间决定的这一商品的平均价值"[3]。这种不一致恰恰是现实存在的,是抽象的平均价值通过实际的价格波动实现自身的必然方式。

相比之下,蒲鲁东主义者却无视了价值与价格的实际差别,以为"不用劳动时间的特定的对象化(bestimmten Vergegenständlichung),比如说金和银,而用劳动时间本身来表现价值,——他们也就消除了价格和价值之间的实际差别和矛盾"[4]。实际上,"代表**平均劳动时间**(*Durcbschnittsarbeitszeit*)的小时券绝不会和**现实的劳动时间**(*wirklichen Arbeitszeit*)一致,也绝不能和它兑换;也就是

---

[1] 《马克思恩格斯全集》,中文2版,第30卷,北京:人民出版社,1995年,第85页。
[2] 《马克思恩格斯全集》,中文2版,第30卷,北京:人民出版社,1995年,第86页。*Marx-Engels-Gesamtausgabe*,Bd. II/1,Berlin:Akademie,2006,S. 73.
[3] 《马克思恩格斯全集》,中文2版,第30卷,北京:人民出版社,1995年,第86页。
[4] 《马克思恩格斯全集》,中文2版,第30卷,北京:人民出版社,1995年,第86页。*Marx-Engels-Gesamtausgabe*,Bd. II/1,Berlin:Akademie,2006,S. 73.

说,对象化(vergegenständlichte)在一个商品中的劳动时间,所能支配的绝不是和它本身等量的劳动货币,反过来说也一样,而是较多或较少的劳动货币,正如现在市场价值的任何波动都表现为其金价格和银价格的提高或降低"[1]。可见,马克思的文本中逐渐凸显出这样一个观点:衡量价值的尺度是其必要劳动时间或平均劳动时间,而体现价格的尺度必然与之不同,这样,价值规律方能运转起来。如果废除货币,也就是说,"比较各商品即劳动时间的对象化的量(vergegenständlichten Quanta)所用的手段,不是一个第三种商品,而是这些商品本身的价值尺度(Werthmaaß)即劳动时间本身"[2],仍然不可能实现价值和价格的一致,结果只能是同等的对象化劳动时间偶然地兑换到不等量的小时券,反而加重了经济的混乱。[3]

总而言之,由于商品的价值取决于社会的、平均的必要劳动时间,因而价值不同于商品在市场中的现实价格;由于价值与价格的差异,决定价值的要素(劳动时间)也就不同于在现实中表现价格的要素。决定价值的"对象化劳动时间"的"劳动时间"不是实际劳动时间,而是一个社会总体性的抽象;价格却必须通过现实的物质形态加以比较,这就是货币存在的必然性。[4] 马克思说:"在这里,同时弄清楚了,价值关系是怎样和为什么在货币上取得了物质的、独立的存在。这一点在后面再详细论述。"[5] 可见,马克思基于对

---

[1] 《马克思恩格斯全集》,中文2版,第30卷,北京:人民出版社,1995年,第87页。Marx-Engels-Gesamtausgabe, Bd. Ⅱ/1, Berlin: Akademie, 2006, S. 74.
[2] 《马克思恩格斯全集》,中文2版,第30卷,北京:人民出版社,1995年,第88页。Marx-Engels-Gesamtausgabe, Bd. Ⅱ/1, Berlin: Akademie, 2006, S. 74.
[3] 《马克思恩格斯全集》,中文2版,第30卷,北京:人民出版社,1995年,第88页。
[4] 《马克思恩格斯全集》,中文2版,第30卷,北京:人民出版社,1995年,第88页。
[5] 《马克思恩格斯全集》,中文2版,第30卷,北京:人民出版社,1995年,第88页。

劳动价值论的新理解，初步解答了货币的本质及其存在的必然性的问题。但是，对于从"商品"到"货币"的逻辑过程，马克思还只是强调"劳动时间的对象化"的必要性，或者说"需要有一个第三种商品来充当表现商品的现实的（wirkliche）交换价值的尺度"[1]。而要对此进行系统分析，就必须从"劳动时间的对象化"的最基础形态——"商品"开始，从头说起。于是，关于货币的理论思考促使马克思从"商品"开始，正面阐释自己的价值理论。

二、"对象化劳动"的一分为二：商品二重性思想的确立

为了说明"货币"从"商品"中产生出来的本质与逻辑过程，马克思转而从"商品"出发，对于商品的价值有了更加具体的说明，从而提出了商品二重性的思想，这也标志着他自己的价值理论从基础上得以确立起来。而马克思对商品二重性的理解内在地蕴含了对两种意义上的"对象化劳动"、对劳动的二重性的理解。具体来说，马克思提出商品二重性思想的过程可以被分解为以下几个逻辑环节。

其一，商品首先是一种劳动产品，是人的劳动作用于自然原料的结果。这是商品同一切劳动产品共同的物质性规定。从劳动价值论的角度来说，"每一个商品（产品或生产工具）都等于特定的（bestimmten）劳动时间的对象化（Vergegenständlichung）"[2]。请注意，在这种说法中，马克思还没有做出两个区分。第一，他还没

---

1 《马克思恩格斯全集》，中文2版，第30卷，北京：人民出版社，1995年，第88页。*Marx-Engels-Gesamtausgabe*, Bd. II/1, Berlin：Akademie, 2006, S. 75.
2 《马克思恩格斯全集》，中文2版，第30卷，北京：人民出版社，1995年，第89页。*Marx-Engels-Gesamtausgabe*, Bd. II/1, Berlin：Akademie, 2006, S. 75.

有区分社会的必要劳动时间与个别劳动时间,为了论述方便,他在这里还只是假设商品的实在的交换价值和其市场中的价格相等[1],这样,商品的价值"即它与其他商品相交换或其他商品与它相交换的关系(Verhältniß),等于在它身上实现的(realisirten)劳动时间量"[2]。第二,马克思甚至也没有区分商品和产品,因此,不严格地说,也可以认为一切劳动产品都是劳动的对象化,如果要谈到产品的"价值",那么,一切产品都是劳动时间的对象化。不难看出,这里的不做区分本身已经蕴含着追问:劳动产品在什么情况才会被理解为"劳动时间的对象化"与"价值"? 质言之,劳动产品在什么意义上才会被理解为"商品"? 什么是商品作为"商品"而不同于"劳动产品"的规定?

其二,使商品作为"商品"而不同于劳动产品的这种规定就是"价值",有"价值"的产品才是"商品"。在这一点上,马克思其实继承了李嘉图的思路。马克思超越李嘉图之处在于:"价值"是一个只在"交换"中才有意义的概念。在《伦敦笔记》中,马克思就已经指出,不是一个商品由于固有价值所以能够交换,而是一个产品由于能够交换才成为商品,才具有"价值","**交换使商品价值有了实现的可能性**"[3]。因此,马克思在提出"商品的价值和商品本身不同"之后,紧接着强调:"商品仅仅在交换(实际的或想象的)中才是价值(交换价值):价值不仅是这种商品在一般意义上(im Allgemeinen)的交换能力(Austauschfähigkeit),而且是它的特有

---

1 《马克思恩格斯全集》,中文 2 版,第 30 卷,北京:人民出版社,1995 年,第 89 页。
2 《马克思恩格斯全集》,中文 2 版,第 30 卷,北京:人民出版社,1995 年,第 89 页。*Marx-Engels-Gesamtausgabe*, Bd. Ⅱ/1, Berlin: Akademie, 2006, S. 75.
3 《马克思恩格斯全集》,中文 1 版,第 44 卷,北京:人民出版社,1982 年,第 118 页。

的可交换性(spezifische Austauschbarkeit)。"[1]可见,马克思用"价值"来定义"商品",同时用"交换"来定义"价值"。这个"交换"不是指现实中的完成了的交换的结果,而是说,"交换"是"价值"的内在规定性。"价值"是商品内在的属性,但这种属性不仅仅是对"劳动时间"的一个抽象概括,不是一个适用于一切产品的抽象,而恰恰是指向商品交换的,是一种"可交换性"。就此而言,价值是一个在商品交换关系中才生效的概念,是一个关系性的概念。"价值是商品的社会关系(gesellschaftliches Verhältniß),是商品的经济上的质(Qualität)。"[2]正因为这种可交换性的"质"的存在,原本在自然的质上各不相同的产品才成为商品,"作为价值,一切商品在质上(qualitativ)等同而只在量上(quantitativ)不同,因此全都可以按特定的量的关系(bestimmten quantitativen Verhältnissen)互相计量和互相替换(互相交换,可以互相兑换)"[3]。所以,价值固然来自劳动,却不是凭借劳动的抽象而成立,而是由于其可交换的关系性,进而使商品获得了质的同一性,从而区分于其他劳动产品。这种同一的"质"又恰恰抹去了商品的自然性质区别,只留下"量"的不同,即由劳动"时间"所决定的商品的价值量的关系。这就是"劳动"与"价值"之间的辩证关联。

其三,既然商品既是物质性的劳动产品,同时又凭借可交换性、"价值"而与劳动产品不同,商品也就在现实中"取得了一种二

---

[1] 《马克思恩格斯全集》,中文2版,第30卷,北京:人民出版社,1995年,第89页。*Marx-Engels-Gesamtausgabe*, Bd. II/1, Berlin: Akademie, 2006, S. 75.
[2] 《马克思恩格斯全集》,中文2版,第30卷,北京:人民出版社,1995年,第89页。*Marx-Engels-Gesamtausgabe*, Bd. II/1, Berlin: Akademie, 2006, S. 76.
[3] 《马克思恩格斯全集》,中文2版,第30卷,北京:人民出版社,1995年,第89页。*Marx-Engels-Gesamtausgabe*, Bd. II/1, Berlin: Akademie, 2006, S. 76.

重的存在(doppelte Existenz)"[1]。这也是《资本论》中的商品二重性理论的来源。商品既是一种物质性的自然存在,同时又是一种"纯经济(rein ökonomische)的存在;在纯经济存在中,商品是生产关系(Productionsverhältniß)的单纯符号(bloses Zeichen)、字母(Buchstaben),是它自己的价值(eignen Werth)的单纯符号(bloses Zeichen)"[2]。换言之,商品既以其自然的物质形态作为一种特殊的实际的产品而存在,同时又作为价值的符号、生产关系的凝结而存在,以及作为可交换的同一的对象而存在。从前一方面来看,商品是实在的物性存在;就后一方面来看,商品不过是以物性的载体承载了不可见的却具有现实效力的生产关系和价值规定性。值得一提的是,马克思关于商品二重存在的这次最初的论述,并没有涉及商品具体的使用价值。不难发现,价值和使用价值对于商品成为"商品"的意义并不是相等的,价值才是让"商品"脱颖而出的规定,才是马克思所真正强调的,属于现代社会生产和商品交换体系的特殊规定。

至此我们发现,"对象化劳动"起初虽然帮助马克思更好地理解和表达了劳动价值论的基本原则,但随着马克思对价值理论的理解不断深化,这个表述已经遭遇了新的挑战:无论是否可用于交换,一切劳动产品都可以被理解为对象化劳动,仅就"对象化劳动"的指认,甚至无法判断一件产品是否具有可交换性,也就谈不上理解商品独有的价值。况且,基于对劳动抽象和劳动时间概念新的思考,实际对象化在一个产品中的劳动时间只是个别的,而非社会

---

[1] 《马克思恩格斯全集》,中文2版,第30卷,北京:人民出版社,1995年,第90页。*Marx-Engels-Gesamtausgabe*, Bd. II/1, Berlin: Akademie, 2006, S. 76.

[2] 《马克思恩格斯全集》,中文2版,第30卷,北京:人民出版社,1995年,第90页。*Marx-Engels-Gesamtausgabe*, Bd. II/1, Berlin: Akademie, 2006, S. 76.

总体性的必要劳动时间。这样说来,对象化在商品中的劳动时间也不能等于其价值。这样,马克思对"对象化劳动"的理解也就一分为二了,或者说,他在逻辑上区分了两种"对象化劳动"。其一,商品作为劳动产品,是"对象化劳动",即以对象形态存在的劳动,这一点由《手稿》而来,没有改变。只不过,现在必须强调,这里的"劳动"还只是个别性的实际劳动,不同于马克思在《导言》中所指出的社会总体意义上的"劳动一般",这里的"对象"也只是自然物质意义上的特殊的商品对象。其二,商品作为"价值",也是"对象化劳动"或者"对象化劳动时间",这里的"劳动"才是社会总体的、作为劳动价值论真正基础的抽象劳动,这个"劳动时间"指的不是注入个别商品中的个别劳动时间,而是"必要劳动时间"。通过对"对象化劳动"这种新的二分式的理解可以看出,马克思对商品二重性的分析已经内在地蕴含着劳动二重性的思想。[1] 在1859年的《政治经济学批判·第一分册》中,马克思开篇便清晰地指认了商品的二重性[2],并且更加明确地强调,作为商品的"对象化劳动"[3]的这个"劳动"是一种"社会劳动"[4]"**抽象一般的劳动**"[5],而且,这种"抽象"不是思维中的抽象,而是"社会生产过程中每天都

---

[1] 当然,在《大纲》中马克思还没有正式地提出劳动二重性理论,也还没有系统阐释"抽象劳动"的内涵,但他所理解的现代劳动的抽象性已经包含了两个层面的含义:一是在人与自然的关系层面,由于社会分工的细化和机器的发展,现代劳动逐渐丧失具体的、独特的技艺性质,变得越来越单一、机械和抽象;二是在人与人的关系层面,现代劳动成为具有可替代性、可交换性的雇佣劳动,劳动中结成的特殊社会关系也不复存在,这就为劳动及劳动产品的社会交换和价值抽象提供了可能。([德]图赫舍雷尔:《马克思经济理论的形成和发展》,马经青译,北京:人民出版社,1981年,第334—335页。)
[2] 《马克思恩格斯全集》,中文2版,第31卷,北京:人民出版社,1998年,第419页。
[3] 《马克思恩格斯全集》,中文2版,第31卷,北京:人民出版社,1998年,第421页。
[4] 《马克思恩格斯全集》,中文2版,第31卷,北京:人民出版社,1998年,第421页。
[5] 《马克思恩格斯全集》,中文2版,第31卷,北京:人民出版社,1998年,第421页。

在进行的抽象"[1]。这就直接表明了《导言》中所强调的"劳动"在现代社会生产的总体性层面的抽象性,这正是马克思"抽象劳动"概念最本质的规定性。理解了马克思对"劳动"作为抽象的思考,理解了两种"对象化劳动"的内涵区别,特别是在社会总体层面重新理解抽象劳动对象化的内涵,才能更好地理解马克思的价值理论背后的哲学意义。

三、"幽灵对象性"与"抽象劳动对象化":《资本论》中的成熟表述

前面的分析表明,在《政治经济学批判》的最初手稿中,马克思从货币问题出发,继而对商品的价值规定、劳动的抽象性做出了初步的系统阐释,形成了自己劳动价值论的核心思想。在《资本论》中,马克思延续了《政治经济学批判·第一分册》的写作顺序,直接从"商品"出发,揭示商品的两个因素,以及相应的商品中的劳动二重性。下面,我们来分析这些从《大纲》起步的思想在《资本论》中新的阐述与进展,确证"对象化"概念在马克思商品以及劳动二重性理论中的方法论意义。

马克思从"商品"出发,也就是从资本主义社会财富的元素形式出发。[2] 在经验层面,商品首先表现为"一个外在的对象(äußerer Gegenstand),一个物(Ding)"[3],并且是一个满足人的需要的"有用

---

[1] 《马克思恩格斯全集》,中文2版,第31卷,北京:人民出版社,1998年,第423页。
[2] 《马克思恩格斯文集》,第5卷,北京:人民出版社,2009年,第47页。
[3] 《马克思恩格斯文集》,第5卷,北京:人民出版社,2009年,第47页。Marx-Engels-Gesamtausgabe, Bd. II/6, Berlin: Dietz, 1987, S. 69.

的物（nützliche Ding）"[1]。由此，马克思提出商品的"使用价值"："物（Dings）的有用性（Nützlichkeit）使物成为使用价值（Gebrauchswerth）。"[2] 马克思还强调，使用价值"决定于商品体（Waarenkörpers）的属性，离开了商品体就不存在"[3]。这里所谓商品之"躯体（Körper）"的说法想要强调的是，使用价值只能在商品自身的物质属性中得到体现。按照日常经验的思维方式来说，这其实是无须强调的事情——一个物的规定性，难道还能离开这个物的"躯体"而存在吗？实际上，马克思在这里已经在为"价值"的出场做铺垫了：价值就是商品的一种奇特的规定，它偏偏要脱离商品自身的躯体，以"对象化"的方式，或者说，通过独特的价值形式体现自身。

在论述了使用价值之后，马克思进而提出了商品的"交换价值（Tauschwerth）"。既然一种商品可以同许多不同的其他商品按照特定比例进行交换，两种商品在交换中可以按照特定比例划上等号，就说明在这些商品的背后"有一种等量的共同的东西"[4]。这种共同的东西具有这样的特点：第一，它不是商品的"自然属性（natürliche Eigenschaft）"或者"物体属性（körperlichen Eigenschaften）"[5]，而只有在抽去这些属性，即抽去使用价值之后才能体现出来，它是完全非自然的，"不包含任何一个使用价值的原子"[6]；第二，它只体现

---

1 《马克思恩格斯文集》，第5卷，北京：人民出版社，2009年，第48页。*Marx-Engels-Gesamtausgabe*, Bd. II/6, Berlin: Dietz, 1987, S. 70.
2 《马克思恩格斯文集》，第5卷，北京：人民出版社，2009年，第48页。*Marx-Engels-Gesamtausgabe*, Bd. II/6, Berlin: Dietz, 1987, S. 70.
3 《马克思恩格斯文集》，第5卷，北京：人民出版社，2009年，第48页。*Marx-Engels-Gesamtausgabe*, Bd. II/6, Berlin: Dietz, 1987, S. 70.
4 《马克思恩格斯文集》，第5卷，北京：人民出版社，2009年，第50页。
5 《马克思恩格斯文集》，第5卷，北京：人民出版社，2009年，第50页。*Marx-Engels-Gesamtausgabe*, Bd. II/6, Berlin: Dietz, 1987, S. 71.
6 《马克思恩格斯文集》，第5卷，北京：人民出版社，2009年，第50页。

在商品交换关系中,因而是关系性的;第三,在这种关系中,商品只有量的差别。[1] 这种非自然的、关系性的、可计量的属性,就是商品的交换价值。

接下来,马克思要为商品的这两种属性——使用价值和交换价值分别找到来源,因而从"商品"回到了"劳动产品"。[2] 商品的使用价值(劳动产品的有用性)来自劳动的有用性,而当交换价值将一切具体的使用价值都抽象掉之后,劳动的有用性也随之被抽象掉了。"各种劳动不再有什么差别,全都化为相同的人类劳动,抽象人类劳动。"[3] 这里的"抽象人类劳动"即"abstrakt menschliche Arbeit"[4],直译应为"在抽象意义上的人类劳动,这个抽象不仅是理论抽象,同时也是一种现实有效的客观抽象,它是交换价值得以从使用价值中抽象出来的基础。而由于交换价值具有了抽象劳动的现实基础,它也就不再只是一个交换领域中的范畴。这样,马克思就从商品的"交换价值"引出了"价值"概念。

什么是价值?它是商品抽掉了使用价值之后剩下的东西,是关于抽象的人类劳动的规定。马克思说,价值是"同一的幽灵般的对象性(gespenstige Gegenständlichkeit),只是无差别的人类劳动(unterschiedsloser menschlicher Arbeit)的单纯凝结(Gallerte)"[5]。商品不再表现为有用的物,而只是"作为这个它们共同的

---

[1] 《马克思恩格斯文集》,第5卷,北京:人民出版社,2009年,第50页。
[2] 关于《资本论》的一个常见指责是:为什么马克思对"商品"的定义只限于"劳动产品"?如果从马克思的思想发展史来看,这个问题其实不成立:马克思所要分析的本来就是现代生产(具体化为个体的现代劳动)所生产出来的作为商品的劳动产品。这一点在《大纲》中体现得更清楚一些。
[3] 《马克思恩格斯文集》,第5卷,北京:人民出版社,2009年,第51页。
[4] Marx-Engels-Gesamtausgabe, Bd. II/6, Berlin: Dietz, 1987, S. 72.
[5] 《马克思恩格斯文集》,第5卷,北京:人民出版社,2009年,第51页。Marx-Engels-Gesamtausgabe, Bd. II/6, Berlin: Dietz, 1987, S. 72.

(gemeinschaftlichen)社会实体(gesellschaftlichen Substanz)的结晶(Krystalle),就是价值(Werthe)"[1]。可见,商品同时表现为双重对象性:其一,作为有用的、外在的、可见的自然对象,商品是使用价值;其二,作为社会性的、关系中的对象,商品是价值。商品的价值对象性之所以是"幽灵般的",主要表现为以下几点:首先,价值既能够被感知到,又无法像自然物质那样直接可见;其次,价值寄托于某种具体有形的东西,本身却不是具体有形的东西;再次,价值飘忽不定,既存在于一个商品中,又体现于这个商品之外,而且可以在完全不相干的两件商品的交换关系中浮现;最后,最重要的是,价值的来源难以透视。人们难以理解抽象的无差别的人类劳动,难以从商品生产的社会总体性视角来理解价值。

到这里,马克思从交换价值的分析引出"劳动产品",继而引出"抽象劳动"和"价值"。现在他要概括一下这些概念之间的逻辑关系:一个劳动产品原本只有使用价值,随着劳动被抽象为无差别的人类劳动(这是现代生产的结果),它也同时具有了价值。或者说,"使用价值或财物(Gut)具有价值,只是因为有抽象人类劳动(abstrakt menschliche Arbeit)对象化(vergegenständlicht)或物质化(materialisirt)在里面"[2]。这样,"对象化"就作为"物质化"的同位语在《资本论》中出场了。既然价值来自抽象劳动,价值的量是通过劳动的量来计量的,而劳动的量则是通过劳动时间来计量的。[3] 而且,由于这里所探讨的是抽象的人类劳动,因此决定价值

---

[1] 《马克思恩格斯文集》,第 5 卷,北京:人民出版社,2009 年,第 51 页。*Marx-Engels-Gesamtausgabe*, Bd. Ⅱ/6, Berlin: Dietz, 1987, S. 72.

[2] 《马克思恩格斯文集》,第 5 卷,北京:人民出版社,2009 年,第 51 页。*Marx-Engels-Gesamtausgabe*, Bd. Ⅱ/6, Berlin: Dietz, 1987, S. 72.

[3] 《马克思恩格斯文集》,第 5 卷,北京:人民出版社,2009 年,第 51 页。

的劳动时间也是指"社会必要劳动时间"[1]。一言以蔽之,价值是抽象劳动的对象化,而价值量是抽象劳动时间的对象化。正因为一切商品具有这种共同的东西,即价值,商品才在交换关系中表现出交换价值,交换价值是价值的必然的表现方式。[2]

从以上逻辑出发,马克思后来进一步阐释了商品生产中的劳动的二重性理论,并且再次使用"对象化"概念:由于抽象劳动只通过量来计量,现实中复杂的劳动也可以计量为特定量的简单劳动,在这里,马克思提到了"工人的工作日(Arbeitstag)对象化(vergegenständlicht)的商品价值(Waarenwerth)"[3]。这里讲的不是工人的工资或者劳动所创造的价值,所谓"工作日"的对象化也就是"劳动时间对象化"在特定语境中的一个具体说法。同时,这一表述也进一步明确了"劳动时间对象化"的具体的施动与受动关系:对象化的施动者是"工人",受动者是"工作日"即劳动时间,最终产物是"商品价值",而后者恰恰是劳动时间对象化的产物。可见,"对象化"是对劳动、劳动时间转化为价值、价值量的过程的描述,也是对商品价值本原的揭示。

总而言之,马克思在《资本论》中从"商品"出发,正式阐发了自己关于商品及劳动的二重性的思想,在此过程中,"对象性"和"对象化"概念相继出场,继续在其逻辑论证中发挥支撑作用。从马克思价值理论的形成过程可以看出,对劳动的抽象性的理解、对于抽象的劳动及劳动时间的对象化的阐释、对价值的可交换的关系本质的理解,是促成马克思价值理论核心的一条关键线索。而沿着这条线索继续下去,从价值的交换关系、抽象劳动的对象化表现出

---

[1] 《马克思恩格斯文集》,第 5 卷,北京:人民出版社,2009 年,第 52 页。

[2] 《马克思恩格斯文集》,第 5 卷,北京:人民出版社,2009 年,第 51 页。这一观点与价值形式理论直接相关,后文将集中加以分析。

[3] 《马克思恩格斯文集》,第 5 卷,北京:人民出版社,2009 年,第 58 页。*Marx-Engels-Gesamtausgabe*, Bd. II/6, Berlin: Dietz, 1987, S. 78.

发,马克思对从"商品"到"货币"的必然逻辑进行了深入思考,形成了原创性的"价值形式理论",后者作为马克思价值理论的重要组成部分,同样具有深刻的哲学底蕴。

第三节
"价值"对象化为"货币":价值形式理论的哲学基础

马克思的价值理论不仅包含商品及劳动二重性的思想(这一部分直接发展了政治经济学的劳动价值论),而且包括其独创的价值形式理论,即《资本论》第一卷中关于"价值形式或交换价值"的集中系统论述,马克思在这一部分论证了商品的价值形式发展为货币形式的逻辑必然性。这是"对象化"概念反复出现的部分,更是"对象性"、辩证法的思维方式在其政治经济学批判理论体系中展现得最淋漓尽致的部分。根据马克思自己的指认,这一部分既是几千年来人类智慧所未能勘破的现代经济的细胞形式,也是《资本论》中最难懂的部分。[1] 在今天,为了更加准确地理解马克思经济学批判背后的哲学思想,有必要加强对马克思价值形式理论的理解和反思。[2] 本节将以"对象化"概念为中心,切入对这一理论

---

1 《马克思恩格斯文集》,第5卷,北京:人民出版社,2009年,第8页。
2 20世纪60年代以来,西方《资本论》及其手稿研究中涌现出一支特别的力量——"新马克思阅读(Neue Marx-Lektüre)"思潮,至今在欧陆马克思研究学界具有较大影响。这一思潮创造性地推进了阿多诺关于政治经济学批判的哲学构想,而其核心理论依凭正是马克思的价值形式理论。参见张义修:《当代德国马克思研究的总体格局与四种模式》,《山东社会科学》2015年第10期;李乾坤:《"新马克思阅读"运动:当代德国马克思研究的一种新纲领的探索》,《山东社会科学》2015年第10期;贝洛菲尔、瑞瓦:《新马克思阅读——复归政治经济学批判于社会批判之中》,孙海洋译,《马克思主义与现实》2015年第6期。

的重新理解。

一、从"商品"到"货币"的对象化逻辑：
《大纲》中的最初思考

实际上，马克思的价值形式理论可以追溯到《大纲》。在《大纲》中，马克思首先是在关于货币问题的理论交锋中意识到，需要从理论上论证从商品到货币的必然性。对此前文中已经有所提及。可以说，《大纲》中关于商品的价值以及商品的二重存在的思想萌芽，正是诞生于对"从商品到货币"这一逻辑进程的探索过程中。前者是马克思对政治经济学的劳动价值论的最重要的发展，后者则是其独创的价值形式理论的最初雏形。在对前者的思考中，马克思区分了个别劳动的对象化和抽象劳动、必要劳动时间的对象化；在对后者的思考中，马克思提出了商品价值在货币中得到对象化实现的逻辑，赋予"对象化"概念新的内涵，也使"对象化"的思考与分析方式在价值形式理论的构思中发挥了重要的支撑作用。

在《大纲》中，马克思对货币产生的必然性有过多次不同的论证尝试。最初，他试图从价值规律的角度，从价值与价格的关系角度来说明，商品的价值和实际交换中的价格不一致，这就决定了受到价值决定的商品和用来表示价格的货币的实际对立。但这种论证归根结底仍然不是从商品本身出发，而是从经济运行的现状出发，即不是从货币作为商品的起源和内在出发的。后来，在决定从"商品"出发展开论述之后，马克思提出，货币是在商品交换中作为价值尺度而出现的第三种商品。"商品 a＝1 先令（＝1/x 银）；商品 b＝2 先令（2/x 银）。因此，商品 b＝商品 a 的价值的两倍。a

和 b 之间的价值关系（Werthverhältniß）是通过两者与一定量的第三种商品——银相交换的比例（Proportion）得到表现的。"[1] 商品交换的前提是对商品的各自价值进行衡量，这就需要一个第三方的"尺子"，这把"尺子"就是"货币"。在这段论述中已经蕴含了货币作为价值尺度而必然出现的基本逻辑：尺子之所以能够衡量其他物品的长度，首先是因为尺子自身具有"长度"，其次是因为尺子作为外在的参照物出现。同理，货币之所以能够衡量其他商品的价值，首先是因为货币自己也是商品，具有价值，但货币同时又不作为商品，而是作为外在于其他商品的参照而出现。

接下来，马克思对商品的价值及其表现形式给出了正面的理论分析。如前文已经分析过的那样，马克思强调，商品之为商品的规定在于可交换的价值本质，进而商品本身在现实中表现为二重存在。在此基础上，马克思提出，"商品"本身的二重性将在现实中带来"商品"和"货币"的二重分裂。这一论证可以分为两个环节来加以理解。

其一，作为价值的商品抹去了一切自然属性，只剩下价值量的规定，这样一来它便同时成为衡量其他商品价值的"尺子"。"作为价值，商品按一定的比例同时是其他一切商品的等价物。"[2] 简而言之："作为价值，商品是等价物。"[3] 这样，马克思就从商品的价值存在出发，得出了商品在实际交换之外的潜在功能：作为衡量和表

---

[1] 《马克思恩格斯全集》，中文 2 版，第 30 卷，北京：人民出版社，1995 年，第 88—89 页。*Marx-Engels-Gesamtausgabe*, Bd. II/1, Berlin: Akademie, 2006, S. 75. 在理解商品的交换及其价值关系时，应当注意到德语中的"Verhältniß"既可以表示量的"比例"，同时也含有质的"关系"之意，这在客观上促进了马克思对经济学的量化问题的关系性理解。

[2] 《马克思恩格斯全集》，中文 2 版，第 30 卷，北京：人民出版社，1995 年，第 89 页。

[3] 《马克思恩格斯全集》，中文 2 版，第 30 卷，北京：人民出版社，1995 年，第 89 页。

现价值的尺度,作为等价物。也就是说,货币作为价值尺度的资格已经藏在商品之中了。"作为价值,商品是**货币**。"[1]因为商品具有价值,能充当等价物,作为特殊商品的货币才能从商品中发展出来。"当作货币的特殊属性列举的一切属性,都是商品作为交换价值的属性。"[2]

其二,商品作为价值而具有的这种货币属性,最终必然体现为一种特殊商品,即货币。马克思说,商品的价值属性必将"取得一个和它的自然存在不同的存在"[3]。这种和商品自然存在不同的存在,不是指商品自身的二重存在,而是指一个外在于商品的特殊存在。价值是纯粹的量的规定,它无法透过商品本身的自然性质表现出来,因而"必然取得一个在质上可以和商品区别的存在,并且在实际交换中,这种可分离性必然变成实际的分离"[4],这种实际分离出的产物,这种与商品相区别而又表现商品价值的东西,就是"货币"。"商品的交换价值,作为同商品本身并列的特殊存在,是**货币**。"[5]这就说明,马克思已经意识到,价值固然存在于一个商品之中,却必须通过外在于商品的他者才能体现自身。

这样,马克思就形成了一个"从抽象到具体"的分析逻辑:第一,劳动"产品成为商品"[6];第二,"商品成为交换价值"[7];第三,"交换价值是商品内在的货币属性"[8];第四,商品内在的货币属性

---

[1] 《马克思恩格斯全集》,中文2版,第30卷,北京:人民出版社,1995年,第89页。
[2] 《马克思恩格斯全集》,中文2版,第30卷,北京:人民出版社,1995年,第90页。
[3] 《马克思恩格斯全集》,中文2版,第30卷,北京:人民出版社,1995年,第90页。
[4] 《马克思恩格斯全集》,中文2版,第30卷,北京:人民出版社,1995年,第90页。
[5] 《马克思恩格斯全集》,中文2版,第30卷,北京:人民出版社,1995年,第90页。
[6] 《马克思恩格斯全集》,中文2版,第30卷,北京:人民出版社,1995年,第96页。
[7] 《马克思恩格斯全集》,中文2版,第30卷,北京:人民出版社,1995年,第96页。
[8] 《马克思恩格斯全集》,中文2版,第30卷,北京:人民出版社,1995年,第96页。

转化为外在于商品的货币。[1] 这正是后来他系统阐释价值理论特别是价值形式变化的关键性基础。那么，在马克思基于价值的关系性本质来论证从"商品"到"货币"的必然性的过程中，"对象化"概念又扮演着怎样的角色呢？

一方面，马克思对商品作为"对象化的劳动时间"的规定有了更加明确的说明。第一，"商品"不能直接等同于"劳动时间"，"对象化"是一个必要的表现方式："商品不是作为劳动时间的劳动时间，而是物质化的（materialisirte）劳动时间；劳动时间不是处于运动形式，而是处于静止形式；不是处于过程形式，而是处于结果形式。"[2] 第二，对象化在商品中的劳动只是"特定的（bestimmten）、自然规定的（natürlich bestimmten）、在质上和其他劳动不同的劳动"[3]，而不是马克思已经指出的社会总体意义上的抽象的劳动和必要劳动时间，换言之，"商品不是只存在于表象（Vorstellung）之中的一般劳动时间（Arbeitszeit im Allgemeinen）的对象化（Vergegenständlichung）"[4]。

另一方面，正因为"商品"本身不是"劳动时间"，而商品的交换必须依靠"劳动时间"的衡量，因此就必须在商品之外，找到一个"劳动时间"的单纯化身，以其作为体现、衡量商品价值量的尺度。在这里，"对象化"概念演化出了新的内涵。马克思说，如果只是在观念中对商品进行估价和比较，那么，只需要将商品观念性地转化

---

[1] 《马克思恩格斯全集》，中文2版，第30卷，北京：人民出版社，1995年，第96页。
[2] 《马克思恩格斯全集》，中文2版，第30卷，北京：人民出版社，1995年，第92页。*Marx-Engels-Gesamtausgabe*, Bd. II/1, Berlin: Akademie, 2006, S. 78.
[3] 《马克思恩格斯全集》，中文2版，第30卷，北京：人民出版社，1995年，第92页。*Marx-Engels-Gesamtausgabe*, Bd. II/1, Berlin: Akademie, 2006, S. 78.
[4] 《马克思恩格斯全集》，中文2版，第30卷，北京：人民出版社，1995年，第92页。*Marx-Engels-Gesamtausgabe*, Bd. II/1, Berlin: Akademie, 2006, S. 78.

为"劳动时间"、转化为"价值量"这种抽象也就够了。"而在现实的(wirklichen)交换中,这种抽象又必须对象化(vergegenständlicht),象征化(symbolisirt),通过一种符号(Zeichen)来实现(realisirt)。"[1]现实的商品总是以各自的特殊的自然形态而存在,抽象的价值属性因而必须寻找一个外在的对象来体现自身,作为"劳动时间""价值量"这种抽象的"对象化"。马克思强调,这种"对象化"具有"必然性(Nothwendigkeit)"[2]。

总而言之,商品的价值实现必须以交换为前提,而且必须通过第三方的一种特殊商品,即不再作为商品的商品——货币来实现"一般劳动时间",即商品"价值量"的对象化。商品"只和一种特殊的商品相交换是不够的。商品必须和一个第三物(dritten Ding)相交换,而这第三物本身不再是一种特殊的商品,而是作为商品的商品的象征(Symbol der Waare),是商品的交换价值本身的象征;**因而,可以说,它代表(*repräsentirt*)劳动时间本身**"[3]。于是,观念层面商品的二重存在表现为"作为自然的产品"的商品和"作为交换价值"的商品[4],即货币的现实分离。"产品的交换价值产生出同产品并存的货币。"[5]货币作为一种象征物、作为社会抽象层面的"劳动时间"的对象化,它的本质是社会关系:首先是基于商品生产环节劳动的关系,进而体现为交换环节商品的社会关系。

由此可见,在从商品到货币的逻辑分析中,马克思由两种"对

---

[1] 《马克思恩格斯全集》,中文2版,第30卷,北京:人民出版社,1995年,第93页。*Marx-Engels-Gesamtausgabe*, Bd. II/1, Berlin: Akademie, 2006, S. 78.
[2] 《马克思恩格斯全集》,中文2版,第30卷,北京:人民出版社,1995年,第93页。*Marx-Engels-Gesamtausgabe*, Bd. II/1, Berlin: Akademie, 2006, S. 78.
[3] 《马克思恩格斯全集》,中文2版,第30卷,北京:人民出版社,1995年,第93页。*Marx-Engels-Gesamtausgabe*, Bd. II/1, Berlin: Akademie, 2006, S. 79.
[4] 《马克思恩格斯全集》,中文2版,第30卷,北京:人民出版社,1995年,第94页。
[5] 《马克思恩格斯全集》,中文2版,第30卷,北京:人民出版社,1995年,第94页。

象化劳动"的区分引出了"对象化"的一种新的用法:价值抽象在货币中的对象化。或者说,价值在货币中的对象化,才是价值自身作为"劳动时间对象化"的现实体现方式。不难看出,前述的两种"对象化劳动"针对的是商品和劳动的二重性,但讲的都是"劳动"在"商品"中的对象化;而这里的"价值的对象化"则是另一个全新层面的概念,简而言之,是"商品"在"货币"中的对象化。有了这一层面,马克思的价值理论才完整起来,也只有理解了这种价值在货币中的对象化,才能理解马克思价值形式理论的重要意义。

二、价值形式理论的原点:"简单价值形式"中的对象化逻辑

在《资本论》中,马克思在阐明商品和劳动的二重性后,专门辟出一部分,命名为"价值形式或交换价值",并对相关论述进行了多次修改完善。然而,对于这一部分的性质和意义,许多读者并不十分明了,甚至将其误解为马克思关于商品交换历史过程的抽象梳理概括。马克思在《资本论》中指出,在商品交换过程中,交换价值是"价值的必然的表现方式或表现形式"[1],而"价值形式"就是指价值表现自身的形式。过去我们比较重视"价值的来源"问题,而不大重视"价值的表现形式"问题。但是,如果不理解价值形式理论,就无法准确理解马克思的价值概念的本质,以及价值和交换价值的区分。同时,从《资本论》的论述结构上也不难发现,价值形式理论还是理解马克思的商品和货币拜物教批判的前提。因此,对这一理论的哲学逻辑的研究有必要深化。而《大纲》提出的"商品"的价值必然"对象化"为"货币"的分析逻辑,正是价值形式理论的

---

[1] 《马克思恩格斯文集》,第5卷,北京:人民出版社,2009年,第51页。

前身。可见,马克思的价值形式理论是基于经济学的逻辑分析,而不是一种历史学分析。价值形式理论揭示的是价值的商品和货币形式的概念性发展,而不是其历史性生成。[1]

在关于"价值形式或交换价值"的论述中,马克思首先再次强调价值的社会关系本性。价值的实现,不可能在商品自身的物质存在方式中,因为价值本身就是非自然的、幽灵般的对象性:"在商品体的价值对象性(Werthgegenständlichkeit)中连一个自然物质的原子(Atom Naturstoff)也没有。"[2] 换句话说,在商品的自然物质属性中,是找不到价值的。那么,价值的对象性究竟体现在哪里呢？马克思说,价值来自社会性的抽象的劳动,"因而它们的价值对象性(Werthgegenständlichkeit)纯粹是社会性的(gesellschaftlich),那么不言而喻,价值对象性只能在商品同商品的社会关系(gesellschaftlichen Verhältniß)中表现出来。我们实际上也是从商品的交换价值或交换关系出发,才探索到隐藏在其中的商品价值"[3]。由此可见,价值不能被理解为单个商品所固有的东西,而只能在商品间的社会关系中被把握。换言之,价值对象性不是一种实体的对象性,而是一种关系中的对象性,如果不考察这种关系本身,只盯住单个的商品本身,根本找不出价值。这就打破了对价值概念的实体主义理解。分析价值的社会关系,正是理解价值对象性的"幽灵性"的基础。[4] 进而言之,价值的根据——抽象劳动也

---

[1] Heinrich, Michael. *Kritik der politischen Ökonomie: Eine Einführung*, Stuttgart: Schmetterling, 2005, S. 55.

[2] 《马克思恩格斯文集》,第5卷,北京:人民出版社,2009年,第61页。*Marx-Engels-Gesamtausgabe*, Bd. II/6, Berlin: Dietz, 1987, S. 80.

[3] 《马克思恩格斯文集》,第5卷,北京:人民出版社,2009年,第61页。*Marx-Engels-Gesamtausgabe*, Bd. II/6, Berlin: Dietz, 1987, S. 80.

[4] Heinrich, Michael. *Kritik der politischen Ökonomie: Eine Einführung*, Stuttgart: Schmetterling, 2005, S. 52.

不是人类学意义上的抽象,或者逻辑归纳意义上的抽象,而是以社会性的关系为前提的抽象,以价值形式的实际运作为前提的抽象。[1] 现在,马克思要从最简单的交换关系出发,揭开这种"幽灵性"的秘密,也就是要揭示价值表现"怎样从最简单的最不显眼的样子一直发展到炫目的货币形式(Geldform)。这样,货币的谜就会随着消失"[2]。

马克思把价值形式分为四个层次来讨论。首先是"A. 简单的、个别的或偶然的价值形式"[3]。在这里,一件商品只是偶然地和另一件商品发生交换。马克思举了一个例子:一个人用20码麻布去换1件上衣。这一交换可以用一个等式来说明:"20码麻布=1件上衣。"[4]这一等式所蕴含的意思是:"20码麻布值1件上衣。"[5]这里并不考虑交换是否实际发生,只探讨这种交换关系本身的形式特点。在这最简单的交换关系中,已经蕴含着价值形式的全部秘密。马克思指出,在这一等式的两边,二者的意义是不同的:前者的价值自己无法表现自己,而是要靠后者表现自己。前者的价值表现为后者的"相对价值(relativer Werth),或者说,处于相对价值形式(relativer Werthform)"[6],后者则成为表现前者价值的一个"等价物(Aequivalent),或者说,处于等价形式

---

[1] [日]广松涉:《资本论的哲学》,邓习议译,南京:南京大学出版社,2013年,第119—126页。
[2] 《马克思恩格斯文集》,第5卷,北京:人民出版社,2009年,第62页。*Marx Engels-Gesamtausgabe*, Bd. II/6, Berlin: Dietz, 1987, S. 81.
[3] 《马克思恩格斯文集》,第5卷,北京:人民出版社,2009年,第62页。
[4] 《马克思恩格斯文集》,第5卷,北京:人民出版社,2009年,第62页。
[5] 《马克思恩格斯文集》,第5卷,北京:人民出版社,2009年,第62页。
[6] 《马克思恩格斯文集》,第5卷,北京:人民出版社,2009年,第62页。*Marx Engels-Gesamtausgabe*, Bd. II/6, Berlin: Dietz, 1987, S. 81.

(Aequivalentform)"[1]。而"相对价值形式"和"等价形式"构成了一切价值表现的两极,对它们的理解将为理解整个价值形式理论奠定基础。

先来看"相对价值形式"。它的存在证明,哪怕是在逻辑上最简单的商品交换关系中,商品的价值也需要通过其他的商品才能得到体现,具体包含以下四个逻辑环节。首先,商品的价值来自劳动,但劳动本身不是价值,劳动必须"对象化"后才是价值。"处于流动状态的人类劳动力(Menschliche Arbeitskraft)或人类劳动(menschliche Arbeit)形成价值,但本身不是价值。它在凝固的状态中,在对象性的形式(gegenständlicher Form)中才成为价值。要使麻布的价值表现为人类劳动的凝结,就必须使它表现为一种'对象性(Gegenständlichkeit)'。"[2]可见,价值必然是价值对象性。其次,这种"对象性"不是商品自身呈现出来的形态,而是表现为商品和其他商品的关系。"如果我们说,商品作为价值只是人类劳动的凝结,那么,我们的分析就是把商品化为价值抽象,但是并没有使它们具有与它们的自然形式不同的价值形式。在一个商品和另一个商品的价值关系中……一个商品的价值性质通过该商品与另一个商品的关系而显露出来。"[3]"价值对象性"是一种关系性的表现。再次,商品的价值要通过它与另一个商品的关系来表现,就必须把另一个商品当作同质性的价值存在。当我们说"20码麻布值1件上衣"时,上衣已经不再被当作"上衣",而是被"当作物体化的

---

[1] 《马克思恩格斯文集》,第5卷,北京:人民出版社,2009年,第62页。*Marx-Engels-Gesamtausgabe*, Bd. Ⅱ/6, Berlin: Dietz, 1987, S. 81.

[2] 《马克思恩格斯文集》,第5卷,北京:人民出版社,2009年,第65页。*Marx-Engels-Gesamtausgabe*, Bd. Ⅱ/6, Berlin: Dietz, 1987, S. 84.

[3] 《马克思恩格斯文集》,第5卷,北京:人民出版社,2009年,第64—65页。

价值(verkörperter Werth),当作价值体(Werthkörper)"[1],当作"**人类劳动一般**(*menschlicher Arbeit überhaupt*)**的对象化方式**(*Vergegenständlichungsweise*)"[2]。麻布"通过将上衣看作同种**人类劳动的对象化**(*Vergegenständlichung*),**即它自己的价值实体**(*Werthsubstanz*),从而**在质上**(*Qualitativ*)把上衣设定为等同的"[3]。这样,在抽象劳动的对象化的意义上,麻布的价值才可以通过上衣来体现。最后,麻布的价值是不可见的,需要通过上衣的物质性来体现。麻布用上衣充当其价值形式,意味着麻布把"**上衣的物质材料**(*Rockmaterial*)"当作了"**抽象人类劳动**(*abstrakter menschlicher Arbeit*)**的直接化身**(*unmittelbare Materiatur*)",将其劳动视为同种劳动的"对象化(vergegenständlichte)"。[4] 因此,作为麻布的"价值承载者(Träger von Werth)"[5]的上衣是物质性的,"是以自己的可以捉摸的自然形式(handgreiflichen Naturalform)表示价值的物"[6]。总而言之,"商品麻布的价值是表现在商品上衣的物体(Körper)上,一个商品的价值(Werth)表现在另一个商品的使用价值(Gebrauchswerth)上"[7]。

分析了"相对价值形式"的意义,再来看"等价形式"。当麻布用上衣的使用价值来表现自己的价值,麻布获得了它的相对价值

---

1 《马克思恩格斯文集》,第 5 卷,北京:人民出版社,2009 年,第 66 页。*Marx-Engels-Gesamtausgabe*, Bd. II/6, Berlin: Dietz, 1987, S. 84.
2 *Marx-Engels-Gesamtausgabe*, Bd. II/5, Berlin: Dietz, 1983, S. 31.
3 *Marx-Engels-Gesamtausgabe*, Bd. II/5, Berlin: Dietz, 1983, S. 29.
4 *Marx-Engels-Gesamtausgabe*, Bd. II/5, Berlin: Dietz, 1983, S. 30.
5 《马克思恩格斯文集》,第 5 卷,北京:人民出版社,2009 年,第 66 页。*Marx-Engels-Gesamtausgabe*, Bd. II/6, Berlin: Dietz, 1987, S. 84.
6 《马克思恩格斯文集》,第 5 卷,北京:人民出版社,2009 年,第 66 页。*Marx-Engels-Gesamtausgabe*, Bd. II/6, Berlin: Dietz, 1987, S. 84.
7 《马克思恩格斯文集》,第 5 卷,北京:人民出版社,2009 年,第 66 页。*Marx-Engels-Gesamtausgabe*, Bd. II/6, Berlin: Dietz, 1987, S. 84.

形式,而上衣也同时获得了一种新的意义,即成为"等价形式"。换言之,当麻布的价值要靠"值多少件上衣"来体现,"上衣"本身便成了一把价值的尺子。这样,"上衣"便不再是单纯用来穿着的使用价值,而且可以衡量其他东西的价值,能够换来其他的东西,即成为自然形式下的价值化身:"上衣这一对象(Gegenstand Rock)被当作在感性上可以捉摸的(sinnlich handgreifliche)同种人类劳动的对象性(Gegenständlichkeit),因而被当作自然形式下的价值(Werth in Naturalform)。"[1]也就是说,"上衣"俨然成了一种类似于货币的存在,具有了最基础的货币的功能。可见,等价形式是一个矛盾的统一体,有着关系性的来源和非关系性的外观:论其来源,上衣表现麻布的价值,"这个表现本身就说明其中隐藏着一种社会关系"[2];论其外观,这种关系性又是不可见的,人们看到的只是:"使用价值成为它的对立面即价值的表现形式(Erscheinungsform)。商品的自然形式(Naturalform)成为价值形式(Werthform)。"[3]"等价形式恰恰在于:商品体(Waarenkörper),例如上衣这个物(Ding)本身就表现价值,因而天然地(von Natur)就具有价值形式。"[4]也就是说,价值表现为物自身的自然属性,这是一种非天然却现实有效的假象。由于等价形式具有这种假象,人们才会误以为可以脱离价值关系,在某一物的自然属性中探寻其所固有的价值,误以为某种物天然地具有与其他物交换的能力。马克思认为,政治经济学家们已经察觉到,作为货币的金银的神秘性质不是来

1　*Marx-Engels-Gesamtausgabe*, Bd. II/5, Berlin: Dietz, 1983, S. 30.
2　《马克思恩格斯文集》,第5卷,北京:人民出版社,2009年,第72页。
3　《马克思恩格斯文集》,第5卷,北京:人民出版社,2009年,第71页。*Marx-Engels-Gesamtausgabe*, Bd. II/6, Berlin: Dietz, 1987, S. 88.
4　《马克思恩格斯文集》,第5卷,北京:人民出版社,2009年,第72页。*Marx-Engels-Gesamtausgabe*, Bd. II/6, Berlin: Dietz, 1987, S. 89.

自金银的自然属性，而是来自货币这种形态本身，这是一个理论进步。但他们所不了解的是，货币形态不过是等价形式的完成形态，而等价形式本身才是破解货币的神秘性的科学开端。[1]"最简单的价值表现，如20码麻布＝1件上衣，就已经提出了等价形式的谜让人们去解开。"[2]

马克思对等价形式的分析是以此前劳动二重性的思想为基础的。作为等价形式的商品，既是具体劳动的对象化，也是抽象劳动的对象化。在商品二重性层面看这句话，前者对应于一件商品的使用价值，后者对应于同一件商品的价值。而在价值形式层面看这句话，前者对应于等价物（例如"上衣"）可见的物性，后者对应于这种物在同另一个商品发生关系时所发生的抽象化：作为麻布的价值表现，生产上衣的具体劳动的意义不在于赋予上衣以有用性，"而在于造了一种物体，使人们能看出它是价值，因而是与对象化（vergegenständlichten）在麻布价值内的劳动毫无区别的那种劳动的凝结"[3]。这样，商品才不再仅仅被理解为自身具体劳动的对象化，而是在交换关系中被理解为抽象劳动的对象化。这样，"具体劳动（konkrete Arbeit）成为它的对立面即抽象人类劳动（abstrakt menschlicher Arbeit）的表现形式（Erscheinungsform）"[4]。可见，商品的价值是要通过交换，"通过它表现为'交换价值'而得到独立的表现的"[5]。由此进而可以发现，脱离商品同其他商品的关系是

---

1 《马克思恩格斯文集》，第5卷，北京：人民出版社，2009年，第73页。
2 《马克思恩格斯文集》，第5卷，北京：人民出版社，2009年，第73页。
3 《马克思恩格斯文集》，第5卷，北京：人民出版社，2009年，第73页。*Marx-Engels-Gesamtausgabe*, Bd. Ⅱ/6, Berlin: Dietz, 1987, S. 89.
4 《马克思恩格斯文集》，第5卷，北京：人民出版社，2009年，第74页。*Marx-Engels-Gesamtausgabe*, Bd. Ⅱ/6, Berlin: Dietz, 1987, S. 90.
5 《马克思恩格斯文集》，第5卷，北京：人民出版社，2009年，第75—76页。

发现不了商品的二重性的。[1] 如果不理解价值形式理论,就无法真正理解商品二重性理论:单个商品只能是具体劳动的对象化,只在商品交换关系中,它才表现为抽象劳动的对象化。这就说明,商品的二重性即使用价值与价值的矛盾关系不是内生于单个商品之中的,其二重性必须通过商品和商品的关系得到表现[2],这就为证明从"商品"到"货币"的必然性奠定了决定性的基础。

三、价值形式理论的深化：对象化逻辑在货币形式中的完成

理解了马克思分析"简单价值形式"的核心逻辑和方法论视角之后,再去理解马克思对价值形式的更复杂层次的分析也就没那么困难了。在"B. 总和的或扩大的相对价值形式"[3]中,麻布的价值不仅可以通过上衣来体现,也可以通过特定量的茶叶、咖啡、小麦……来体现,即通过商品世界的一切其他商品来体现。这样一来,"麻布通过自己的价值形式,不再是只同另一种个别的商品类别（Waarenart）发生社会关系（gesellschaftlichem Verhältniß）,而是同整个商品世界（Waarenwelt）发生社会关系"[4]。这种不限于商品种类的价值表现,更加证明"商品价值同它借以表现的使用价值的特殊形式（besondre Form）毫不相干（gleichgültig）"[5]。在这个意义上,商品的价值才真正展现出其社会总体性的意义,从劳动

---

1 《马克思恩格斯文集》,第5卷,北京:人民出版社,2009年,第75—76页。
2 《马克思恩格斯文集》,第5卷,北京:人民出版社,2009年,第77页。
3 《马克思恩格斯文集》,第5卷,北京:人民出版社,2009年,第78页。
4 《马克思恩格斯文集》,第5卷,北京:人民出版社,2009年,第79页。*Marx-Engels-Gesamtausgabe*, Bd. II/6, Berlin: Dietz, 1987, S. 95.
5 《马克思恩格斯文集》,第5卷,北京:人民出版社,2009年,第79页。*Marx-Engels-Gesamtausgabe*, Bd. II/6, Berlin: Dietz, 1987, S. 95.

价值论角度来说,"这个价值本身才真正表现为无差别的人类劳动(unterschiedsloser menschlicher Arbeit)的凝结。因为形成这个价值的劳动现在十分清楚地表现为这样一种劳动,其他任何一种人类劳动都与之等同,而不管其他任何一种劳动具有什么样的自然形式(Naturalform),即不管它是对象化(vergegenständliche)在上衣、小麦、铁或金等之中"[1]。可见,所谓抽象劳动的无差别性,不是一个理论层面的抽象概括,而是建立在广泛的商品交换的实践基础上:只有无限丰富、差别万千的具体劳动的自然形式都被作为价值的表现形式,劳动对象化为有差别的无数种实际商品,"劳动"本身才实际地成为无差别的抽象劳动。一方面,商品交换成就了劳动的抽象,另一方面,多样化的劳动又是商品交换的原生基础。

价值形式分析的第三个层次是"C. 一般价值形式"[2]。这种价值形式是由扩大的价值形式得来的。既然商品的价值获得了无数种相对价值形式,那么,也就有无数种商品获得了等价形式,各种商品都以其特殊的使用价值扮演起了等价物的角色。马克思说:"人类劳动在这些特殊表现形式的总范围(Gesammtumkreis)中,获得自己的完全的或者总和的表现形式。但是它还没有获得统一的(einheitliche)表现形式。"[3]而只要将麻布与无数商品的交换等式倒转一下,麻布就成了无数商品的统一的等价物,这样也就得到了"一般价值形式"。如果说在偶然的或者习惯性的商品交换中,

---

[1]《马克思恩格斯文集》,第 5 卷,北京:人民出版社,2009 年,第 79 页。*Marx-Engels-Gesamtausgabe*, Bd. II/6, Berlin: Dietz, 1987, S. 94–95.

[2]《马克思恩格斯文集》,第 5 卷,北京:人民出版社,2009 年,第 81 页。

[3]《马克思恩格斯文集》,第 5 卷,北京:人民出版社,2009 年,第 80 页。*Marx-Engels-Gesamtausgabe*, Bd. II/6, Berlin: Dietz, 1987, S. 96.

商品的价值究竟选择哪一种等价形式还只是"个别商品的私事"[1],那么,一般价值形式的出现即一切商品都用同一个商品作为自己的等价物,则是"商品世界共同活动的结果"[2]。一种商品作为公认的价值形式而出现,更加说明了价值本身的社会性,"商品的价值对象性(Werthgegenständlichkeit)只是这些物(Dinge)的'社会性定在(gesellschaftliche Dasein)',所以这种对象性也就只能通过它们全面的社会联系(allseitige gesellschaftliche Beziehung)来表现"[3]。当一种商品成为一般等价物,它的自然的、物体的形式也就成了一切商品共同的价值化身,也就成了一切人类劳动的化身。这就是说,实现在麻布中的劳动等于商品世界中的每一种劳动。这样,"对象化(vergegenständlichte)在商品价值中的劳动"便不再像之前的个别等价物那样,只是"消极地表现为被抽去了(abstrahirt)现实(wirklichen)劳动的一切具体形式(konkreten Formen)和有用属性(nützlichen Eigenschaften)的劳动"[4]。在一般等价物中,作为价值的对象化劳动具有积极的性质:"这就是把一切现实(wirklichen)劳动化为(Reduktion)它们共有的人类劳动特性(Charakter),化为人类劳动力的耗费。"[5] 这样,透过一般价值形式,不仅是价值的社会性,"抽象人类劳动"的社会性本质也实际地凸显出来了:"把劳动产品表现为只是无差别人类劳动的凝结物的一般价值形式,通过自身的结构表明,它是商品世

---

[1] 《马克思恩格斯文集》,第5卷,北京:人民出版社,2009年,第82页。
[2] 《马克思恩格斯文集》,第5卷,北京:人民出版社,2009年,第82—83页。
[3] 《马克思恩格斯文集》,第5卷,北京:人民出版社,2009年,第83页。*Marx-Engels-Gesamtausgabe*, Bd. II/6, Berlin: Dietz, 1987, S. 98.
[4] 《马克思恩格斯文集》,第5卷,北京:人民出版社,2009年,第83页。*Marx-Engels-Gesamtausgabe*, Bd. II/6, Berlin: Dietz, 1987, S. 98.
[5] 《马克思恩格斯文集》,第5卷,北京:人民出版社,2009年,第83页。*Marx-Engels-Gesamtausgabe*, Bd. II/6, Berlin: Dietz, 1987, S. 98.

界(Waarenwelt)的社会性表现(gesellschaftliche Ausdruck)。因此,它清楚地告诉我们,在这个世界中,劳动在一般意义上的(allgemein)人类特性(menschliche Charakter)形成劳动在特殊意义上(specifisch)的社会特性(gesellschaftlichen Charakter)。"[1]

最后,从一般价值形式到"D. 货币形式"[2]的过渡便容易理解了:相对于前几种形式之间发生的本质变化,第三种形式中的一般等价物换成"金银",不过是由于社会习惯而产生的一种形态演变。一般价值形式转化为货币形式之后,一个商品的相对价值形式便用货币单位来进行衡量,因而表现为"价格形式"。[3] 于是,货币形式分析倒成了整个价值形式分析中最简明的一部分。因为,马克思已经证明,每一种价值形式都可以回溯到上一种形式中去理解,"简单的商品形式是货币形式的胚胎"[4]。在《资本论》后面对货币的分析中,马克思也多次强调,货币的价值形式来自商品的价值本性,即来自抽象劳动的对象化。"因为一切商品作为价值都是对象化的(vergegenständlichte)人类劳动(menschliche Arbeit),从而本身可以通约,所以它们能共同用一个独特的商品来计量自己的价值,这样,这个独特的商品就转化为它们共同的价值尺度或货币。"[5]在此基础上,价格也不过是"对象化(vergegenständlichten)在商品中的劳动的货币名称(Geldname)"[6],或者说是"对象化

---

[1] 《马克思恩格斯文集》,第 5 卷,北京:人民出版社,2009 年,第 83—84 页。*Marx-Engels-Gesamtausgabe*, Bd. II/6, Berlin: Dietz, 1987, S. 98.
[2] 《马克思恩格斯文集》,第 5 卷,北京:人民出版社,2009 年,第 86 页。
[3] 《马克思恩格斯文集》,第 5 卷,北京:人民出版社,2009 年,第 87 页。
[4] 《马克思恩格斯文集》,第 5 卷,北京:人民出版社,2009 年,第 87 页。
[5] 《马克思恩格斯文集》,第 5 卷,北京:人民出版社,2009 年,第 114 页。*Marx-Engels-Gesamtausgabe*, Bd. II/6, Berlin: Dietz, 1987, S. 121.
[6] 《马克思恩格斯文集》,第 5 卷,北京:人民出版社,2009 年,第 122 页。*Marx-Engels-Gesamtausgabe*, Bd. II/6, Berlin: Dietz, 1987, S. 127.

(vergegenständlichten）在商品中的社会劳动的量（Quantums gesellschaftlicher Arbeit）的货币名称"[1]。

纵观马克思构思和论述价值形式理论的过程，不难发现，他的劳动价值论的核心观点，即商品及劳动的二重性始终是其经济学基础，与此同时，这种对象性的、关系性的分析思路又是以其关于两种劳动的对象化的经济哲学理解作为方法论支撑的。每当马克思要进一步说明价值的来源与表现的时候，两种劳动的区分及其对象化形态的论述就会一再出场。总的来说，作为使用价值，商品是个别性的具体劳动的对象化；作为价值，商品是社会性的抽象劳动的对象化；价值是对象性、社会性、关系性的，这就是说，作为抽象劳动的对象化的价值必须体现为另一个商品的使用价值，即体现为另一种具体劳动的对象化；最终，一切商品的价值都通过同一种使用价值即货币来体现，这一方面意味着，借由货币这一尺度，一切商品完全成为抽象劳动的对象化、成为价值，另一方面意味着，商品的价值实现了对象化，即对象化为货币。由此可见，马克思的价值理论不是纯粹的经济学成果，而是具有深刻经济哲学意味的独特创见。而且，借由"对象化"的分析逻辑，我们可以对商品二重性和价值形式理论的内在关系做出更具融贯性的理解：首先，具体劳动对象化为商品自身，形成其使用价值；其次，商品在交换关系中被理解为抽象劳动的对象化，表现出其价值；最后，这种抽象劳动的对象化必须通过另一个具体劳动的对象化得到表现，并最终通过"货币"得到表现。

从《大纲》到《资本论》，马克思逐步形成了自己的价值理论。

---

[1] 《马克思恩格斯文集》，第 5 卷，北京：人民出版社，2009 年，第 128 页。*Marx-Engels-Gesamtausgabe*, Bd. II/6, Berlin: Dietz, 1987, S. 132.

在今天的西方主流经济学看来，马克思的价值理论仍属于古典政治经济学的劳动价值论传统，故而不值得认真对待；在很多哲学家眼中，马克思的劳动价值论要么是与哲学无关的课题，要么是从"劳动"这一人类学的前提出发的，因而需要被批判和超越。然而，本章的分析表明：其一，马克思的价值理论从哲学方法论到具体演绎，再到对价值本质的理解都与古典政治经济学截然不同；其二，马克思借由"对象化"概念展现出的哲学思考构成了其价值理论的方法论基础，他对商品和劳动二重性、价值形式等的分析包含着许多值得哲学研究者认真对待的内容，围绕"对象化"概念的分析便是一个例子；其三，马克思对"抽象劳动"的阐述的确包含人类学色彩，但从根本上说，他所理解的"抽象劳动"绝不是人类学性质的，而是切中现代社会之本质的，将马克思的价值理论还原为人类学并加以批判，无异于绕过了马克思政治经济学批判中真正具有哲学深度的东西。

第六章　"对象化"与马克思对资本关系的辩证解析

对马克思的政治经济学批判来说,"劳动"从一开始就不仅仅关乎价值创造,而且关乎现代雇佣关系。换句话说,劳动不仅关乎价值理论,而且关乎剩余价值理论;不仅关乎现代生产活动,而且关乎现代生产关系。对于后一层面而言,"对象化"(主要是"对象化劳动")这一概念扮演着突出重要的角色。

实际上,"对象化劳动"从一开始就与资本主义生产关系具有内在联系。在《手稿》中,"对象化劳动"的提出以及异化关系的经济学基础,就是现代工人失去一切生产资料,反而受到生产资料支配的雇佣劳动。《评李斯特》把作为资本的"私有财产"指认为"对象化劳动",为其解读现代资本与劳动的关系打下了基础。在历史唯物主义方法论确立之后,《哲学的贫困》肯定了劳动价值论,为马克思进一步使用"对象化劳动"理解现代经济关系提供了可能。不久,《雇佣劳动与资本》将"对象化劳动"与"资本"对接起来,开启了资本关系语境中的"对象化劳动"分析。从《大纲》开始,马克思以"对象化劳动"和"活劳动"的辩证关系为支点,对现代资本关系做出了深入系统的阐释,奠定了剩余价值理论的基础。本章将详细说明,马克思如何基于"对象化劳动"的哲学透视,破解了现代资本关系的秘密。

第一节
资本的本质与逻辑：基于"对象化劳动"的透视

什么是"资本"？在经验层面，资本是用于投资的金钱，也是这些金钱所买来的机器和原料。在资本家与工人的互动中，资本家提供了金钱和生产资料，而工人付出劳动，这样，"资本"与"劳动"的关系，也就表现为"物"与"人"的关系。在现实中，正是这些"物"支配着"人"。因此，破解物性"资本"的本质，既是为了理解"资本"，更是为了理解现代生产的运作机制，理解现代生产中人与物的颠倒关系的秘密。政治经济学将"资本"归结为"劳动"。然而，马克思并不满足于这样的还原。马克思指出，"资本"不仅是"物"，不仅是"对象化劳动"，还是一种"关系"。或者说，只有和资本之外的"劳动"发生关系，资本才是资本。具体说来，资本与劳动的关系是双重的：既是一种独特的交换关系，又是一种独特的生产关系。前者是现实基础，也是比较容易理解的表象；后者则是核心环节，也是比较难以理解的本质。本节首先介绍马克思发现资本的关系本性的过程，并对作为资本主义生产关系基础的资本与劳动的交换关系予以阐释。

一、资本的本质：特定"关系"与
"过程"中的"对象化劳动"

1847年12月，马克思在布鲁塞尔发表了关于"雇佣劳动与资本"的演说。后来,根据演说内容而写成的社论陆续发表在《新莱茵报》上,这也就是今天人们所读到的《雇佣劳动与资本》。在这一文本中,马克思将先前确立的社会关系建构论与政治经济学融合了起来,在崭新的语境中重新提出"对象化劳动",并且确立起透视资本的关系性视角。[1] 其中对资本的本质的理解,在后来的《大纲》中依然得到了延续。

马克思首先反对将资本理解为单纯的"物"或"对象化劳动"。从物性经验层面看,资本包括了各种原料、劳动工具和生活资料,但就其本质来说,"资本的所有这些组成部分都是劳动的创造物,劳动的产品,**积累起来的劳动**(*aufgehäufte Arbeit*)"[2]。这就是政治经济学对资本的定义方式:"作为进行新生产的手段的积累起来的劳动就是资本。"[3] 就其本原来说,资本是劳动;就其目的来说,资本指向的是新的生产。马克思后来曾引用李嘉图关于资本的表述,即"作为手段被用于新劳动(生产)的那种积累的(已实现)的劳动"[4],并补充说,这个"积累劳动"也就是"**对象化**劳动(*vergegenständlichte* Arbeit)"[5]。马克思对这个定义是否满意呢?答案是否定的。经济学们关于资本的以上说明,虽然道破了资本的来源与去向,却仍然只是经验性的,其实什么都没有说出来。照此而言,全部可用于生产的东西都可算是资本,这不仅无法

---

[1] 这一文本历经从演说到社论的打磨,后来的单行本多次再版,并经过恩格斯修订,以致我们无法判定其中许多表述形成的准确年份。为了忠实理解马克思的思想发展过程,本书对《雇佣劳动与资本》的分析主要依据马克思在《新莱茵报》上的表述。
[2] 《马克思恩格斯文集》,第 1 卷,北京:人民出版社,2009 年,第 723 页。*Marx-Engels-Werke*,Bd. 6,Berlin:Dietz,1961,S. 407.
[3] 《马克思恩格斯文集》,第 1 卷,北京:人民出版社,2009 年,第 723 页。*Marx-Engels-Werke*,Bd. 6,Berlin:Dietz,1961,S. 407.
[4] 《马克思恩格斯全集》,中文 2 版,第 30 卷,北京:人民出版社,1995 年,第 213 页。
[5] 《马克思恩格斯全集》,中文 2 版,第 30 卷,北京:人民出版社,1995 年,第 213 页。*Marx-Engels-Gesamtausgabe*,Bd. II/1,Berlin:Akademie,2006,S. 179.

解释现代经济过程的实质，反而将资本泛化为一个适用于任何历史时期的名词。用后来《大纲》中的话说："资本也就只是一个同人类一样古老的事物的新名称了，因为任何一种劳动，甚至最不发达的劳动，如狩猎、捕鱼等，都要有一个前提，就是把先前的（vorhergegangner）劳动的产品用作直接的、活的（unmittelbare, lebendige）劳动的手段。"[1] 可见，尽管将"商品"和"货币"指认为"对象化劳动"是一个进步，但是，将资本仅仅指认为"对象化劳动"却是不够的。

那么，马克思怎么回答"什么是资本"这个问题的呢？他说："纺纱机是纺棉花的机器。只有在特定的关系（bestimmten Verhältnissen）下，它才成为**资本**。脱离了这种关系（Verhältnissen），它也就不是资本了。"[2] 也就是说，对资本的分析，绝不仅仅是对"积累的劳动"的孤立分析，而是对一种特定的关系的分析。"**资本**也是一种社会生产关系（gesellschaftliches Produktions Verhältnis）。这是一种**资产阶级的生产关系**（*bürgerliches Produktionsverhältnis*），是资产阶级社会（bürgerlichen Gesellschaft）的生产关系。"[3] 在这里，《形态》和《哲学的贫困》中特定的生产关系建构论在资本分析中具体地出场了。资本固然是对象化的劳动，这是政治经济学已经阐明的事情，马克思要进一步强调的是，资本更是特定历史关系中的劳动，是一种现代的社会生产关系。政治经济学家正是由于缺乏对于这种历史性

---

1 《马克思恩格斯全集》，中文 2 版，第 30 卷，北京：人民出版社，1995 年，第 213 页。*Marx-Engels-Gesamtausgabe*, Bd. Ⅱ/1, Berlin: Akademie, 2006, S. 179.

2 《马克思恩格斯文集》，第 1 卷，北京：人民出版社，2009 年，第 723 页。*Marx-Engels-Werke*, Bd. 6, Berlin: Dietz, 1961, S. 407.

3 《马克思恩格斯文集》，第 1 卷，北京：人民出版社，2009 年，第 724 页。*Marx-Engels-Werke*, Bd. 6, Berlin: Dietz, 1961, S. 407.

的关系的认识,"只看到了资本的简单物质(einfache Materie),而忽视了使资本成为资本的形式规定(Formbestimmung)"[1],换言之,他们无法理解"使资本成为人类生产某一特殊发展的**历史**阶段的要素的那些特殊规定"[2]。一旦将资本认知为"物",就会产生一种拜物教观念,"在这种物体上,形式规定和物体的自然存在再也区分不开了"[3]。

那么,马克思所谓"特定的关系"具体是指什么呢？或者说,究竟什么才是资本所特有的"形式规定"呢？马克思的回答是:"它成为资本,是由于它作为一种独立的社会力量,即作为一种属于**社会一部分**的力量,通过**交换直接的、活的劳动**(unmittelbare, lebendige Arbeit)而保存(erhält)并增多(vermehrt)自身。"[4] 对比之前对资本的界定,这个说法更加明确了:资本作为一种劳动,独立化为一种社会性的力量,这种力量为了达到自我保存和增多的目的,与工人的直接的活劳动进行了交换。这里又包含了两个意思:一是资本具有独立性和支配力,二是资本增殖的关键手段在于与活劳动的交换。马克思用"直接的""活的"来形容工人所付出的新劳动,以此与物性资本中"对象化的"劳动相区分。在这里,马克思揭示了资本与劳动(工人的"活劳动")的交换对资本成为"资本"的决定性意义:首先,对资本来说,与劳动的交换绝不是可有可无的,而是至关重要的;其次,这种重要性不在于等价的交换环节本身,而是在于交换之后,资本具有了让活的劳动为自己服务的力

---

[1] 《马克思恩格斯全集》,中文2版,第30卷,北京:人民出版社,1995年,第213页。*Marx-Engels-Gesamtausgabe*, Bd. II/1, Berlin: Akademie, 2006, S. 179.

[2] 《马克思恩格斯全集》,中文2版,第30卷,北京:人民出版社,1995年,第214页。

[3] 《马克思恩格斯全集》,中文2版,第30卷,北京:人民出版社,1995年,第193页。

[4] 《马克思恩格斯文集》,第1卷,北京:人民出版社,2009年,第726页。*Marx-Engels-Werke*, Bd. 6, Berlin: Dietz, 1961, S. 409.

量。换言之，在资本关系中，积累起来的劳动可以支配活的劳动。马克思说得很清楚："只是由于积累起来的（aufgehäuften）、过去的（vergangenen）、对象化的（vergegenständlichten）劳动对直接的、活的劳动（unmittelbare, lebendige Arbeit）的支配（Herrschaft），积累起来的劳动才变为资本。资本的实质……在于活劳动是替积累起来的劳动充当保存并增多其交换价值的手段。"[1] 在这里，"对象化劳动"和"活劳动"第一次作为对立的两方直接出现了。正是依靠这一对概念，马克思将他关于"资本是一种关系"的论断具体化了：资本是能够支配活劳动的对象化劳动，或者说，资本的本质就是对象化劳动对活劳动的支配关系。这种支配关系，以资本与劳动的交换为基础，进而在生产环节表现出来。

可见，在《雇佣劳动与资本》中，马克思不仅指出了资本的关系性本质，而且对资本与劳动的关系做出了初步分析。在后来的《大纲》中，马克思更加自觉地用总体性的视角看待现代生产和交换过程的一体性，在《资本章》中进一步分析了从"货币"到"资本"的逻辑。马克思以此前《货币章》的分析为基础，强调货币"作为资本"与"作为货币"本身的区别。[2] 相对于物性的货币，"作为资本"的货币意味着表象不断变化的过程——资本家投入货币，购买商品，经过生产过程，继而卖出商品，重新获得货币。资本一会儿表现为货币，一会儿又表现为商品。可见，单纯地去理解货币或者商品，都无法理解"资本"。关键不在于外在形态的改变，而在于一种全新的经济过程的生成——

资本的流通不同于货币的流通，其目的不是换得有用的商品，

---

1 《马克思恩格斯文集》，第 1 卷，北京：人民出版社，2009 年，第 726 页。*Marx-Engels-Werke*, Bd. 6, Berlin: Dietz, 1961, S. 409.

2 《马克思恩格斯全集》，中文 2 版，第 30 卷，北京：人民出版社，1995 年，第 206 页。

而是为了获得交换价值。"资本首先来自流通,而且正是以货币作为自己的出发点。……货币是资本借以表现自己的最初形式。G—W—W—G;即货币同商品交换和商品同货币交换;**这种为卖而买的运动,即构成商业的形式规定的运动,作为商业资本的资本**,出现在经济发展的最早的状态中;这是以交换价值本身为内容的最初的运动,交换价值在这种运动中不仅是形式,而且是运动本身的内容。"[1]也就是说,在一般的商品交换过程中,货币作为中介而存在,人们在市场上通过货币实现商品交换,目的是购回其他有用的商品。然而,作为资本的货币具有一种更加神奇的力量——人们付出金钱不是为了换回有用商品,而是为了赚到更多的钱,通俗地说,就是将货币用于投资,让"钱生钱"。正是在这个意义上,货币转化为"资本"。在这一过程中,货币不再只是流通中的中介,而是具有了保值和增值的积极意义,"一旦货币表现为不仅与流通相独立并且在流通中保存自己的交换价值,它就不再是货币——因为货币作为货币不能超出消极的规定——而是**资本**了"[2]。换言之,作为资本的货币通过"为卖而买"的过程复归自身,"货币(作为从流通中复归于自身的东西)**作为资本失掉了自己的僵硬性,从一个可以捉摸的东西变成了一个过程**"[3]。如果说货币只是消极地从属于商品交换过程的中介物,那么,资本则成为借助商品交换而实现价值增殖的一个积极的过程。在此过程中,资本仿佛成为一种具有主体性的东西。

至此,"资本"不仅是一种"关系",而且是一种价值增殖的"过程"。在关于"对象化劳动"与"活劳动"的关系性界定中,马克思主

---

[1] 《马克思恩格斯全集》,中文2版,第30卷,北京:人民出版社,1995年,第208页。
[2] 《马克思恩格斯全集》,中文2版,第30卷,北京:人民出版社,1995年,第215页。
[3] 《马克思恩格斯全集》,中文2版,第30卷,北京:人民出版社,1995年,第220页。

要强调资本在生产过程中的特征;而在关于价值增殖的过程性界定中,马克思主要强调资本主义生产过程与流通过程的内在统一。毕竟,为了实现"钱生钱",仅仅停留于交换是不可能的,必须回到生产,把商品的生产过程变成为交换价值而进行的生产过程。"流通的前提既是通过劳动进行的商品的生产,又是作为交换价值的商品的生产。这是流通的出发点,流通通过本身的运动返回到创造交换价值的生产,返回到它的结果。"[1] 简而言之,"资本"的出现改变了整个经济过程的性质。

基于资本的这种关系性与过程性的统一,马克思在价值增殖的意义上再次将资本界定为能够支配和催动"活劳动"的"对象化劳动",以此区别于一般意义上的"对象化劳动"。我们已经知道,价值是劳动的对象化,但这种对象化不能体现在单个商品中,而是要体现在另一个商品中,并且最终体现在货币这种一般等价物中,后者使抽象劳动的对象化成为可能。以此为基础,资本可以得到进一步解释:资本不再是消极的货币,即"已经不再是简单的等价物(einfaches Equivalent)或简单的劳动对象化(einfache Vergegenständlichung der Arbeit),而是对象化了的(vergegenständlichte)并且独立化了的(verselbstständigte)交换价值:它只是为了更新自己并从自己出发重新开始流通,才把自己提供给劳动,变成劳动的材料(Material)"[2]。这就是说,货币只有成为资本,价值才完全实现了"对象化""独立化",因为作为资本,"交换价值中对象化的劳动(vergegenständlichte Arbeit)把活劳动

---

1 《马克思恩格斯全集》,中文2版,第30卷,北京:人民出版社,1995年,第211页。
2 《马克思恩格斯全集》,中文2版,第30卷,北京:人民出版社,1995年,第220页。Marx-Engels-Gesamtausgabe, Bd. Ⅱ/1, Berlin: Akademie, 2006, S. 186.

(lebendige)变成再生产自己的手段"[1]，成为具有主体性的、自我保存和增殖的价值。这样，资本问题便不仅是一个流通的问题，也是生产的问题；不是关于物象的问题，而是同样以劳动为核心的经济关系的问题；不是一种在结构性观察中可以理解的关系，而是在特定的价值增殖过程中才能被理解的关系。马克思很有底气地说："要害在于：如果说一切资本都是作为手段被用于新生产的对象化劳动(vergegenständlichte Arbeit)，那么，并非所有作为手段被用于新生产的对象化劳动(vergegenständlichte Arbeit)都是资本。**资本被理解为事物**(Sache)，**而没有被理解为关系**(Verhältniß)。"[2] 质言之，资本是一种关系，而且不仅是一般生产中的关系，还是以价值增殖为目的的生产中的关系。

二、资本的逻辑：劳动力的发现及其双重"对象化"

根据对资本"钱生钱"的本性的指认，马克思概括出资本运作的公式：G—W—G′[3]。它的意思是：作为资本，一定量的货币 G 购买了商品 W，后来这些购买来的商品再次被卖出，获得了更多的货币 G′。由前文可见，马克思在《大纲》中已经提出了这一公式的雏形。基于对这一资本运作过程的分析，马克思进一步指出，在资本的货币形态与商品形态的转换之间，资本与某一种商品的交换显得尤为重要，这就是"劳动(力)"。劳资交换关系构成了资本的价值关系的最重要的基础。

---

[1] 《马克思恩格斯全集》，中文 2 版，第 30 卷，北京：人民出版社，1995 年，第 220 页。Marx-Engels-Gesamtausgabe, Bd. II/1, Berlin: Akademie, 2006, S. 187.
[2] 《马克思恩格斯全集》，中文 2 版，第 30 卷，北京：人民出版社，1995 年，第 214 页。Marx-Engels-Gesamtausgabe, Bd. II/1, Berlin: Akademie, 2006, S. 180.
[3] 《马克思恩格斯文集》，第 5 卷，北京：人民出版社，2009 年，第 176 页。

就资本公式的 G—W 环节而言,这是一个用货币换来商品的过程,它和一般的商品交换有什么区别呢？在商品交换的一般过程中,当货币购买商品之后,货币的价值就被让渡出去了,换回的是商品的使用价值。而当货币成为资本之后,它虽然换回了商品,却并不打算失去自己的价值,而是希望保存和增多价值。因此,对于资本来说,它换回的商品的真正用处在于使资本的价值得到保存和增多。"对资本来说,任何一个一般对象（Gegenstand überhaupt）所能具有的唯一的有用性（Nützlichkeit）,只能是使资本保存（erhalten）和增多（vermehren）。"[1] 例如,资本家购买了一台机器,机器能制造什么倒是次要的,更关键的是,他投入机器中的价值能够在最终产品被卖出后收回。对资本而言,它所购回的是作为价值的、作为对象化劳动的商品,这是对象化劳动从资本的货币形态转化为商品形态的过程,而资本希望价值本身不受损失,反而能够得到保存和增多,最终得到更多的货币 G′。

根据等价交换的原则,一方面,资本家最初投入的货币 G 的价值与它所购入的商品 W 的价值是相等的,另一方面,资本家最终获得的货币 G′ 的价值又必然等于所卖出的商品 W′ 的价值。想要 G′ 比 G 更多,资本家卖出的商品 W′ 就要比当初买入的商品 W 价值更高。换句话说,商品 W 创造出了高于其自身价值的商品 W′。商品作为对象化劳动,其价值是恒定不变的,而在商品的使用过程中,商品自身一般也不可能创造出新的价值,因为劳动价值论的核心就在于：只有"劳动"才能创造价值。然而,在资本的公式中,却要求 W 创造出更多的价值。因此,在资本家购得的商品 W

---

[1] 《马克思恩格斯全集》,中文 2 版,第 30 卷,北京：人民出版社,1995 年,第 227 页。Marx-Engels-Gesamtausgabe, Bd. II/1, Berlin: Akademie, 2006, S. 194.

中,必然要包括一种特殊的商品,对这种商品的使用能够产生劳动,从而创造新的价值。换言之,资本家需要找到一种特殊的商品,它具有这样的功能:通过劳动,创造价值。

什么能够劳动?当然是具有劳动能力的人,即劳动者,或者译为"工人"。更准确地说,这种能够劳动的特殊商品不是作为人的工人,而是"**劳动能力**(Arbeitsvermögen)"[1],或者说是"**劳动力**(Arbeitskraft)"。用后来《资本论》第一版的话说:"要从商品的消费中取得交换价值(Tauschwerth),我们的货币占有者就必须幸运地**在流通领域内**即在市场上发现这样一种商品,它的**使用价值**本身具有成为**交换价值源泉**的独特属性,因此,它的现实(wirklicher)消费本身就是**劳动的对象化**(*Vergegenständlichung von Arbeit*),从而是**价值创造**(*Werthschöpfung*)。货币占有者在市场上找到了这样一种**独特的**商品,这就是**劳动能力**(*Arbeitsvermögen*)或**劳动力**(*Arbeitskraft*)。"[2] 马克思强调,这种特殊的商品不是以现成的物质形态存在,"并不是物质化(materialisirt)在产品中的"[3],而是在交换结束之后,在工人的后续生产活动中体现出来。"它根本不存在于工人之外,因此不是现实地(wirklich)存在,而只是在可能性(Möglichkeit)上,作为工人的才能(Fähigkeit)存在。这种使用价值只有在资本的要求下,推动下,才能变成现实……只要这种使用价值受到资本的推动,它就会变成工人的特定的、生产性的活动(bestimmte, productive

---

1 《马克思恩格斯全集》,中文 2 版,第 30 卷,北京:人民出版社,1995 年,第 242 页。*Marx-Engels-Gesamtausgabe*, Bd. II/1, Berlin: Akademie, 2006, S. 205.

2 《马克思恩格斯文集》,第 5 卷,北京:人民出版社,2009 年,第 194—195 页。*Marx-Engels-Gesamtausgabe*, Bd. II/5, Berlin: Dietz, 1983, S. 120.

3 《马克思恩格斯全集》,中文 2 版,第 30 卷,北京:人民出版社,1995 年,第 223 页。*Marx-Engels-Gesamtausgabe*, Bd. II/1, Berlin: Akademie, 2006, S. 189.

Thätigkeit);这是工人的用于特定(bestimmten)目的的、因而是在特定形式(bestimmter Form)下表现出来的生命力(Lebendigkeit)本身。"[1]马克思认识到,资本所购买的这种特殊商品,既不是单纯的劳动(否则资本家就要支付劳动创造的全部价值,这样一来便始终是等价交换,而没有获得更多价值),也不是作为完整的人的劳动者(否则雇佣关系便成了奴役关系),而是"劳动能力(Arbeitsvermögen)"或者说"劳动力(Arbeitskraft)"[2]。直到《资本论》第一卷第一版,马克思在谈到这种特殊商品时,还没有最终决定使用哪个概念,因而将二者并列,将"劳动能力"置于前面。[3]前者更加侧重于强调一种能力、一种功能、一种潜在的用途;后者更加侧重于强调一种效力、一种结果、一种客观发生的作用。但二者的共同点在于,既不同于"劳动",又避免了与作为"人"的"劳动者/工人"的混同。

总而言之,在资本的运行逻辑中,劳动能力或劳动力是最重要的特殊商品。而作为商品,它也有其使用价值与价值:它的使用价值就是"劳动力的劳动";它的价值在于为了"能够劳动"而耗费的劳动。换言之,在劳动力商品中包含着双重"对象化劳动"——

一是形成这种商品所耗费的劳动,即"在它身上对象化的一定量的社会平均劳动"[4],这构成了劳动力商品的价值。具体来说,

---

[1] 《马克思恩格斯全集》,中文2版,第30卷,北京:人民出版社,1995年,第223—224页。*Marx-Engels-Gesamtausgabe*,Bd. II/1,Berlin:Akademie,2006,S. 189.

[2] 此前马克思也偶尔提到过"劳动力"这个词,但不具备这样的内涵。例如,在《神圣家族》中马克思已经用过一次"劳动力(Arbeitskraft)";此前,恩格斯在《国民经济学批判大纲》中也反复使用过这个词。参见《马克思恩格斯文集》,第1卷,北京:人民出版社,2009年,第273页。*Marx-Engels-Werke*,Bd. 2,Berlin:Dietz,1962,S. 55.

[3] *Marx-Engels-Gesamtausgabe*,Bd. II/5,Berlin:Dietz,1983,S. 120.

[4] 《马克思恩格斯文集》,第5卷,北京:人民出版社,2009年,第198页。

为了让工人能够劳动,既要维系工人自身的基本生存,又要赋予他从事特定劳动的能力,这些都应该计入其价值之内。"不仅为了从身体上维持工人的劳动能力(Arbeitsvermögen)借以存在的一般实体(allgemeine Substanz),即工人本身所必需的那些对象化劳动(gegenständlichte Arbeit),而且为了把这个一般实体改变得能够发挥特殊能力所必需的那些对象化劳动,都是在这个实体中对象化的劳动(vergegenständlichte Arbeit)。"[1]这部分对象化劳动,对应的就是资本所支付给工人的工资。

二是发挥这种商品的使用价值,即让劳动力投入劳动所产生的对象化,对这种商品的"现实(wirklicher)消费本身就是**劳动的对象化**(*Vergegenständlichung von Arbeit*),从而是**价值创造**(*Werthschöpfung*)"[2]。由此可以看出,这种消费中新产生的对象化劳动与此前对象化在劳动力商品中的劳动是两回事,二者在原则上和实际上都不具有等价关系:从原则上说,一件商品的使用价值与价值之间并没有等价关系;从实际上说,工人完全可能只需少量工资便具备劳动能力,而这种劳动能力却可以创造出比工资更高的价值。正因劳动力商品中的这双重对象化劳动并不是等价的,资本的公式才得以实现:劳动力商品所创造的新价值必然要大于劳动力商品自身的价值,这样,最终商品的总价值 W' 才会具有比 W "多出来的价值",即"剩余价值(Mehrwert)",资本才成为资本。如果劳资交换和一般的商品交换在价值量上没有区别,失去了价值增殖的动力,以资本逻辑为核心的现代经济系统也不可能

---

1 《马克思恩格斯全集》,中文 2 版,第 30 卷,北京:人民出版社,1995 年,第 242 页。*Marx-Engels-Gesamtausgabe*, Bd. II/1, Berlin: Akademie, 2006, S. 205.
2 《马克思恩格斯文集》,第 5 卷,北京:人民出版社,2009 年,第 195 页。*Marx-Engels-Gesamtausgabe*, Bd. II/5, Berlin: Dietz, 1983, S. 120.

运行下去。

在以上对资本的初步阐释中，马克思"对象化劳动"概念的使用出现了几个值得重视的新的理论质点。其一，在历史唯物主义确立之后，马克思自觉地在社会关系建构论的思路中重新提及"对象化劳动"，将之直接用于分析现代生产关系的核心，揭示资本的关系性实质，可见这一概念在马克思经济学批判中所具有的科学性质与重要地位。就其基本内涵而言，它始终是对劳动价值论基本原则的一个哲学贯彻，即指认"资本"首先是以对象形态存在着的劳动。从《手稿》中将劳动产品指认为"对象化劳动"，到《评李斯特》中将私有财产指认为"对象化劳动"，再到将"资本"指认为"对象化劳动"，从中可以看出马克思经济学认识水平的提升，以及这一经济哲学概念连贯的发展线索。其二，马克思在关系性、过程性语境中重新提出"对象化劳动"，并将其与"活劳动"相对立，在二者的支配关系中界定资本的"形式规定"，具有重要意义。通过"对象化劳动"与"活劳动"概念，马克思实现了一种视角的转换：把资本与劳动的关系理解成了劳动与劳动的关系，把"物（资本）"与"人（工人）"的关系理解为两种劳动的关系，理解为劳动的形态变换的过程。资本关系是一种社会关系，但它不是指资本家与工人之间的人格性关系，而是指现代生产方式中不同形态的劳动之间的关系。其三，马克思此时所讨论的"对象化劳动"已经建立在比较科学的"抽象劳动"和"价值"概念的基础上，即不是个体性的劳动对象化以及与之相一致的作为物的资本，而是社会总体视野下的劳动对象化，以及与之相一致的作为价值的资本。马克思说得很清楚，他不是在个别事物的实证层面指认资本，而是在价值的自我保存和增殖的过程中指认资本。这样，马克思就超越了李嘉图的实证性劳动价值论的局限，从价值保存和增殖的过程性角度破解了物性资本背后的实质规定。其四,马克思在对劳动力商品的分析中熟练运用对象化的分析话语,在商品二重性的基础上揭示了劳动力商品中包含的双重"对象化劳动",一是对象化在劳动力商品中的劳动,二是劳动力在被使用过程中所对象化的劳动,凸显了劳动力商品的价值与使用价值的差异性,这就为说明资本的公式与剩余价值的产生奠定了基础。

三、资本与劳动力的交换关系:平等背后的支配

马克思对资本与劳动的关系分析,不仅超越了政治经济学的实证思路,揭示出资本增殖的关系本性,提出了劳动力商品这一特殊商品,而且以此为基础,反思了资本与劳动的平等交换背后的秘密,即资本对劳动、"对象化劳动"对"活劳动"的支配关系。

早在《雇佣劳动与资本》中,马克思便已经意识到,资本家付给工人"工资",从而让工人为自己劳动的过程,首先是一个商品交换过程,这一过程本身是平等的,但背后却蕴含着不平等。从工人的感性经验来看,工资就是资产者(Bourgeois)因为工人付出了特定的劳动时间(bestimmte Arbeitszeit)或者完成了特定的劳动(Herstellung einer bestimmten Arbeit)而支付给工人的一笔货币。"资产者用货币**购买**工人的劳动。工人是为了货币而向资产者**出卖**自己的劳动。"[1]马克思突出了买卖行为,他想要告诉人们,劳动也是一种商品。资产者用货币换取劳动的过程也是一种商品交换过程,只不过,这种商品不是像砂糖那样可以称重的有形商

---

[1] 《马克思恩格斯文集》,第1卷,北京:人民出版社,2009年,第713页。*Marx-Engels-Werke*, Bd. 6, Berlin: Dietz, 1961, S. 398.

品,而是只能用钟表来计量。¹ 当然,此时马克思所谓货币交换劳动的说法是不准确的,资本家实际换得的商品不是劳动,而是劳动力。马克思在此将工资归结为劳动商品的价格,以此说明资本家给工人支付工资这一行为作为商品交换过程的意义:资本家就像购买其他原料和工具一样,购买回工人的劳动。工人的劳动也就由此和其他原料、工具一样,是资本家通过工资买回来的东西,是已经属于资本家的东西。因此,最终由工人借助工具加工原料而生产出来的产品,不过是资本家所拥有的各种商品所组成的新产品,工人在这种新产品的价格中"是没有份的"。一句话,资本家和工人不是合作关系,而是买主和商品提供者的关系,工资就已经是工人的劳动商品的报酬。"**所以,工资不是工人在他所生产的商品中占有的一份。工资是原有商品中由资本家用以购买一定量的生产性劳动**(*produktiver Arbeit*)**的那一部分。**"² 至于资本家后来怎么运用这个商品(工人的劳动),工人是没有支配权和收益权的。在这里,马克思正确地指出,资本家向工人支付工资的过程首先是一个商品交换过程,是符合等价交换规律的行为,而在后来的生产过程中,新产生的价值不再与工人发生关联,于是,资本家牢牢掌握了对劳动力的使用价值(活劳动)的支配权。马克思由此提出,资本关系的本质是"对象化劳动"对"活劳动"的支配。³

在《大纲》中,马克思再次从资本和劳动力的交换出发,进一步揭示了隐藏在资本家与工人平等交换背后的秘密,即资本获得对工人的劳动的支配权。实际上,这种支配权的剥夺是与资本和劳

---

[1] 《马克思恩格斯文集》,第1卷,北京:人民出版社,2009年,第713页。*Marx-Engels-Werke*, Bd. 6, Berlin: Dietz, 1961, S. 399.

[2] 《马克思恩格斯文集》,第1卷,北京:人民出版社,2009年,第715页。*Marx-Engels-Werke*, Bd. 6, Berlin: Dietz, 1961, S. 400.

[3] 《马克思恩格斯文集》,第1卷,北京:人民出版社,2009年,第726页。

动的交换关系同时发生的,也是真正属于资本关系的特殊规定。

如前所述,资本家通过工资购买劳动力的过程,在狭义上,是工资与劳动力商品的交换,是一个等价交换过程;在广义上,是价值恒定的既有资本与一种能够带来新价值的"非资本"的交换过程,它意味着资本不仅是从货币形态等价地转换为商品形态,而且需要通过与资本之外的新的劳动发生关系,从而实现价值的保存和增多。一言以蔽之,资本与劳动的交换,既是作为工资的部分资本与劳动力商品的直接交换,也是作为对象化劳动的资本总体与作为资本对立面的创造价值的活劳动的交换。"能够成为资本的对立面的唯一的**使用价值**,就是**劳动,而且是创造价值的**(*werthschaffende*)**劳动**,即**生产性劳动**(*productive Arbeit*)。"[1]对于资本与劳动的交换过程的这种双重意义,马克思进行了明确区分。其一,资本和劳动的交换首先表现为:"工人拿自己的商品,劳动,即作为商品同其他一切商品一样也有**价格**的使用价值,同资本出让给他的一定数额的交换价值,即一定数额的货币相交换。"[2]这是一个标准的商品交换行为,"**它完全属于普通的流通范畴**"[3]。其二,真正使得资本关系非同寻常的地方在于,这一过程同时包含另一种意义:"资本家换来劳动本身,这种劳动是创造价值的活动(werthsetzende Thätigkeit),是生产性劳动(productive Arbeit);也就是说,资本家换来这样一种生产力(Productivkraft),这种生产力使资本得以保存(erhält)和倍增(vervielfältigt),从而变成了资本的生产力(Productivkraft)和再生产力(reproducirenden

---

1 《马克思恩格斯全集》,中文2版,第30卷,北京:人民出版社,1995年,第230页。*Marx-Engels-Gesamtausgabe*, Bd. Ⅱ/1, Berlin: Akademie, 2006, S. 196.
2 《马克思恩格斯全集》,中文2版,第30卷,北京:人民出版社,1995年,第232页。
3 《马克思恩格斯全集》,中文2版,第30卷,北京:人民出版社,1995年,第233页。

Kraft),一种属于资本本身的力(Kraft)。"[1]也就是说,资本所获得的不仅是有限的、量化的劳动,还是一种质性力量。资本占有了劳动力商品的使用价值,也就意味着,资本占有了对创造价值的"生产性劳动"的支配权,劳动的力量从此属于资本,而不再属于劳动者本人。就此而言,资本的一部分即工资与劳动力的交换,带来的不是资本与劳动的合作,而是资本对劳动的占有。正是这一点,使得资本运作不再是商品交换。马克思因此将第二种行为称为"资本占有劳动的特殊过程"[2],他强调,这种行为"**是在质上与交换不同的过程,只是由于滥用字眼**,它才会被称为某种**交换**。这个过程是直接同交换对立的;它本质上是另一种范畴。"[3]

为什么资本与劳动的"交换"却同时带来资本与劳动的一种"非交换"的占有关系？在资本与劳动力商品的交换中,一方面,等价交换的原则仍然有效,另一方面,资本运作的总公式决定了,劳动力商品本身的使用价值才是资本增殖的来源,恰恰是这种使用价值保证了资本总公式的最终实现。资本的秘密就是从劳资交换中的这种双重意义开始的：从商品交换的视角看,只要劳动力商品的价值得到了足额支付,那么,无论接下来使用价值被如何使用,就交换层面来说,工人和资本家的关系就是平等的。"工人以货币形式,以一般财富形式得到了等价物,他在这个交换中就是作为平等者与资本家相对立,像任何其他交换者一样;至少**从外表上看**是如此。"[4]但是,工人不知道的事情是,相比于劳动力商品的价值等价物,资本家更加关心的是其特殊的使用价值,即能够创造价值的

---

1 《马克思恩格斯全集》,中文 2 版,第 30 卷,北京:人民出版社,1995 年,第 232 页。*Marx-Engels-Gesamtausgabe*, Bd. II/1, Berlin: Akademie, 2006, S. 198.

2 《马克思恩格斯全集》,中文 2 版,第 30 卷,北京:人民出版社,1995 年,第 233 页。

3 《马克思恩格斯全集》,中文 2 版,第 30 卷,北京:人民出版社,1995 年,第 233 页。

4 《马克思恩格斯全集》,中文 2 版,第 30 卷,北京:人民出版社,1995 年,第 243 页。

劳动。只要掌握住了后者,那么,在平等交换过后,资本终将拿回预支的一切,并且获得更多。这是一个在交换之外的、属于资本关系的秘密。从这个角度来说,"事实上这种平等已经被破坏了,因为这种表面上的简单交换是以如下事实为前提的:他是作为工人同资本家发生关系,是作为处在与交换价值不同的独特形式中的使用价值……他已经处在某种另外的在经济上具有不同规定的关系中了——在使用价值的性质,商品的特殊使用价值本身都是无关紧要的那种交换关系之外"[1]。

通过表面的平等交换,资本获得了劳动力商品的使用价值,工人的劳动要听命于资本,换句话说,资本获得了"对他人劳动的支配权(Disposition)"[2]。这个"Disposition"也可以被翻译为"处置""安排"。对于工人来说,这一点在表面上并没有什么不妥,他所出卖的也就是"对自己劳动的支配权(Disposition),这种劳动是特定的(bestimmte)劳动,特定的技能(bestimmte Kunstfertigkeit)等"[3]。然而,资本家真正获得的却不仅仅是特定的劳动及其对象化,而且是作为价值一般和财富一般的抽象劳动的对象化,是比劳动力商品自身价值更高的价值。在《资本论》中,马克思同样谈到了工人的劳动支配权的转移:"当工人的劳动实际上开始了的时候,它就不再属于工人了,因而也就不再能被工人出卖了。"[4] 从历史发展来看,工人在丧失了对自己的劳动的支配权之后,也就随之失去了实现财富积累的可能。最终,工人成为没有任何个人生产

---

[1] 《马克思恩格斯全集》,中文2版,第30卷,北京:人民出版社,1995年,第243页。
[2] 《马克思恩格斯全集》,中文2版,第30卷,北京:人民出版社,1995年,第241页。Marx-Engels-Gesamtausgabe, Bd. II/1, Berlin: Akademie, 2006, S. 205.
[3] 《马克思恩格斯全集》,中文2版,第30卷,北京:人民出版社,1995年,第241页。Marx-Engels-Gesamtausgabe, Bd. II/1, Berlin: Akademie, 2006, S. 205.
[4] 《马克思恩格斯文集》,第5卷,北京:人民出版社,2009年,第615页。

和生活资料,只能出卖自己劳动力的现代意义上的"雇佣工人"。然而,资产阶级的理论家们却在鼓吹工人"节约""勤劳"的美德[1],甚至将工人能够创造比自身价值更高的价值视作资本对工人的伟大功绩[2]。可见,相比于关于剩余价值的量化计量,这种劳动支配权的剥夺,才是资本凌驾于劳动之上的质性缘由。资本与劳动的交换带来的是资本世界的永恒轮回:手握劳动支配权的资本家不断发财致富,而工人永远是工人。[3]

总而言之,资本与劳动(力)的交换带来了这样的结果:"工人丧失所有权,而对象化劳动拥有对活劳动的所有权。"[4]这种所有权的改变,不仅涉及分配,更与资本主义生产关系联系在一起。"这种分配方式就是生产关系本身,不过是从分配角度来看罢了。"[5]因此,想要深入理解对象化劳动与活劳动的实质关系,就必须转向资本主义生产关系本身。

第二节
资本主义生产关系批判:
"对象化劳动"与"活劳动"的辩证法

通过上一节我们发现,以"价值"分析为核心,马克思对资本和对商品、货币的分析逻辑一致地导向了"劳动",只不过,这里指的是创造价值的劳动,即社会总体意义上的抽象劳动。具体来说,资

---

[1]《马克思恩格斯全集》,中文2版,第30卷,北京:人民出版社,1995年,第244—246页。
[2]《马克思恩格斯全集》,中文2版,第30卷,北京:人民出版社,1995年,第251页。
[3]《马克思恩格斯全集》,中文2版,第30卷,北京:人民出版社,1995年,第252页。
[4]《马克思恩格斯全集》,中文2版,第31卷,北京:人民出版社,1998年,第245页。
[5]《马克思恩格斯全集》,中文2版,第31卷,北京:人民出版社,1998年,第245页。

本与劳动的关系,又可以分为三个层面:其一,基于价值理论,资本是"对象化劳动",一切资本,无论采取货币形态还是商品形态,都被理解为"劳动",这是资本与劳动的理论关系;其二,基于资本的增殖本质,资本必须与一种特殊的劳动能力/劳动力商品进行交换,因此,以货币工资为形态的资本和劳动力商品的等价交换,也就构成了资本与劳动(力)的交换关系;其三,资本与劳动力的交换将带来生产环节中新价值的创造,这种新价值来自劳动力商品的使用价值,也就是生产过程中工人的"直接的、活的劳动",这样就导出了作为"对象化劳动"的资本与"活劳动"在生产中的关系。"对象化劳动"与"活劳动"的关系以资本和劳动力的交换、前者获得对后者的支配权为前提,但实际体现却是在交换之后、在生产之中。本节将聚焦资本主义的生产过程,系统阐发二者的关系。

一、资本关系的两极:"对象化劳动"与"活劳动"

尽管马克思早在《雇佣劳动与资本》中就已将"资本"指认为"对象化劳动",并相对地将工人的劳动称为"直接的、活的劳动",但当时他只是提出了这两个概念,对于这两个概念的具体含义和相互关系,他还没有做出系统的阐释。从马克思的思考历程来看,当时的马克思还没有形成自己的价值理论,因此,他也不可能对"对象化劳动"和"活劳动"做出准确的理解。因此,当时这一组概念的涌现,只能说明,马克思已经决定,正视劳动价值论的一般原则,在此基础上理解资本与雇佣劳动的关系,而且把二者的"关系"视作理解"资本"之本质的核心。换句话说,马克思并不仅仅是由于其无产阶级的立场,因而格外重视资本家对工人劳动的压迫,特别强调二者之间的对立,更是由于其历史唯物主义的方法论,因而坚持关系性地考察"资本",即不能孤立地考察作为对象化劳动的资本本身,而要通过资本与非资本的劳动的互动来理解资本的关系性。对比来说,政治经济学家已经将资本指认为对象化劳动,也不可能不承认工人的劳动是一种活的劳动,马克思与他们的区别,不在于分别指认二者,而在于从二者的"关系"来理解资本逻辑。直到《大纲》中,马克思才真正实现了从资本的总体逻辑出发,对"对象化劳动"引出"活劳动"的逻辑必然性,以及"活劳动"对"对象化劳动"的意义做出了系统阐明。

"对象化劳动"为何一旦作为资本,就会引出"活劳动"？这个问题其实也就是:资本为何一旦作为资本,就必然与劳动发生关系？经过上一节的分析,答案已经清楚了:这是由资本运作的总公式决定的。资本的增殖性要求资本不能只变换自己的价值的外观,而必须在自身价值之外,实现新的价值,也就是说,必须找到一种能够创造价值的特殊商品,即劳动力商品,其使用价值就是劳动。前文已经对此做了详细的分析,现在可以得出一个更加简要的、更具有哲学性的概括:资本想要自我增殖,就必须与一种"非资本"发生关系。从劳动价值论的角度来说,几乎一切商品形态都可以作为资本的外观,所有这些形态的资本的共同特征在于,它们都是"对象化劳动":"资本不是这种或那种商品,而是任何一种商品。所有商品的共同实体(gemeinschaftliche Substanz)——不是作为商品的物质材料(materieller Stoff),从而作为物理规定(physische Bestimmung)的那种实体,而是作为**商品**,从而作为**交换价值**的那种共同实体——就在于:商品是**对象化劳动**(*vergegenständlichte Arbeit*)。"[1] 而在资本

---

[1]《马克思恩格斯全集》,中文 2 版,第 30 卷,北京:人民出版社,1995 年,第 229 页。*Marx-Engels-Gesamtausgabe*, Bd. II/1, Berlin: Akademie, 2006, S. 196.

与劳动的交换中,实际发生的并不是一个商品交换过程:一方面,资本不是作为货币,而是作为既有的交换价值、对象化劳动;另一方面,劳动也不是作为商品、价值,而是作为使用价值,作为创造新的价值的劳动。[1] 也就是说,资本与劳动的关系,是作为价值的资本与作为使用价值的劳动的关系,是既有的劳动与新的劳动的关系,因而是价值增殖过程。正是这个关系,而不是单纯作为对象化劳动的资本自身,构成了资本的实质。脱离了这一关系,脱离了关系中资本的这一对立面,资本也就不再成为资本。

这样一来,资本逻辑为什么会从"对象化劳动"导出"活劳动"也就是自然而然的了:既然资本本身是一切对象化劳动,那么,它的对立面就是非对象化劳动,即活劳动。"唯一不同于**对象化**劳动(*vergegenständlichten* Arbeit)的是**未被对象化的**(*nicht vergegenständliche*)、还在对象化中的(*vergegenständlichende*)劳动,是作为主体性(Subjectivität)的**劳动**。换句话说,**对象化**(*vergegenständlichte*)**劳动**,即**在空间上存在的**(*räumlich vorhandne*)**劳动**,也可以作为**过去的劳动**而同**在时间上存在的**(*zeitlich vorhandnen*)**劳动**相对立。如果劳动作为在时间上的(zeitlich)、作为活的(lebendig)劳动而存在,它就只能作为**活的主体**(*lebendiges Subject*)而存在,在这个主体上,劳动是作为才能(Fähigkeit)、作为可能性(Möglichkeit)而存在;从而作为**劳动者**(*Arbeiter*)而存在。因此,能够成为资本的对立面的唯一的**使用价值**,就是**劳动**,而且是**创造价值的**(*werthschaffende*)**劳动**,即**生产性劳动**(*productive Arbeit*)。"[2] 需要再次提醒读者注意的是,马

---

1 《马克思恩格斯全集》,中文2版,第30卷,北京:人民出版社,1995年,第227页。
2 《马克思恩格斯全集》,中文2版,第30卷,北京:人民出版社,1995年,第230页。
Marx-Engels-Gesamtausgabe, Bd. II/1, Berlin: Akademie, 2006, S. 196.

克思的"对象化劳动"的完整译法应为"被对象化了的劳动"。这样看来,这里的对比就更清楚了:"对象化劳动"和"活劳动"不仅是时间上的"过去劳动"和"当下劳动"的区别,更是被动态的、已经被对象化到物性商品中的劳动和主动态的、自身进行着对象化的劳动的区别。后者由于是主动的、活的,因而不是寄身于物性商品之中,而是作为活的主体、作为劳动者而存在。因此,"活劳动"的概念,特别是其中的这个"活的",不仅具有经验性的意义,而且具有在逻辑上与"被对象化了的"相对的哲学意义。同时还要特别强调的是,马克思不再把"劳动者"作为"主体",而是将"劳动"本身作为经济学理论视域中的功能性的逻辑主体,不是"劳动者"派生出"劳动",而是"劳动"的承担者表现为"劳动者"。这说明,马克思真正超越了经验性基础上的主体性视角,实现了对经济范畴的关系性分析。

那么,由"对象化劳动"所引出的、与"对象化劳动"相对的这个"活劳动"具有怎样的特性和意义呢?

从否定的方面来看,"活劳动"作为**"未被对象化的劳动**（*Nicht-vergegenständlichte Arbeit*）"[1],首先表现为彻底的"非对象性"。当然,理论的观察仍然可以将"活劳动"当作"对象性的（gegenständlich）",但这种对象恰恰表现为"在客体形式（objektiver Form）上非对象性的东西（Nichtgegenständliche）本身"[2]。通俗一点说,在财富创造的过程中,活劳动既不是原料,也不是劳动工具,而且恰恰表现为"同一切劳动资料和劳动对象相分

1　《马克思恩格斯全集》,中文2版,第30卷,北京:人民出版社,1995年,第253页。
　　Marx-Engels-Gesamtausgabe, Bd. Ⅱ/1, Berlin: Akademie, 2006, S. 216.
2　《马克思恩格斯全集》,中文2版,第30卷,北京:人民出版社,1995年,第253页。
　　Marx-Engels-Gesamtausgabe, Bd. Ⅱ/1, Berlin: Akademie, 2006, S. 216.

离的,同劳动的整个客体性(ganzen Objectivität)相分离的劳动"[1]。其次,"活劳动"本身是"非价值"。如前所述,劳动不直接就是价值,价值必须具有对象性形式。因此,非对象性的"活劳动"也就"完全被排除在对象性的(gegenständlichen)财富之外。或者也可以说:是作为存在着的**非价值**(existirende NichtWerth)"[2],它并不包含任何实在的、现实性的劳动要素,因而是一种抽象。最后,"活劳动"不能独立存在,只能存在于人身之上。在资本面前,"活劳动"是"纯粹对象性的(rein gegenständliche)使用价值",然而这种没有客体外观的、纯粹直接的"对象性(Gegenständlichkeit)",只能"同样直接是非对象性(Nicht-Gegenständlichkeit)"[3]。故而,"活劳动"作为对象的存在必须依赖于人的特定的肉体存在,"换句话说,不是外在于个人(Individuums)本身的直接定在(Dasein)的对象性(Gegenständlichkeit)"[4]。

从肯定的方面看,"活劳动"首先是"劳动本身的**未被对象化的**(nicht-vergegenständlichte)存在,因而是劳动本身的并非对象性的(ungegenständliche)存在,也就是主体性的(subjektive)存在"[5]。这种主体性表现为可能的活动而非既定的对象,因而成为新的价值的可能源泉。"活劳动"本身并不是对象性财富,但是,"劳动作为主体(Subjekt),作为活动(Thätigkeit)是财富的**一般可

---

1 《马克思恩格斯全集》,中文 2 版,第 30 卷,北京:人民出版社,1995 年,第 253 页。
 Marx-Engels-Gesamtausgabe, Bd. II/1, Berlin: Akademie, 2006, S. 216.
2 《马克思恩格斯全集》,中文 2 版,第 30 卷,北京:人民出版社,1995 年,第 253 页。
 Marx-Engels-Gesamtausgabe, Bd. II/1, Berlin: Akademie, 2006, S. 216.
3 《马克思恩格斯全集》,中文 2 版,第 30 卷,北京:人民出版社,1995 年,第 253 页。
 Marx-Engels-Gesamtausgabe, Bd. II/1, Berlin: Akademie, 2006, S. 216.
4 《马克思恩格斯全集》,中文 2 版,第 30 卷,北京:人民出版社,1995 年,第 253 页。
 Marx-Engels-Gesamtausgabe, Bd. II/1, Berlin: Akademie, 2006, S. 216.
5 《马克思恩格斯全集》,中文 2 版,第 30 卷,北京:人民出版社,1995 年,第 253 页。
 Marx-Engels-Gesamtausgabe, Bd. II/1, Berlin: Akademie, 2006, S. 216.

能性(*allgemeine Möglichkeit*)"[1]。换言之,它"不是作为**价值本身**,而是作为价值的**活的源泉**(*lebendige Quelle*)存在"[2]。这样一来,就不仅仅是资本的前提推导出活劳动,反过来说,资本也必须把活劳动作为前提,在资本逻辑中,二者是互为条件的。[3]

马克思强调,正如构成资本的对象化劳动谈的是抽象的劳动,作为价值源泉的"活劳动"也是抽象劳动。"劳动作为同表现为资本的货币相对立的使用价值,不是这种或那种劳动,而是**劳动本身**,抽象劳动;同自己的特殊**规定性**决不相干,但是可以有任何一种规定性。"[4]马克思还进一步指出,这里的所谓"抽象"是与总体性的观察视角相一致的。"因为资本**本身**同自己实体(Substanz)的任何一种特殊性都毫不相干,并且它既是所有这些特殊性的总体(Totalität),又是所有这些特殊性的抽象(Abstraction),所以,同资本相对立的劳动在主体上也包含有同样的自在(an sich)的总体(Totalität)和抽象(Abstraction)。"[5]正是由于这一点,工人对于自己所从事的劳动的特殊规定性也并不关心。"只要是**劳动**,并且作为劳动对资本来说是使用价值就行。"[6]这种价值关系的抽象反映出工人劳动的真正的经济性质。马克思最后回到历史唯物主义的基本立场,强调抽象劳动的历史性生成也是物质生产发展的结果,资本和劳动的特殊规定性"只有随着特殊的**物质生产方式**

---

1 《马克思恩格斯全集》,中文2版,第30卷,北京:人民出版社,1995年,第254页。*Marx-Engels-Gesamtausgabe*, Bd. II/1, Berlin: Akademie, 2006, S. 216.

2 《马克思恩格斯全集》,中文2版,第30卷,北京:人民出版社,1995年,第253页。*Marx-Engels-Gesamtausgabe*, Bd. II/1, Berlin: Akademie, 2006, S. 216.

3 《马克思恩格斯全集》,中文2版,第30卷,北京:人民出版社,1995年,第254页。*Marx-Engels-Gesamtausgabe*, Bd. II/1, Berlin: Akademie, 2006, S. 216.

4 《马克思恩格斯全集》,中文2版,第30卷,北京:人民出版社,1995年,第254页。

5 《马克思恩格斯全集》,中文2版,第30卷,北京:人民出版社,1995年,第254页。*Marx-Engels-Gesamtausgabe*, Bd. II/1, Berlin: Akademie, 2006, S. 217.

6 《马克思恩格斯全集》,中文2版,第30卷,北京:人民出版社,1995年,第254页。

(materiellen Weise der Production)的发展和在工业**生产力**(Productivkräfte)的特殊发展阶段上,才成为真实的(wahr)"[1]。行文至此,关于资本与劳动的交换关系和二者逻辑关系的分析已经完成。

这样,马克思就初步阐明了资本逻辑中与"对象化劳动"相对的"活劳动"的意义以及二者的逻辑关系。在《1861—1863年经济学手稿》中,马克思再次就这一关系做出精炼的概括:"唯一与对象化(vergegenständlichte)劳动相对立的是非对象化(nicht vergegenständlichte)劳动,活劳动。前者是存在于空间的劳动,后者是存在于时间中的劳动;前者是过去的劳动,后者是现在的劳动;前者体现在使用价值中,后者作为人的活动处于过程之中,因而还只处于使自身对象化(sich zu vergegenständlichen)的过程中;前者是价值,后者创造价值。"[2]

马克思终于直接将"对象化劳动"解读为"价值":价值就是对象化的劳动,劳动的对象化就是价值。这样,马克思就完全超越了物性层面("劳动产品""私有财产""商品"……),把"价值"与"劳动"直接联系起来,可以说,这是对劳动价值论最精练的哲学贯彻:劳动对象化为价值。这不仅是马克思全部价值理论的最基础部分,也是由"对象化劳动"导出其逻辑的对立面——"活劳动"的基础。接下来,马克思进入生产过程,对"对象化劳动"和"活劳动"在生产过程中的具体互动进行了进一步的阐述。

---

1 《马克思恩格斯全集》,中文2版,第30卷,北京:人民出版社,1995年,第255页。
  Marx-Engels-Gesamtausgabe, Bd. II/1, Berlin: Akademie, 2006, S. 218.
2 《马克思恩格斯全集》,中文2版,第32卷,北京:人民出版社,1998年,第39页。
  Marx-Engels-Gesamtausgabe, Bd. II/3.1, Berlin: Dietz, 1976, S. 30.

二、一般劳动过程:"活劳动"的主动消耗与"对象化劳动"的被动重塑

现在,资本与劳动力的交换已经完成。这就意味着,不仅资本家与工人关于劳动力商品的等价交换已经完成,而且,工人的劳动的支配权已经转移到了资本家手中,劳动力商品的使用价值已经不再是资本的对立面,而是成为资本本身的使用价值。换言之,前述作为资本的对立面、作为价值源泉和财富可能的"活劳动"必须在生产中转化为实际的价值和财富。"与资本相对立的劳动,是单纯的抽象的形式(blose abstrakte Form),是创造价值的(Werthsetzenden)活动的单纯可能性(blose Möglichkeit),这种活动只是作为才能(Fähigkeit)、作为能力(Vermögen),存在于劳动者(Arbeiters)的身体中。然而,通过同资本接触,它成为现实的(wirklichen)活动……从而成为现实的(wirkliche)创造价值的(werthsetzende)、生产性的(productive)活动。"[1]面对劳动与资本的现实接触,即资本主义的实际生产过程,马克思指出,资本与劳动不仅在交换环节具有双重意义,而且在生产过程中也具有双重意义:既是一般意义上的物质生产过程,又是一个价值自行增殖的过程。首先,作为一般生产过程,资本和劳动的互动表现为主动的"活劳动"对被动的"对象化劳动"的物质重塑。在生产过程中,"劳动成了资本的一个要素,它现在作为有生产能力的活力(befruchtende Lebendigkeit),对资本的既定的(daseiende)、因而

---

[1] 《马克思恩格斯全集》,中文 2 版,第 30 卷,北京:人民出版社,1995 年,第 255 页。*Marx-Engels-Gesamtausgabe*, Bd. Ⅱ/1, Berlin: Akademie, 2006, S. 218.

是死的对象性(todte Gegenständlichkeit)发生作用"[1]。

马克思用一个比喻形象地说明了资本和劳动在生产过程中的关系:"劳动是酵母,它被投入资本,使资本发酵。一方面,资本借以存在的对象性(Gegenständlichkeit)必须被加工(verarbeitet),即被劳动耗费(aufgezehrt);另一方面,作为单纯形式的劳动,其单纯的主体性(Subjektivität)必须被扬弃,而且劳动必须被对象化(vergegenständlicht)在资本的物质材料(Material)中。"[2]这里所谓资本的物质材料具体表现为两种形态:"一种是作为**原料**(*Rohstoffs*),即无形式的材料(formlosen Stoffs),作为劳动的创造形式的(Formsetzende)、有目的的活动的单纯物质材料(blosen Materials);另一种是作为**劳动工具**(*Arbeitsinstrument*),即主体性的(subjektive)活动用来把某个对象(Gegenstand)作为自己的传导体置于自己和对象之间的那种对象性手段(gegenständlichen Mittels)。"[3]尽管资本作为价值实体,归根结底是对象化劳动,但生产过程不可能停留在抽象层面,必须以某种特定的、物质的方式进行。因此,"对象化劳动本身对于(in Bezug auf)**活劳动**又表现为**原料**和**劳动工具**"[4]。

由此可见,资本与劳动在生产过程中首先表现为资本的被动重塑和劳动活动的主动消耗。"资本表现为被动(passiv)面对劳动,对于作为塑形(formende)活动的劳动来说,资本作为特殊实体

---

1 《马克思恩格斯全集》,中文 2 版,第 30 卷,北京:人民出版社,1995 年,第 256 页。
  Marx-Engels-Gesamtausgabe, Bd. II/1, Berlin: Akademie, 2006, S. 218.
2 《马克思恩格斯全集》,中文 2 版,第 30 卷,北京:人民出版社,1995 年,第 256 页。
  Marx-Engels-Gesamtausgabe, Bd. II/1, Berlin: Akademie, 2006, S. 218.
3 《马克思恩格斯全集》,中文 2 版,第 30 卷,北京:人民出版社,1995 年,第 256 页。
  Marx-Engels-Gesamtausgabe, Bd. II/1, Berlin: Akademie, 2006, S. 218.
4 《马克思恩格斯全集》,中文 2 版,第 30 卷,北京:人民出版社,1995 年,第 257 页。
  Marx-Engels-Gesamtausgabe, Bd. II/1, Berlin: Akademie, 2006, S. 219.

(besondre Substanz)，是它的被动的定在(passives Dasein)。"[1]而劳动对资本的活动又可以具体分为对原料和劳动工具的活动。"原料通过被改变、被劳动塑形(geformt)而被消费了(consumirt)；劳动工具在这一过程中通过被消耗(verbraucht)、被用尽(aufgenuzt)而被消费了。另一方面，劳动也被消费了，因为劳动被运用了(angewandt)，进入运转了(in Bewegung gesezt)，以致工人的一定量体力等被耗费了(verausgabt)。"[2]最终，"过程的所有三个要素，材料(Material)、工具(Instrument)、劳动，融合成为一个中性的结果——**产品**(Product)"[3]。在资本与劳动的这种互动中，占据主动性的显然是劳动，它一方面改变了作为原料和工具的对象性的资本，另一方面也改变了、实现了自身。"劳动不仅被消费，而且同时从活动的形式(Form der Thätigkeit)被固定化(fixirt)、物质化(materialisirt)为对象(Gegenstandes)的、静止(Ruhe)的形式；劳动在改变对象时，也改变自己的形态(Gestalt)，从活动变为存在(Sein)。过程的终点是**产品**，在这个产品中，原料表现为同劳动结合在一起，劳动工具由于变成劳动的现实传导体也从单纯可能性变为现实性。"[4]

由此可见，在资本主义生产过程中，资本与劳动的关系首先表现为物质生产过程，或者说劳动过程，即活的劳动作用于既有的劳动产品的过程。然而，马克思紧接着指出，在这种关系中，资本的

---

[1] 《马克思恩格斯全集》，中文 2 版，第 30 卷，北京：人民出版社，1995 年，第 256 页。*Marx-Engels-Gesamtausgabe*，Bd. II/1，Berlin：Akademie，2006，S. 218.

[2] 《马克思恩格斯全集》，中文 2 版，第 30 卷，北京：人民出版社，1995 年，第 258 页。*Marx-Engels-Gesamtausgabe*，Bd. II/1，Berlin：Akademie，2006，S. 220.

[3] 《马克思恩格斯全集》，中文 2 版，第 30 卷，北京：人民出版社，1995 年，第 258 页。*Marx-Engels-Gesamtausgabe*，Bd. II/1，Berlin：Akademie，2006，S. 220.

[4] 《马克思恩格斯全集》，中文 2 版，第 30 卷，北京：人民出版社，1995 年，第 258 页。*Marx-Engels-Gesamtausgabe*，Bd. II/1，Berlin：Akademie，2006，S. 220.

特有的关系特征和经济形式规定并没有体现出来。其实,这种关系只是涉及物质方面、使用价值方面,而不涉及形式方面、价值方面。"**赋予形式的**(*Formgebende*)活动消耗(verzehrt)对象并且消耗它自己,但它消耗的只是对象的既定形式(gegebne Form),以便赋予对象以新的对象性形式(gegenständlicher Form),并且它只是在它的作为活动的主体性形式(subjektiven Form)上消耗它自己。它消耗的是对象(Gegenstandes)的对象性的东西(Gegenständliche),——对形式的无关紧要性(Gleichgültigkeit),——活动的主体性的东西(Subjektive);它赋予对象以形式,使活动物质化。但是作为**产品**,生产过程的结果是**使用价值**。"[1]这段话的意思是说,可见的劳动作用于资本的过程,不过是改变了资本和劳动的特定的、对象性的外观,这一过程只涉及特定的、物质的、内容的方面,而资本的核心规定恰恰在于抽象的、关系的、形式的方面。"资本在过程中只是被动的定在(passives Dasein),只是对象性的(gegenständliches)定在,使资本成为资本——即某种自为存在的(für sich seiendes)社会关系——的形式规定(Formbestimmung)完全消失了。"[2]换句话说,这样的作为劳动之"对象"的资本,还不是作为价值实体的资本。对于这一生产过程来说,劳动只与特定的劳动"对象"打交道,而根本不与作为"对象化劳动"的资本打交道。"资本是对象化劳动这件事对于劳动——而这种劳动同资本的关系形成过程——是完全无关紧要的(gleichgültig);而且,资本只是作为对象(Gegenstand),而不是作为**对象化劳动**(*vergegenständlichte*

---

[1] 《马克思恩格斯全集》,中文 2 版,第 30 卷,北京:人民出版社,1995 年,第 259 页。*Marx-Engels-Gesamtausgabe*, Bd. II/1, Berlin: Akademie, 2006, S. 220-221.

[2] 《马克思恩格斯全集》,中文 2 版,第 30 卷,北京:人民出版社,1995 年,第 260 页。*Marx-Engels-Gesamtausgabe*, Bd. II/1, Berlin: Akademie, 2006, S. 222.

Arbeit），进入过程，被加工的……就它们本身是劳动产品，是对象化劳动来说，它们根本不进入过程，只有作为具有特定（bestimmten）自然属性的物质存在，它们才进入过程。"[1] 因此，按照这种对于资本主义生产过程的理解，资本还没有被当作"对象化劳动"，资本与劳动的关系严格地来说还不是"对象化劳动"与"活劳动"的关系，这种阐释还不足以道出资本关系的特殊性。

这样，马克思就进一步剥离了资本主义生产过程中具有特殊形式规定的资本关系与并不反映资本关系本质的一般物质生产。后来，他将这种一般物质生产过程概括为"劳动过程"[2]，而将反映资本本性的生产过程概括为"价值增殖过程"[3]。这种区分一直延续到《资本论》。而且，直到《资本论》中，马克思仍然沿用"对象化"来说明"劳动过程"中劳动改变对象并且改变自身的过程。"在**劳动过程**（*Arbeitsprozeß*）中，人的活动借助劳动资料（Arbeitsmittel）使劳动对象（Arbeitsgegenstand）发生预定的变化。过程消失在**产品**中。它的产品是**使用价值**，是经过形式变化（Formveränderung）而适合人的需要的自然物质（Naturstoff）。劳动与劳动对象结合在一起。劳动对象化了（vergegenständlicht），而对象（Gegenstand）被加工了（verarbeitet）。在劳动者方面曾以动的形式（Form der Unruhe）表现出来的东西，现在在产品方面作为静的属性（ruhende Eigenschaft），以存在的形式（Form des Seins）表现出来。"[4] 除了"劳动资料""劳动对象"的概念调整，这段论述几乎完

---

1 《马克思恩格斯全集》，中文2版，第30卷，北京：人民出版社，1995年，第260页。*Marx-Engels-Gesamtausgabe*, Bd. II/1, Berlin: Akademie, 2006, S. 222.
2 《马克思恩格斯全集》，中文2版，第30卷，北京：人民出版社，1995年，第263页。
3 《马克思恩格斯全集》，中文2版，第30卷，北京：人民出版社，1995年，第265页。
4 《马克思恩格斯文集》，第5卷，北京：人民出版社，2009年，第211页。*Marx-Engels-Gesamtausgabe*, Bd. II/5, Berlin: Dietz, 1983, S. 132.

全重申了《大纲》的相关思想,以致于几乎每一句都不需要再多加解释了。

三、价值增殖过程:"对象化劳动"的主动存续与"活劳动"的被动追加

作为劳动过程,资本主义生产表现为工人的活劳动主动作用于对象性的资本。资本固然是"对象化劳动",却并没有在这一过程中展现出其价值形式规定,至多只是表现为具体劳动的对象化。在《手稿》中,马克思最初接触政治经济学时,他自己正停留在这样的水平。当他将"劳动产品"指认为"对象化劳动"时,指的还是自然形式上的具体劳动及其对象化。但是,在《大纲》中,马克思的政治经济学水平显然已经今非昔比。基于对资本的价值增殖本性的分析,马克思提出,在资本主义生产过程中,真正起决定性作用的,不是使用价值的生产,而是价值的自行增殖。从这一角度出发,才能透彻理解作为"对象化劳动"的资本与劳动力商品所发挥出的"活劳动"之间的本质关系。

马克思对于资本与劳动在生产中的第二重意义的理解,完全接续他对二者在交换中的第二重意义的理解。如前所述,在资本与劳动的交换中,二者并不是简单的商品交换关系,而是既有的价值占有新的价值源泉的过程。资本看重的不是劳动力商品的价值,而是其使用价值,即劳动。"劳动只有**对资本来说**才是**使用价值**,而且是资本本身的使用价值,也就是使资本自行**增殖**(*verwerthet*)的中介活动……通过消费(Consumtion)劳动,资本才对劳动者来说作为资本,而这种消费最初是在这种交换以外并

且不取决于(unabhängig)这种交换。"[1]换言之,资本成为资本的关键不在于当初的交换,而在于交换之外,即在于生产过程中;不取决于交换,就是说生产中的资本增殖过程、资本增加的价值,已经与当初劳动力商品自身的价值无关。对工人来说,他在与资本家交换时的交换价值"是**预先存在的**(vorausgesezt),预先规定了的(vorausbestimmt)"[2],它是由"生产出工人的劳动能力(Arbeitsfähigkeit)所需的对象化劳动(vergegenständlichter Arbeit)的量决定的"[3]。然而,资本支付了这一固定的价值量之后,却换回了一种未定量的"活劳动",从而获得了"一般的财富生产力(Productivkraft)""增加财富的活动"[4]。资本换回了劳动力商品的使用价值,也就同时把活劳动的支配权从工人手中拿了过来。马克思说,工人"为了一个既定量的劳动能力(Arbeitsfähigkeit)而出卖劳动的**创造力**(schöpferische Kraft)"[5]。因此,在生产过程中,"对于工人来说,他的劳动的生产性(Productivität)**成了异在的力量**(fremde Macht)"[6]。劳动已经转化为资本自身的一部分,这只有在生产中才能实现。[7]这就勾勒出了生产过程中资本与劳动之间新的相互关系:劳动不再主动,资本也不再被动,劳动的

---

1 《马克思恩格斯全集》,中文2版,第30卷,北京:人民出版社,1995年,第265页。*Marx-Engels-Gesamtausgabe*, Bd. II/1, Berlin: Akademie, 2006, S. 225.
2 《马克思恩格斯全集》,中文2版,第30卷,北京:人民出版社,1995年,第266页。*Marx-Engels-Gesamtausgabe*, Bd. II/1, Berlin: Akademie, 2006, S. 226.
3 《马克思恩格斯全集》,中文2版,第30卷,北京:人民出版社,1995年,第265—266页。*Marx-Engels-Gesamtausgabe*, Bd. II/1, Berlin: Akademie, 2006, S. 226.
4 《马克思恩格斯全集》,中文2版,第30卷,北京:人民出版社,1995年,第266页。*Marx-Engels-Gesamtausgabe*, Bd. II/1, Berlin: Akademie, 2006, S. 226.
5 《马克思恩格斯全集》,中文2版,第30卷,北京:人民出版社,1995年,第266页。*Marx-Engels-Gesamtausgabe*, Bd. II/1, Berlin: Akademie, 2006, S. 226.
6 《马克思恩格斯全集》,中文2版,第30卷,北京:人民出版社,1995年,第266页。*Marx-Engels-Gesamtausgabe*, Bd. II/1, Berlin: Akademie, 2006, S. 226.
7 《马克思恩格斯全集》,中文2版,第30卷,北京:人民出版社,1995年,第267页。

创造性不是外在地附加到资本身上,反而是受到资本的内在地支配,贡献于资本自身的价值增殖。简而言之,作为价值的资本成为主体。

具体来说,资本的价值增殖过程,包括两个目标:"价值自行增殖既包括预先存在的价值的保存,也包括这一价值的倍增。"[1]这也是之前马克思对资本的界定中所反复表明的。对于这两个目标,马克思依序进行了分析。首先,"活劳动"改变了物质对象性的资本的自然形式,但并没有改变既有的资本原本的价值。作为劳动过程,资本所换来的原料、工具和劳动共同生产出最终的产品。其中,原料和劳动被完全消费了,工具则消费了一部分。从价值的角度来看,工具中没有消耗的部分继续保持着原来的价值[2],而已经消耗的部分的价值和原料、劳动的既有价值一起,转移到了最终的产品中。"产品的价值＝原料的价值＋劳动工具已被消耗的部分的、即已转移到产品上的、扬弃了其原来形式的那一部分的价值＋劳动的价值。"[3]可见,尽管资本的价值在生产中采取了不同的形式(物质材料或者劳动),并且最终采取了新的物质存在方式,但这些价值并没有变化。

进而,在"活劳动"的参与下,最终产品的价值不能仅仅等于原来资本的价值,还必须要有所增加,即必须创造出"剩余价值"。马克思再次强调,资本能从最终的流通中获得比最初更多的价值,这种多出来的价值即"剩余价值(Mehrwerth)",但剩余价值并不是来自流通。如果生产本身没有带来更多价值,只是在流通时将产品贵卖一些,实际价值并没有变化,"在那种情况下,剩余价值就会

---

1 《马克思恩格斯全集》,中文2版,第30卷,北京:人民出版社,1995年,第270页。
2 《马克思恩格斯全集》,中文2版,第30卷,北京:人民出版社,1995年,第272页。
3 《马克思恩格斯全集》,中文2版,第30卷,北京:人民出版社,1995年,第272页。

是纯粹名义上的、虚拟的、假定的东西,是一句空话"[1]。因此,资本最终的剩余价值只能来自生产过程,产品的价值要高于资本的本来价值,"对象化(vergegenständlichte)在产品中的劳动时间(Arbeitszeit)或者说劳动量(Quantum Arbeit)……大于资本原有各组成部分中的劳动时间或者劳动量"[2]。不难看出,多出来的对象化劳动不是来自原料或者工具,而只能来自工人的劳动——前两者的价值已经是既定的了,后者的活动却已经归资本支配,而与当初的劳动力商品本身的价值无关。

马克思具体地分析了这一过程:在最终产品中,原料和工具的价值只是分别转移过来了,它们的价值始终不变。[3] 同时,资本当初付给工人的对象化劳动,即工资(马克思此时称之为"劳动价格"),也通过生产中工人所付出的等量的活劳动而得到了补偿。因此,这一部分价值也可以被理解为等量的价值转移过程:从货币形态变成了工人的劳动形态,最终对象化为产品形态。但资本的秘密就在于,劳动力商品的使用价值——工人付出的活劳动,要多于劳动力商品的价值——对象化在其中的劳动。换言之,工人对象化在最终产品中的劳动的量要比工资中的对象化的劳动量更多。这样,最终产品的价值总量就会比原来的资本的总价值更多。可见,剩余价值的直接来源就在于"对象化在劳动价格中的劳动小于用这种对象化劳动所购买的活劳动时间"[4]。让我们回头看看产品价值的公式:产品价值=原料价值+工具价值+劳动价值。这个公式本身没有问题,但必须注意的是,这里的"劳动价值"是资

---

1 《马克思恩格斯全集》,中文2版,第30卷,北京:人民出版社,1995年,第275页。
2 《马克思恩格斯全集》,中文2版,第30卷,北京:人民出版社,1995年,第281页。
  Marx-Engels-Gesamtausgabe, Bd. II/1, Berlin: Akademie, 2006, S. 237.
3 《马克思恩格斯全集》,中文2版,第30卷,北京:人民出版社,1995年,第281页。
4 《马克思恩格斯全集》,中文2版,第30卷,北京:人民出版社,1995年,第281页。

本主义生产过程中所实际付出的活劳动,不等于当初资本所支付的"劳动力价值"即劳动力商品中的对象化劳动,二者的差额就是剩余价值。换句话说:"价值只是对象化(vergegenständlichte)劳动,而剩余价值(资本的价值增殖)只是超过劳动能力的再生产(Reproduction des Arbeitsvermögens)所必需的那部分对象化劳动而形成的余额。"[1]

二者之间为何会出现差额？其一,从逻辑上说,这是由于二者本来就不是一回事,一个是劳动力的价值,另一个是劳动力的使用价值,二者不必然相等。用《资本论》中的话说:"包含在劳动力中的过去劳动和劳动力所能提供的活劳动,劳动力一天的维持费和劳动力一天的耗费,是两个完全不同的量。前者决定它的交换价值,后者构成它的使用价值。"[2]其二,从历史上说,这种不相等的现实可能性当然建立在物质生产发展的基础上,只有在生产相对发达的历史阶段,维系工人生存和劳动所需的对象化劳动才有可能少于工人能够付出的劳动,换言之,人能够以较低的成本维系更强的财富生产力[3];从资本的本性上说,这种可能性只有转化为现实性,资本才能作为资本。不是必然不存在那种平等合作的、不包含剩余价值的生产,只不过,那种生产不能被理解为资本主义的生产。

现在,搞清楚了剩余价值的问题,也就搞清楚了资本的核心。用马克思后来的话说,活劳动创造出剩余价值之后,"戏法终于变成了。货币转化为资本了"[4]。马克思重新回顾和点评了政治经

---

[1] 《马克思恩格斯全集》,中文 2 版,第 30 卷,北京:人民出版社,1995 年,第 377 页。Marx-Engels-Gesamtausgabe, Bd. II/1, Berlin: Akademie, 2006, S. 306.

[2] 《马克思恩格斯文集》,第 5 卷,北京:人民出版社,2009 年,第 225 页。

[3] 《马克思恩格斯全集》,中文 2 版,第 30 卷,北京:人民出版社,1995 年,第 286 页。

[4] 《马克思恩格斯文集》,第 5 卷,北京:人民出版社,2009 年,第 226 页。

济学关于资本的理解[1]，并强调"资本"对于整个政治经济学和现代社会的关键意义："准确地阐明资本概念是必要的，因为它是现代经济学的基本概念，正如资本本身——它的抽象反映就是它的概念——是资产阶级社会的基础一样。明确地弄清关系的基本前提，就必然会得出资产阶级生产的一切矛盾，以及这种关系超出它本身的那个界限。"[2]

虽然弄清楚了"活劳动"对于创造剩余价值的意义，但马克思对这一问题的思考并没有完成。在后来的论述中，马克思对于"对象化劳动"和"活劳动"的关系做出了进一步的、更加完整的论述。马克思意识到，"活劳动"不是只在补偿了劳动力商品的价值，开始生产剩余价值的时刻，才作为被资本支配的"活劳动"。实际上，资本从一开始就不是作为劳动对象，而是作为"对象化劳动"进入资本增殖过程的。而一旦这一过程开始，"活劳动"的意义也就立即显现出来了。

首先，作为"对象化劳动"的资本是"活劳动"成为劳动的前提，是资本主义生产关系的前提。"活劳动（lebendige Arbeit）通过它的作为活劳动的联系（Beziehung）而服务于对象化（vergegenständlichten）劳动，这种服务既不花费资本什么，也不花费工人什么，而只是表现一种联系（Beziehung），即物质材料（Material）和劳动工具（Instrument der Arbeit）对工人来说是资本，是**不依赖于**（*unabhängige*）工人的前提（Voraussetzungen）。"[3] 这段话表明，劳动的主动性要以物质材料和劳动工具为前提，而在

---

1 《马克思恩格斯全集》，中文2版，第30卷，北京：人民出版社，1995年，第287—292页。
2 《马克思恩格斯全集》，中文2版，第30卷，北京：人民出版社，1995年，第293页。
3 《马克思恩格斯全集》，中文2版，第30卷，北京：人民出版社，1995年，第324—325页。*Marx-Engels-Gesamtausgabe*, Bd. II/1, Berlin: Akademie, 2006, S. 269.

资本主义生产中,材料和工具都不归工人所有,而是来自资本家。资本家让工人为自己的材料和工具服务,也就建立起资本主义的生产关系,反过来,如果资本家不为工人提供这些,工人的劳动和主体性就是空话。"工人如果不把资本手中已有的对象性形式(gegenständlicher Form)的劳动变为工人的劳动材料(Material),从而把在这种材料中的对象化劳动(vergegenständlichte Arbeit)保存(conserviren)下来,工人就不能**劳动**。"[1] 换言之,对于工人而言,"过去的对象化劳动是**他**的劳动的条件,只有这种过去的对象化劳动才使他的劳动成为劳动"[2]。从这里可以看出,资本主义生产关系颠倒了一般劳动过程中劳动和劳动对象的关系,在"对象化劳动"和"活劳动"的关系中,"对象化劳动"即资本才是真正占据主导权的一方。

其次,"对象化劳动"通过"活劳动"实现了自身价值的保存,这是"活劳动"对资本特有的一种"使用价值"。就劳动过程而言,如果没有后续的劳动,资本换回的材料和工具便无法形成产品,只能腐坏废弃。正是新的劳动改变了其物质形态,扬弃了其使用价值。[3] 就价值增殖过程而言,"活劳动"具有类似的意义——如果没有劳动,既有的对象化劳动不仅无法增殖,而且,连它本来所具有的价值也无法得到实现。也就是说,保存旧价值是一个先于创造新价值的目标,而正是"劳动"实现了这一目标。"如果说资本家让工人劳动只是为了创造剩余价值,——为了创造还不存在的价值,——那么我们就可以看到,只要资本家不再让工人劳动,就连

---

[1] 《马克思恩格斯全集》,中文2版,第30卷,北京:人民出版社,1995年,第324页。*Marx-Engels-Gesamtausgabe*, Bd. II/1, Berlin: Akademie, 2006, S. 269.

[2] 《马克思恩格斯全集》,中文2版,第30卷,北京:人民出版社,1995年,第322页。

[3] 《马克思恩格斯全集》,中文2版,第30卷,北京:人民出版社,1995年,第329—330页。

他的已有的资本也会丧失价值,可见,活劳动不仅追加新价值,而且正是通过在旧价值上追加新价值的行为,也保存了旧价值,使其永久化。"[1]也就是说,对于资本来说,"活劳动"除了创造价值这一"使用价值"之外,还具有另外一重至关重要的"使用价值":通过保存既有资本的使用价值,也将既有资本的价值保存下来。"它在使用原料和工具时以这种或那种形式保存了它们,从而保存了对象化在它们中的劳动,即它们的交换价值。"[2]这是与劳动过程同时发生的,然而专属于价值增殖过程的"活劳动"的功能。"同一种情况,**在简单生产过程中表现为过去劳动的质的保存,因而表现为**体现过去劳动的那种材料的保存,而在价值增殖过程中则表现为已经对象化的劳动的量的保存。"[3]对于劳动的这种质性功能,资本"是不用特别支付报酬的,因为资本在同工人的交换中已经购买了**这种质**"[4]。进而言之,"活劳动"的保存价值的能力已经"变成了**资本的力量**,而不是劳动的力量"[5]。

最后,"对象化劳动"推动"活劳动"进行新的价值创造,以达到剩余价值的创造。对于这一点,前文已经有比较详细的分析了。"工人把工具当作工具使用,对原料进行塑形(Formirung),从而首先给原料和工具的价值追加上和他的工资中所包含的劳动时间相等的新的形式(Form);此外工人所追加的,就是剩余劳动时间,剩余价值(Surpluswerth)。"[6]在中译本中,这个"形式(Form)"被

1　《马克思恩格斯全集》,中文2版,第30卷,北京:人民出版社,1995年,第334页。
2　《马克思恩格斯全集》,中文2版,第30卷,北京:人民出版社,1995年,第325—326页。
3　《马克思恩格斯全集》,中文2版,第30卷,北京:人民出版社,1995年,第332页。
4　《马克思恩格斯全集》,中文2版,第30卷,北京:人民出版社,1995年,第327页。
5　《马克思恩格斯全集》,中文2版,第30卷,北京:人民出版社,1995年,第326页。
6　《马克思恩格斯全集》,中文2版,第30卷,北京:人民出版社,1995年,第327页。Marx-Engels-Gesamtausgabe, Bd. II/1, Berlin: Akademie, 2006, S. 271.

直接译为"劳动量"。在《大纲》中，马克思多次用与"形式（Form）"概念相关的概念来形容劳动，包括前述的"form""formgeben"以及这里出现的"formieren"。这些概念源自古希腊哲学关于形式与质料问题的讨论，与黑格尔哲学更是直接相关。黑格尔本人多次用"formieren"来理解劳动概念。马克思直接继承并超越了黑格尔对劳动的理解，其中最关键之处就在于，他所理解的"形式"已经跳脱出使用价值的、人与物的关系层面，而进入对于价值、人与人的生产关系的理解。[1]

总而言之，在资本主义的生产过程中，一方面，作为劳动过程，"活劳动"主动地作用于"对象化劳动"，生产出产品的使用价值；另一方面，作为价值增殖过程，"对象化劳动"反过来成为"活劳动"的先决前提，并且驱动着"活劳动"为其价值存续和剩余价值的生产服务。在资本主义生产过程中，不仅"对象化劳动"是过去的资本，"活劳动"本身也已经属于资本，它的力量成了资本的力量。"对象化劳动"对"活劳动"的支配关系，就是资本主义生产的内在关系的本质体现。总的来看，从商品到货币，再从货币到资本，马克思从"对象化劳动"的劳动价值论指认出发，最终通过"剩余价值"揭示了现代生产机制的秘密，他的政治经济学批判体系也终于有了真正科学、坚固的理论核心。

四、资本关系的异化："对象化劳动"对"活劳动"的颠倒支配

通过以上关于资本关系的分析，我们明确了三个问题：第一，

---

[1] 张义修：《从"劳动塑形"走向现代性批判——马克思对黑格尔劳动概念的重释》，《哲学研究》2013 年第 9 期，第 18—20、22—24 页。

资本本身不是物,而是关系,是价值自行增殖的经济关系;第二,资本的关系性首先体现在流通环节,资本为了增殖而与非资本进行交换,这一方面是资本与劳动力商品之间的交换关系,另一方面也是前者对后者的使用价值的占有关系,"对象化劳动"获得对"活劳动"的支配权;第三,在资本主义生产过程中,一方面,作为劳动对象的资本被动地受到主体性的劳动活动的重塑,另一方面,作为"对象化劳动"的资本主动地驱使着"活劳动"为自己的价值保存与增多而服务,产生剩余价值,"对象化劳动"对"活劳动"的主导性、支配性也在此得到了实现。从资本运作的逻辑上看,其中对资本成为资本具有决定性意义的方面,就是"对象化劳动"对"活劳动"的支配关系——这一点在交换环节奠定了基础,在生产环节得到了实现,颠覆了一般生产过程中劳动主体与劳动对象的关系,表现出了资本关系的历史性、结构性特质,突出体现了资本逻辑的内在动力机制。从马克思思想发展的进程上看,马克思早在《雇佣劳动与资本》中便明确用"对象化劳动"对"活劳动"的支配关系来界定资本的本质,在这种思路的指引下,最终在《大纲》中形成了关于资本关系的完整论述和剩余价值理论的构架。

现在,在马克思关于资本关系的批判性分析中,还有一个重要的概念值得澄清,这就是"异化"。在《资本论》及其手稿中,这一概念重新登场,但已经不再作为批判构架的支撑,而是恰恰借"对象化劳动"和"活劳动"的辩证关系而得到了科学的阐释。

回首当年,马克思初次接触政治经济学,在无产阶级立场和人本学异化批判的激励下,痛斥政治经济学非人的"异化",文辞固然深具感染力,却暂时无法内在地透析政治经济学,甚至无法正视劳动概念的抽象性,终究只能诉诸哲学思辨,通过刻画现实工人的悲惨境遇来反衬经济学的非人道本质。从成熟时期的政治经济学批判来看，青年马克思的经济学批判的主导性方法论，即人本学的异化批判逻辑，早已随着历史唯物主义的建立而被放弃，倒是当时偶得的"对象化劳动"的跨学科指认在后来的思想历程中屡经淬炼，发扬光大，彻底地体现出非人本学的性质，成为马克思构思价值理论和资本主义关系批判的一个方法论支点。

在分析《手稿》中的"对象化劳动"和"异化劳动"时，笔者曾经指出：第一，二者并不是二元对立模式中的两面，而是辩证批判逻辑的前两个环节，马克思从"对象化劳动"的本然指认出发，进而批判"异化劳动"的实然处境，但并不打算到此为止，也没有回复到"对象化劳动"的念头，而是最终要"扬弃异化"，达到人的本质的自我确证的应然状态；第二，无论是"对象化劳动"还是"异化劳动"，它们的表达方式都是理论性的、哲学性的，但它们所反映的内容却都是现实性的。劳动产品作为"对象化劳动"不仅是一个经济哲学的指认，更是现代生产的现实，而劳动产品、劳动活动与劳动者本人之间的颠倒支配关系，也同样是现代生产的现实。从这一点来说，虽然人本学异化批判的"方法"终究是思辨的，但用"异化"概念来指认现代经济关系的基本状态，却是极为精准的。

从《资本论》及其手稿来回望《手稿》，这两点也表现得更加清楚了：现代经济关系的核心不是"对象化劳动"和"异化劳动"的对立，而是"对象化劳动"和"活劳动"的对立。从词频统计的结果（见图 6.1）也可以非常直观地体会到，即使在《手稿》阶段，"对象化"和"异化"也很难说是一个"对子"，因为后者出现的频次大大高于前者。在后期马克思的政治经济学批判中，更不存在"对象化"与"异化"的对立，倒是"对象化劳动"与"活劳动"反复地成对出现。这说明，马克思不再用"对象化-异化"的反差来表征现代经济关系，而是内在地说明了这种关系的本质，最终成功地解释了"异化"：在资本主义交换和生产过程中，"对象化劳动"和"活劳动"现实地发生辩证的互动，而二者之间的颠倒支配关系，最终表现为"异化"。一句话，"异化"正是"对象化劳动"颠倒支配"活劳动"这一关系结果的表现。

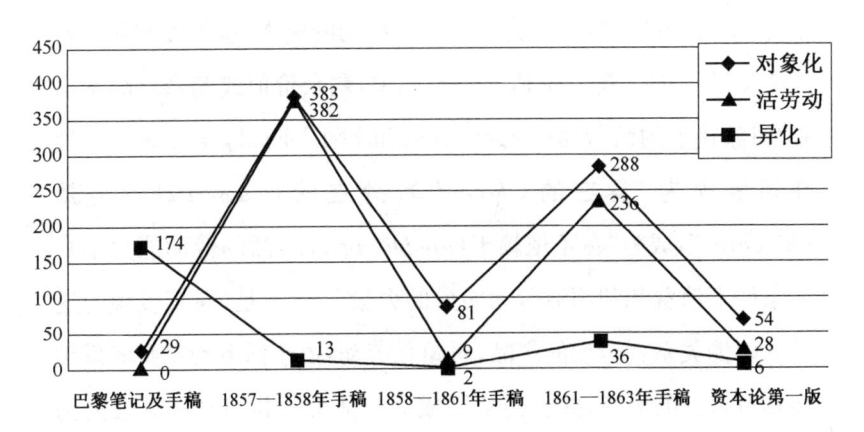

图6.1 "对象化""活劳动""异化"词频关系示意图

首先，"异化"不是对政治经济学和现代经济体系的整体性指认，而是针对雇佣关系下资本对劳动的往复不断的支配。在资本的逻辑中，工人的劳动已经不再属于工人，而是属于资本。实际上，资本的生产和流通不是一次性的，而是循环不断的，"当他把活的劳动力同这些商品的死的对象性合并在一起时，他就把价值，把过去的、对象化的、死的劳动转化为资本，转化为自行增殖的价值，转化为一个有灵性的怪物，它用'好像害了相思病'的劲头开始去'劳动'"[1]。工人在劳动中必须面对的既有资本，即"对象化劳动"恰恰是其劳动的产物，而且，正是这种"对象化劳动"驱动着新的"活劳动"的不断追加。《手稿》曾经提出，劳动产品和劳动者的关系就是对象化劳动和劳动的关系。现在，马克思再次确认这一关

---

[1]《马克思恩格斯文集》，第5卷，北京：人民出版社，2009年，第227页。

系,而且说清了这种关系得以发生的经济基础,即资本的增殖本性。在资本的"强制压榨"之下,活劳动不断创造出"剩余价值(Surpluswerth)",并表现为**剩余产品**(*Surplusproduct*)",而这种产品被再次投入生产,也就表现为"**剩余资本**(*Surpluscapital*)"。[1] 于是,活劳动的产物便成为外在于活劳动的资本,这种资本强制着活劳动继续创造新的价值。马克思说,剩余价值或剩余产品本来是"对象化了的活劳动(vergegenständlichter lebendiger Arbeit)",现在却表现为"**异在的**(*fremde*)、**外在的**(*äusserliche*)力量(Mächte)",成为"在**不依赖于**(*unabhängigen*)活的劳动能力本身的条件下消费和利用活劳动能力的力量"。[2] 于是,现实表现为这样的颠倒关系:"劳动的产品,对象化劳动,由于活劳动本身的赋予而具有自己的灵魂,并且使自己成为与活劳动相对立的**异在的力量**(*fremde Macht*)。"[3] 也可以说:"主体和客体的关系颠倒了。……劳动自身的这种对象化,即作为劳动的结果的劳动自身,则作为异己的、独立的权力与劳动相对立。"[4] 乍看起来,马克思还是从对象化劳动引出主体和客体之间的颠倒、"异化"。仔细分析,差别却是根本性的:只在"资本"的总体逻辑之下,只在具体的雇佣关系中,作为"活劳动"产物的"对象化劳动"成为资本,才会反过来驱使"活劳动",从而形成"异化"。

其次,"对象化劳动"和"活劳动"的这种异化关系,在现实中采

---

1 《马克思恩格斯全集》,中文2版,第30卷,北京:人民出版社,1995年,第442页。
  Marx-Engels-Gesamtausgabe, Bd. II/1, Berlin: Akademie, 2006, S. 360.

2 《马克思恩格斯全集》,中文2版,第30卷,北京:人民出版社,1995年,第442页。
  Marx-Engels-Gesamtausgabe, Bd. II/1, Berlin: Akademie, 2006, S. 360.

3 《马克思恩格斯全集》,中文2版,第30卷,北京:人民出版社,1995年,第445页。
  Marx-Engels-Gesamtausgabe, Bd. II/1, Berlin: Akademie, 2006, S. 363.

4 《马克思恩格斯全集》,中文2版,第32卷,北京:人民出版社,1998年,第125—126页。

取了"人格化"形式，表现为资产阶级和工人阶级之间的社会对立。马克思说，对象化劳动和活劳动的异化"已经达到如此地步，以致这些条件以资本家的人格（Person des Capitalisten）的形式，即作为具有自己的意志和利益的人格化（Personificationen），同工人的人格（Person des Arbeiters）相对立"[1]。在后来的《资本论》中，马克思反复强调，资本家不过是"人格化的资本"[2]。在这里，我们不仅可以看到这一说法的理论源头，并且必须意识到，关于资本家和工人的人格化关系的理解，不能被泛化为一般的人与人之间的交往关系，而必须回到"前人格化"的本质层面，即"对象化劳动"和"活劳动"的经济关系，才能获得更准确的、更具有实质内容的理解。从"对象化劳动"的循环增殖及其对"活劳动"的支配关系出发，也就是从资本主义生产关系层面的内在支配出发，才能阐明社会关系层面资产阶级与无产阶级的现实对立和"异化"。资本通过再生产机制，不仅生产出越来越多的资本，也将资本主义的生产关系不断再生产出来，从而表现为工人把自己作为雇佣劳动者、把资本作为异在的力量不断再生产出来。[3] 这里也可以看出，以"对象化劳动"和"活劳动"为核心来理解"生产关系"，就不会把经济学分析中的"逻辑主体"即"劳动"混同于人本学意义上的"人"，把"生产关系"还原为"人的关系"，从而既不会退回到人本学，也不至于将"关系"概念本体论化。

再次，这种"异化"具有现实的、历史性的生产力和生产关系的基础。前文已经指出，资本实现的前提是生产力的发展，换言之，

---

[1] 《马克思恩格斯全集》，中文2版，第30卷，北京：人民出版社，1995年，第443页。*Marx-Engels-Gesamtausgabe*，Bd. II/1，Berlin：Akademie，2006，S. 361.
[2] 《马克思恩格斯文集》，第5卷，北京：人民出版社，2009年，第269、357、683页。
[3] 《马克思恩格斯文集》，第5卷，北京：人民出版社，2009年，第659页。

只有当较少的劳动就可以创造较多的财富的时候,剩余价值才有可能实现。而在资本逻辑的支配下,社会财富的增长表现为不断堆积的"对象化劳动"对于一无所有的"活劳动"的优势地位不断扩大。"随着劳动(Arbeit)的生产力(Productivkräfte)的发展,劳动的对象性条件(gegenständlichen Bedingungen)即对象化劳动(vergegenständlichte Arbeit),在对活劳动(lebendigen Arbeit)的关系(Verhältniß)中必然增长。"[1]以此为基础,"对象化"对"活劳动"的优势表现为拥有生产条件的"资本"和一无所有的"工人"之间的异化。"劳动的客观条件对活劳动(lebendige Arbeit)具有越来越巨大的独立性(Selbstständigkeit)……而社会财富的越来越巨大的比重(Portionen)作为异在的(fremde)和支配性的(beherrschende)力量(Macht)同劳动相对立。这里强调的(Der Ton wird gelegt)不是对象化的存在(*Vergegenständlichtsein*),而是异化的(*Entfremdet-*)、外化的(Entäussert-)、外在化的存在(Veräussertsein),是不属于工人,而属于人格化的(personificirten)生产条件,即属于资本,属于巨大的对象化力量(vergegenständlichten Macht),这种力量把社会劳动本身当作自身的一个要素而同自己相对置。"[2]可见,这种异化既离不开物质生产力的发展,也恰恰是资本主义雇佣关系的结果。"就这一点来说,这种扭曲(Verdrehung)和颠倒(Verkehrung)是**现实的**(*wirkliche*),而不是**单纯想象的**,不是单纯存在于工人和资本家的观念表象(vorstellung)中的。但是很明显,这种颠倒过程(Verkehrungsprocess)不过是**历史**

---

[1] 《马克思恩格斯全集》,中文2版,第31卷,北京:人民出版社,1998年,第243页。*Marx-Engels-Gesamtausgabe*, Bd. Ⅱ/1, Berlin: Akademie, 2006, S. 697.

[2] 《马克思恩格斯全集》,中文2版,第31卷,北京:人民出版社,1998年,第243—244页。*Marx-Engels-Gesamtausgabe*, Bd. Ⅱ/1, Berlin: Akademie, 2006, S. 698.

的（historische）必然性，不过是从一定的历史的（historischen）出发点或基础出发的生产力（Productivkräfte）发展的必然性。"[1]

最后，这种"异化"并不是永恒的必然性，必然随着历史的发展而终结。马克思强调，这种异化"绝不是生产的一种**绝对的**（absolute）必然性，倒是一种正在消失的（verschwindende）必然性，而这一过程的结果和目的（内在的）是扬弃这个基础本身，也扬弃过程的这种形式"[2]。换言之，"对象化"和"异化"并不是必然同体发生的，"随着活劳动（lebendigen Arbeit）的**直接的**特性（unmittelbaren Characters）被扬弃⋯⋯随着个人（Individuen）的活动被确立为直接是一般的（unmittelbar allgemeiner）或**社会的**（gesellschaftlicher）活动，生产的对象性（gegenständlichen）要素也就摆脱这种异化（Entfremdung）形式；这样一来，这些要素就被确立为这样的财产，确立为这样的有机的社会躯体（organische gesellschaftliche Leib），在其中个人（Individuen）作为单个的人（Einzelne），然而是作为社会的单个的人（gesellschaftliche Einzelne）将自身再生产出来"[3]。在克服这种异化关系的过程中，马克思特别看重以机器为代表的现代科技的发展。一方面，在资本主义生产关系中，"机器必然作为资本同活劳动相对立"[4]，甚至可以说，机器代表了资本主义异化状态的完成形式："资本主义生产方式使劳动条件和劳动产品具有的与工人相独立和相异化的形

---

[1] 《马克思恩格斯全集》，中文2版，第31卷，北京：人民出版社，1998年，第244页。Marx-Engels-Gesamtausgabe, Bd. Ⅱ/1, Berlin: Akademie, 2006, S. 698.

[2] 《马克思恩格斯全集》，中文2版，第31卷，北京：人民出版社，1998年，第244页。Marx-Engels-Gesamtausgabe, Bd. Ⅱ/1, Berlin: Akademie, 2006, S. 698.

[3] 《马克思恩格斯全集》，中文2版，第31卷，北京：人民出版社，1998年，第244页。Marx-Engels-Gesamtausgabe, Bd. Ⅱ/1, Berlin: Akademie, 2006, S. 698.

[4] 《马克思恩格斯全集》，中文2版，第31卷，北京：人民出版社，1998年，第245页。

态,随着机器的发展而发展成为完全的对立。"[1] 但是,另一方面,马克思相信,机器终将冲破现有雇佣关系的束缚,成为联合起来的工人的财产,服务于新的社会生产过程。这样,现有生产方式下的异化就不存在了。"改变了的分配将以**改变了的**、由于历史过程才产生的新的生产基础为出发点。"[2] 马克思对机器的长期研究,促使他给出了一条走出雇佣关系的可能性道路,但受到历史发展自身的局限,马克思对这一问题的研究仍是未完成的,有待今人予以更深入的探索。

如图 6.2 所示,"对象化"概念发源于青年黑格尔派,却被马克思从哲学领域转用到了政治经济学批判之中,这是马克思在政治经济学研究中的一个创造。这种转用作为思想实验,并非一蹴而就的,在《手稿》中表现为两种思路的交织与过渡,并进而出现了暂时性的消失。1844 年,马克思的支配性思路依然是用"应该"批判现实,用好的"对象化"来否定不好的"异化",对象化的宾语主要是人本学的自由类本质设定,其思路依然沿袭着青年黑格尔派的自我意识辩证法。经济学意义上的转用虽然已初见端倪,但远未达到科学水平。而在创立了历史唯物主义之后,当"对象化"在《资本论》及其手稿中重新出现时,它继承了青年马克思的问题意识,却完全褪去了人本学的色彩,这种转用意义上的"对象化"描述的是抽象劳动实现为价值的过程,是商品、货币和资本的转化过程,有时也被表述

---

[1] 《马克思恩格斯文集》,第 5 卷,北京:人民出版社,2009 年,第 497 页。
[2] 《马克思恩格斯全集》,中文 2 版,第 31 卷,北京:人民出版社,1998 年,第 245—246 页。

为"现实化(Verwirklichung)"[1]"物质化(materialisirt)"[2]，而不暗含任何理想性的能动主体。

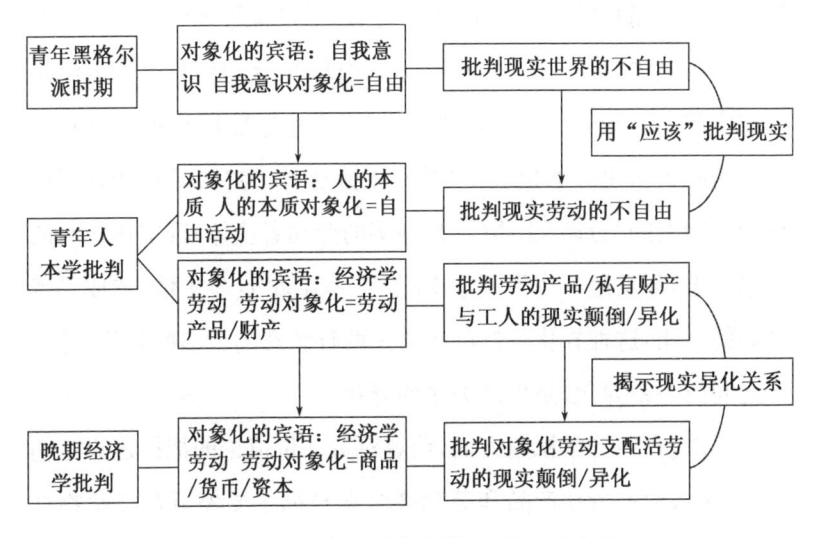

青年黑格尔派时期	对象化的宾语：自我意识 自我意识对象化=自由	批判现实世界的不自由
		用"应该"批判现实
青年人本学批判	对象化的宾语：人的本质 人的本质对象化=自由活动	批判现实劳动的不自由
	对象化的宾语：经济学劳动 劳动对象化=劳动产品/财产	批判劳动产品/私有财产与工人的现实颠倒/异化
		揭示现实异化关系
晚期经济学批判	对象化的宾语：经济学劳动 劳动对象化=商品/货币/资本	批判对象化劳动支配活劳动的现实颠倒/异化

图 6.2 马克思"对象化"概念演变示意图

乍看起来，1844 年的马克思肯定对象化而否定异化，在后来的手稿中似乎依然如此。但实际上，这两个阶段的批判逻辑截然不同。

其一，在哲学视角方面，前者从主体性的哲学视角出发，由主体派生出活动及其产物，而后者则不再包含对"主体"本身的先在性设定。在青年马克思对劳动产品、劳动活动与人的异化关系的批判中，核心是人的产物与人本身的异化。这种基于主体性视角的对象化逻辑认为，主体（人的类本质、类生活）是第一性的，就劳动者而言，劳动者的主体是先在的，他的劳动产品、劳动活动，都是

---

[1] 《马克思恩格斯全集》，中文 2 版，第 3 卷，北京：人民出版社，2002 年，第 267—268 页。*Marx-Engels-Gesamtausgabe*, Bd. Ⅰ/2, Berlin: Dietz, 1982, S. 236.
[2] 《马克思恩格斯文集》，第 5 卷，北京：人民出版社，2009 年，第 51 页。*Marx-Engels-Gesamtausgabe*, Bd. Ⅱ/5, Berlin: Dietz, 1983, S. 20.

由他的主体性派生出来的。而在后来的手稿中,马克思虽然继续使用"对象化"的分析逻辑,却反其道而行之:不再预设先在的"主体"本身,反而是"活劳动"承担了"主体"的功能性地位——不是劳动者作为主体,派生出了"活劳动",相反,是"活劳动"成为经济学视域中现实能动的"主体",而"劳动者"不过是派生性的,是这种经济范畴的人格化的承担者。"对象化劳动"作为"活劳动"的产物,作为逻辑上的"劳动"主体(不是现实的劳动者主体)现实化之后的对象形态,却反过来作为资本支配了"活劳动"这个主体,造成二者之间的异化,这种异化批判的核心是两种状态的劳动的异化,是劳动之间的关系异化,是生产关系的异化。

其二,在经济学视角方面,前者对劳动价值论的把握还只是初步的,所谈论的劳动产品和劳动概念本身都主要停留在经验物性层面,而没有真正上升到理论抽象层面,而马克思的批判依据也主要是从经验实证研究中得到的现实工人的悲惨境遇,批判的是理论和现实之间的反差,而没有深入到经济学理论的内在矛盾之中。而在后来谈论"对象化"时,马克思对劳动的抽象性以及现代价值关系的商品—货币—资本形态有了深入的理解,"对象化"的多层次运用具体地服务于对经济学辩证关系的系统阐发,此刻的异化批判已经不再是外在于理论的现实揭露,而是以理论的方式来理解现实本身。

其三,在概念的逻辑关系、批判的模式方面,前者是由"对象化"出发引出"异化",通过二者之间本然与实然的反差对比,导出"扬弃异化"的自我实现的应然状态,在概念的切换背后,是用"应该"批判现实的模式——看到了现实的颠倒,却诉诸理想的价值悬设;后者也是由"对象化"出发,但本质上是以价值和资本的关系建构为线索,通过阐发商品—货币—资本的逻辑体系,最终导引出

"对象化劳动"与"活劳动"之间的现实颠倒关系,并将之描述为"异化",在批判模式上,不是简单地从"对象化"到"异化",而是用"对象化"和"活劳动"的辩证关系阐释"异化",不是用理想批判现实,而是内在地、批判地阐明了现实。因此可以说,在马克思的政治经济学批判进程中,"对象化"是其批判哲学方法论的一个十分重要的逻辑构件。

参考文献

(一) 主要外文参考文献

1. Adorno, Theodor W. *Negative Dialektik. Jargon der Eigentlichkeit*, Frankfurt: Suhrkamp, 2003.

2. Arndt, Andreas. *Karl Marx: Versuch über den Zusammenhang seiner Theorie*. Bochum: Germinal, 1985.

3. *Beiträge zur Marx-Engels Forschung Neue Folge 1996*, Hamburg: Argument, 1996.

4. *Die Hegelsche Linke*, Hg. Heinz und Ingrid Pepperle, Leibzig: Philipp Reclam, 1985.

5. Feuerbach, L. *Einleitung in die Logik und Metaphysik*, Hg. C. Ascheri u. E. Thies, Darmstadt: Wissenschaftlcihe Buchgesellschaft, 1975.

6. Feuerbach, L. *Gesammelte Werke*, Bd. 10, Hg. W. Schuffenhauer, Berlin: Akademie, 1982.

7. Feuerbach, L. *Gesammelte Werke*, Bd. 1, Hg. W. Schuffenhauer, Berlin: Akademie, 1981.

8. Feuerbach, L. *Geschichte der neuern Philosophie von*

Bacon von Verulam bis Benedikt Spinoza, Hg. Joachim Höppner, Leipzig: Reclam, 1976.

9. Feuerbach, L. *Sämtliche Werke*, Bd. 2, Hg. Friedrich Jodl, Bad Cannstatt: Frommann-Holzboog, 1959.

10. Feuerbach, L. *Sämtliche Werke*, Bd. 6, Hg. Wilhelm Bolin, Bad Cannstatt: Frommann-Holzboog, 1960.

11. Hegel, G. W. F. *Enzyklopädie der philosophischen Wissenschaften im Grundrisse. Teil 3. Die Philosophie des Geistes*, Frankfurt am Main: Suhrkamp, 2003.

12. Hegel, G. W. F. *Enzyklopädie der philosophischen Wissenschaften im Grundrisse. Teil 1. Die Wissenschaft der Logik*, Frankfurt am Main: Suhrkamp, 2003.

13. Hegel, G. W. F. *Grundlinien der Philosophie des Rechts*, Frankfurt am Main: Suhrkamp, 1986.

14. Hegel, G. W. F. *Jenaer Systementwürfe Ⅲ. Naturphilosophie und Philosophie des Geistes*, Hg. R. P. Horstmann, Hamburg: Meiner, 1987.

15. Hegel, G. W. F. *Phänomenologie des Geistes*, Frankfurt am Main: Suhrkamp, 1986.

16. Hegel, G. W. F. *Vorlesungen über die Geschichte der Philosophie Ⅰ*, Frankfurt am Main: Suhrkamp, 2003.

17. Hegel, G. W. F. *Vorlesungen über die Geschichte der Philosophie Ⅱ*, Frankfurt am Main: Suhrkamp, 2003.

18. Hegel, G. W. F. *Vorlesungen über die Philosophie der Geschichte*, Frankfurt am Main: Suhrkamp, 1986.

19. Heinrich, Michael. *Kritik der politischen Ökonomie:*

Eine Einführung, Stuttgart: Schmetterling, 2005.

20. *Historisches Wörterbuch der Philosophie*. Bd. 8, Hg. Ritter, Joachim, Basel: Schwabe, 1992.

21. Horkheimer, Max und Theodor W. Adorno. *Dialektik der Aufklärung: Philosophische Fragmente*, Frankfurt am Main: Suhrkamp, 2003.

22. Kant, Immanuel. *Kritik der reinen Vernunft*, Darmstadt: Wiss. Buchges., 1998.

23. Kant, Immanuel. *Vorkritische Schriften bis 1768*, Darmstadt: Wiss. Buchges., 1998.

24. *Kritik der bürgerlichen Ökonomie*, Berlin: Verlag für das Studium der Arbeiterbewegung, 1972.

25. *Marx-Engels-Gesamtausgabe*, Bd. I/2, Berlin: Dietz, 1982.

26. *Marx-Engels-Gesamtausgabe*, Bd. I/1, Berlin: Dietz, 1975.

27. *Marx-Engels-Gesamtausgabe*, Bd. II/1, Berlin: Akademie, 2006.

28. *Marx-Engels-Gesamtausgabe*, Bd. II/6, Berlin: Dietz, 1987.

29. *Marx-Engels-Gesamtausgabe*, Bd. II/5, Berlin: Dietz, 1983.

30. *Marx-Engels-Gesamtausgabe*, Bd. II/3. 4, Berlin: Dietz, 1979.

31. *Marx-Engels-Gesamtausgabe*, Bd. II/4. 2, Berlin: Dietz, 1992.

32. *Marx-Engels-Gesamtausgabe*, Bd. II/3. 1, Berlin: Dietz, 1976.

33. *Marx-Engels-Gesamtausgabe*, Bd. II/2, Berlin: Dietz, 1980.

34. *Marx-Engels-Gesamtausgabe*, Bd. IV/3, Berlin: Akademie, 1998.

35. *Marx-Engels-Gesamtausgabe*, Bd. IV/4, Berlin: Dietz, 1988.

36. *Marx-Engels-Gesamtausgabe*, Bd. IV/2, Berlin: Dietz, 1981.

37. *Marx-Engels-Gesamtausgabe*, Bd. IV/1, Berlin: Dietz, 1976.

38. *Marx-Engels-Gesamtausgabe*, Bd. IV/5, Berlin: Walter de Gruyter, 2015.

39. *Marx-Engels-Jahrbuch*, Bd. 11, Berlin: Dietz, 1988.

40. *Marx-Engels-Werke*, Bd. 6, Berlin: Dietz, 1961.

41. *Marx-Engels-Werke*, Bd. 2, Berlin: Dietz, 1962.

42. Schelling, F. W. J. *Ausgewählte Schriften*, Bd. 1, Frankfurt am Main: Suhrkamp, 1995.

43. Schuffenhauer, W. *Feuerbach und der junge Marx*, Berlin: VEB Deutscher Verlag der Wissenschaften, 1972.

44. Stiehler, Gottfried. *Die Dialektik in Hegels „Phänomenologie des Geistes"*, Berlin: Akademie, 1964.

45. *Wörterbuch der antiken Philosophie*. Hg. Christoph Horn, Christof Rapp, München: C. H. Beck, 2002.

(二) 主要中文参考文献

1. [德]阿多尔诺:《否定的辩证法》,张峰译,重庆:重庆出版社,1993年。

2. [法]阿尔都塞:《保卫马克思》,顾良译,北京:商务印书馆,2010年。

3. [法]阿尔都塞:《列宁和哲学》,杜章智译,台北:远流出版事业公司,1990年。

4. [法]奥古斯特·科尔纽:《马克思恩格斯传》,第一卷,刘丕坤等译,北京:生活·读书·新知三联书店,1963年。

5. [苏]格·阿·巴加图利亚、[苏]维·索·维戈茨基:《马克思的经济学遗产》,马健行等译,贵阳:贵州人民出版社,1981年。

6. [日]柄谷行人:《跨越性批判——康德与马克思》,赵京华译,北京:中央编译出版社,2010年。

7. 陈嘉明:《建构与范导——康德哲学的方法论》,北京:社会科学文献出版社,1992年。

8. [德]费尔巴哈:《费尔巴哈哲学著作选集》,上下卷,荣震华、李金山等译,北京:商务印书馆,1984年。

9. [德]费希特:《全部知识学的基础》,王玖兴译,北京:商务印书馆,1986年。

10. [日]广松涉编注:《文献学语境中的〈德意志意识形态〉》,彭曦译,南京:南京大学出版社,2005年。

11. [日]广松涉:《唯物史观的原像》,邓习议译,南京:南京大学出版社,2009年。

12. [日]广松涉:《物象化论的构图》,彭曦、庄倩译,南京:南京大学出版社,2002年。

13. [日]广松涉:《资本论的哲学》,邓习议译,南京:南京大学出版社,2013年。

14. 韩立新:《〈巴黎手稿〉研究——马克思思想的转折点》,北京:北京师范大学出版社,2014年。

15. [德]黑格尔:《精神现象学》,先刚译,北京:人民出版社,2013年。

16. [德]黑格尔:《精神哲学:哲学全书·第三部分》,杨祖陶译,北京:人民出版社,2006年。

17. [德]黑格尔:《小逻辑》,贺麟译,上海:上海人民出版社,2009年。

18. [德]黑格尔:《哲学史讲演录》,第三卷,贺麟、王太庆译,北京:商务印书馆,1959年。

19. [德]黑格尔:《哲学史讲演录》,第四卷,贺麟、王太庆译,北京:商务印书馆,1978年。

20. [德]黑格尔:《哲学史讲演录》,第一卷,贺麟、王太庆译,北京:商务印书馆,1959年。

21. 李秋零主编:《康德著作全集》,第3卷,北京:中国人民大学出版社,2004年。

22. 李秋零主编:《康德著作全集》,第5卷,北京:中国人民大学出版社,2007年。

23. 李秋零主编:《康德著作全集》,第2卷,北京:中国人民大学出版社,2003年。

24. [德]李斯特:《政治经济学的国民体系》,陈万煦译,北京:商务印书馆,1961年。

25. [苏]梁赞诺夫主编:《梁赞诺夫版〈德意志意识形态·费尔巴哈〉》,夏凡编译,南京:南京大学出版社,2008年。

26.《列宁全集》,中文 2 版,第 26 卷,北京:人民出版社,1990 年。

27. 刘召峰:《拜物教批判理论与整体马克思》,杭州:浙江大学出版社,2013 年。

28. [匈]卢卡奇:《历史与阶级意识》,杜章智等译,北京:商务印书馆,2009 年。

29. [匈]卢卡奇:《青年黑格尔(选译)》,王玖兴译,北京:商务印书馆,1963 年。

30.《马克思恩格斯全集》,中文 1 版,第 27 卷,北京:人民出版社,1972 年。

31.《马克思恩格斯全集》,中文 1 版,第 40 卷,北京:人民出版社,1982 年。

32.《马克思恩格斯全集》,中文 1 版,第 44 卷,北京:人民出版社,1982 年。

33.《马克思恩格斯全集》,中文 2 版,第 3 卷,北京:人民出版社,2002 年。

34.《马克思恩格斯全集》,中文 2 版,第 31 卷,北京:人民出版社,1998 年。

35.《马克思恩格斯全集》,中文 2 版,第 32 卷,北京:人民出版社,1998 年。

36.《马克思恩格斯全集》,中文 2 版,第 30 卷,北京:人民出版社,1995 年。

37.《马克思恩格斯全集》,中文 2 版,第 1 卷,北京:人民出版社,1995 年。

38.《马克思恩格斯全集》,中文 1 版,第 42 卷,北京:人民出版社,1979 年。

39.《马克思恩格斯全集》,中文1版,第29卷,北京:人民出版社,1972年。

40.《马克思恩格斯全集》,中文1版,第4卷,北京:人民出版社,1958年。

41.《马克思恩格斯全集》,中文1版,第2卷,北京:人民出版社,1957年。

42.《马克思恩格斯文集》,第4卷,北京:人民出版社,2009年。

43.《马克思恩格斯文集》,第7卷,北京:人民出版社,2009年。

44.《马克思恩格斯文集》,第5卷,北京:人民出版社,2009年。

45.《马克思恩格斯文集》,第2卷,北京:人民出版社,2009年。

46.《马克思恩格斯文集》,第1卷,北京:人民出版社,2009年。

47. 倪梁康:《胡塞尔现象学概念通释》,北京:生活·读书·新知三联书店,2007年。

48. [日]山之内靖:《受苦者的目光:早期马克思的复兴》,彭曦、汪丽影译,北京:北京师范大学出版社,2011年。

49. 孙伯鍨:《卢卡奇与马克思》,南京:南京大学出版社,1999年。

50. 孙伯鍨:《探索者道路的探索》,南京:南京大学出版社,2002年。

51. [德]索恩-雷特尔:《脑力劳动与体力劳动:西方历史的认识论》,谢永康、侯振武译,南京:南京大学出版社,2015年。

52. 唐正东：《斯密到马克思：经济哲学方法的历史性诠释》，南京：南京大学出版社，2002年。

53. ［德］图赫舍雷尔：《马克思经济理论的形成和发展》，马经青译，北京：人民出版社，1981年。

54. 汪子嵩：《亚里士多德关于本体的学说》，北京：人民出版社，1983年。

55. 吴恩裕：《马克思的政治思想》，北京：商务印书馆，2014年。

56. 吴晓明：《思入时代的深处：马克思哲学与当代世界》，北京：北京师范大学出版社，2006年。

57. 《西方学者论〈一八四四年经济学—哲学手稿〉》，复旦大学哲学系现代西方哲学研究室编译，上海：复旦大学出版社，1983年。

58. 《现代文明与人的困境——马尔库塞文集》，李小兵等译，上海：三联书店上海分店，1989年。

59. ［德］谢林：《先验唯心论体系》，梁志学、石泉译，北京：商务印书馆，1983年。

60. ［古希腊］亚里士多德：《物理学》，张竹明译，北京：商务印书馆，1982年。

61. ［德］英格·陶伯特编：《MEGA：陶伯特版〈德意志意识形态·费尔巴哈〉》，李乾坤等编译，南京：南京大学出版社，2014年。

62. 俞吾金：《重新理解马克思：对马克思哲学的基础理论和当代意义的反思》，北京：北京师范大学出版社，2005年。

63. 张立达：《对象化和人的生存矛盾》，上海：上海三联书店，2011年。

64. 张一兵：《回到马克思——经济学语境中的哲学话语》，南京:江苏人民出版社,2009年。

65. 张一兵:《马克思历史辩证法的主体向度》,南京:南京大学出版社,2002年。

66. 张一兵主编:《马克思哲学的历史原像》,北京:人民出版社,2009年。

67. 张一兵主编:《社会批判理论纪事》,第5辑,南京:江苏人民出版社,2013年。

68. 张一兵主编:《社会批判理论纪事》,第3辑,南京:江苏人民出版社,2008年。

69. 周艳辉主编:《马克思主义研究资料·经济学笔记研究Ⅱ》,北京:中央编译出版社,2014年。

70. [波]兹维·罗森:《布鲁诺·鲍威尔和卡尔·马克思:鲍威尔对马克思思想的影响》,王谨等译,北京:中国人民大学出版社,1984年。

图书在版编目(CIP)数据

"两个伟大发现"的枢纽：马克思的"对象化"概念 / 张义修著. — 南京：南京大学出版社，2022.9
（马克思主义思想史研究丛书 / 张一兵主编）
ISBN 978-7-305-25926-5

Ⅰ. ①两… Ⅱ. ①张… Ⅲ. ①马克思主义哲学—研究 Ⅳ. ①B0-0

中国版本图书馆CIP数据核字(2022)第132405号

出版发行	南京大学出版社
社　　址	南京市汉口路22号　邮　编　210093
出 版 人	金鑫荣
丛 书 名	马克思主义思想史研究丛书
丛书主编	张一兵
书　　名	"两个伟大发现"的枢纽：马克思的"对象化"概念
著　　者	张义修
责任编辑	张　静
照　　排	南京南琳图文制作有限公司
印　　刷	南京爱德印刷有限公司
开　　本	635mm×965mm　1/16　印张22.75　字数290千
版　　次	2022年9月第1版　2022年9月第1次印刷
ISBN 978-7-305-25926-5	
定　　价	108.00元

网址：http://www.njupco.com
官方微博：http://weibo.com/njupco
官方微信号：njupress
销售咨询热线：(025) 83594756

＊版权所有，侵权必究
＊凡购买南大版图书，如有印装质量问题，请与所购图书销售部门联系调换